ALKALICZNY

STYL ŻYCIA

Beata Sokołowska

ALKALICZNY

STYL ŻYCIA

MUZA SA

Projekt okładki: *Paweł Panczakiewicz/Panczakiewicz Art.Design*
Redaktor prowadzący: *Ewa Orzeszek-Szmytko*
Redaktor techniczny: *Karolina Bendykowska*
Korekta: *Beata Kaczmarczyk*
Konsultacja: *dr n. med. Mirosław Mastej*

ISBN 978-83-287-0017-8

MUZA SA
Warszawa 2016

Nasze życie kształtują wybory,
jakich dokonujemy każdego dnia.

Beata Sokołowska

Dedykuję tę książkę wszystkim
sympatykom alkalicznego stylu życia
oraz mojej ukochanej córce
Annie Wiktorii Sokołowskiej

Podziękowania

Chciałabym serdecznie podziękować osobom (tak się składa, że były to wyłącznie panie), które opisały w nadesłanych do mnie listach swoje osobiste doświadczenia związane z wdrożeniem alkalicznego stylu życia. Listy od Małgorzaty Szai, Anity Iwaniak, Moniki Juchcińskej, Żanety Geltz, Justyny Rybaczek, Asi M., Gosi Herbich, Doroty Marii, Katarzyny Hojan-Sitkowskiej, Marzeny i Beaty Sipty-Pavese zamieściłam w całości i bez zmian w tej książce. Bez Waszych cennych uwag i osobistych doświadczeń książka byłaby znacznie uboższa. Poznałam dotychczas tylko jedną z Was. Mam jednak nadzieję, że spotkamy się kiedyś w szerszym gronie i będę miała okazję podziękować Wam osobiście.

Dziękuję też wszystkim uczestnikom i uczestniczkom „wirtualnej odnowy", podczas której wymienialiśmy doświadczenia, inspiracje i wzajemnie się wspieraliśmy. To utwierdziło mnie w przekonaniu, że powinnam zaangażować się w organizację sesji wiosennego i jesiennego oczyszczania.

Dziękuję również wszystkim pozostałym sympatykom alkalicznego stylu życia. Bez Was nie byłoby tej książki.

Chcę także podziękować za wsparcie mojej córce Ani, która była pierwszym czytelnikiem i krytykiem tej książki.

Książka jest wynikiem moich osobistych doświadczeń i drogi, jaką przeszłam, zmieniając styl życia. Nie udzielam porad ani nie namawiam do stosowania diety w celu leczenia chorób bez konsultacji z lekarzem. Oddając ją w ręce Czytelników, mam jedynie nadzieję, że zawarte w niej informacje ułatwią zmianę wszystkim, którzy chcą zadbać o swoje zdrowie i dobre samopoczucie. Lektura nie zastąpi jednak wizyty u lekarza, jeśli macie kłopoty ze zdrowiem. Jeżeli ktokolwiek skorzysta z informacji zawartych w książce bez konsultacji medycznej, robi to na własną odpowiedzialność. Autor i wydawca nie ponoszą żadnej odpowiedzialności za próby samodzielnego leczenia. Informacje zawarte w książce są wyłącznie zapisem osobistego doświadczenia autora.

W książce skupiam się na tym, co możemy zrobić i jakich korzyści możemy się spodziewać, stosując się do zasad alkalicznego stylu życia. Odwołuję się do własnego doświadczenia, obserwacji i prostych zabiegów, dzięki którym odzyskałam dobre samopoczucie, równowagę i zdrowie. Przytaczam też doświadczenia innych osób, które, jak wspomniałam w podziękowaniach, podzieliły się ze mną swoją historią.

Nie opisuję skomplikowanych procesów biochemicznych i staram się unikać często niezrozumiałych pojęć związanych z anatomią i fizjologią organizmu czy wynikami badań naukowych. Nie będę szczegółowo objaśniała procesów przebiegających w jamie ustnej, żołądku, wątrobie czy jelitach ani reakcji zachodzących pod wpływem określonego rodzaju żywności bądź stresu czy medytacji. Nie odniosę się też do pracy układu krążenia, układu limfatycznego, nerwowego i innych. Każdej z tych kwestii można by poświęcić osobną książkę, a co najmniej cały rozdział. Dla osób poszukujących takich informacji na końcu poradnika zamieściłam wykaz pozycji, po które warto sięgnąć.

Celem tej książki nie jest przedstawienie raportu z badań naukowych ani opisu funkcjonowania organizmu człowieka. Owszem, wprowadzając zmiany w swoim życiu, opierałam się na doniesieniach naukowych, ale równie istotne okazały się relacje o życiu grup ludzi najzdrowszych na świecie oraz historie osób, które wyzdrowiały przede wszystkim za sprawą odżywiania. W tej książce chciałabym pokazać, jakie znaczenie mają różne aspekty naszego stylu życia, a zwłaszcza odżywianie, dla szeroko pojętego zdrowia oraz wspaniałego samopoczucia i spowolnienia procesów związanych z upływem czasu. Chciałabym także wskazać, jakie zmiany możemy wprowadzić do naszego życia, by szybko osiągnąć naprawdę spektakularne efekty.

Spis treści

Nie wystarczy wiedzieć, trzeba też umieć to zastosować.
Nie wystarczy chcieć, trzeba też czynić.
Goethe

WPROWADZENIE

Na początek chciałabym poprosić, abyście czytając dalsze strony tej książki, zapomnieli o słowie „dieta". Zwyczaje kulinarne, podobnie jak sposób spędzania wolnego czasu, są częścią naszego stylu życia. Jedzenie wpływa na sen, samopoczucie, nastrój, poziom odczuwanej energii, libido, na to, czy chce nam się chcieć. Nie da się go zatem w żaden sposób oddzielić od stylu życia. Nasz sposób odżywiania się staje się stylem życia albo okazyjnie czepiamy się kolejnych diet, rozpaczliwie próbując zgubić zbędne kilogramy lub złagodzić jakieś dolegliwości.

Mówiąc o diecie, mamy na myśli odchudzanie lub leczenie konkretnych przypadłości czy chorób. Wykluczamy wtedy pewne grupy produktów, w zamian wprowadzając inne. Tymczasem styl życia i związany z nim sposób odżywiania to sposób, w jaki żyjemy i dbamy o siebie na co dzień, a nie przez pewien czas.

Widzicie różnicę?

Bardzo nie chciałabym, abyście mówili „jestem na diecie". Dieta kojarzy się nam z wyrzeczeniami, odmawianiem sobie, walką z pokusami. Tymczasem jedzenie ma być przyjemnością. Ma nam przynosić radość i dobre samopoczucie. W *Słowniku języka polskiego PWN* (Warszawa 1978) znajdziemy taką definicję diety: „Specjalny system odżywiania z ustaleniem jakości i ilości pokarmów, dostosowany do potrzeb organizmu: Dieta bezmięsna, bezsolna, mięsna, mleczna, odchudzająca, roślinna, ścisła, wzmacniająca. Być na diecie. Przepisać, zalecić, zastosować dietę. Przestrzegać diety".

Gdybym więc chciała najbardziej adekwatnie do tego, co opisuję w dalszych częściach książki, określić pojęcie diety, musiałoby ono brzmieć następująco: „dieta wykluczająca żywność nienaturalną, produkowaną przemysłowo, z nienaturalnymi dodatkami typu konserwanty, polepszacze smaku itp.". Nie brzmi dobrze, jest długie i niewygodne, a przy tym ograniczające, bo nie oddaje w pełni wszystkich ważnych aspektów związanych z odżywianiem. Sformułowanie „dieta alkaliczna" też nie jest optymalne, bo sugeruje, że trzeba wyeliminować żywność kwasotwórczą (a to nieprawda), co potwierdzają pojawiające się czasami na moim fanpage'u komentarze typu: „Ale ten produkt jest zakwaszający". Wszystkim, którzy chcą się dobrze czuć, a zakładam, że tego szukacie, sięgając po tę książkę i wdrażając alkaliczny styl życia, polecam przyjęcie i zaakceptowanie, że raz na zawsze skończycie z dietą (o ile nie jesteście zmuszeni do diety chorobą)! Zgoda?

Przez ostatnie kilkanaście lat zdrowy styl życia był (i dalej jest) moją pasją. Poszukiwałam informacji, czytałam, wdrażałam, eksperymentowałam, weryfikowałam, zmieniałam. Zamiast diet szukałam racjonalnych i logicznych wyjaśnień, przykładów z życia, dostępnych badań naukowych. Studiowałam też wskazówki lekarzy, którzy leczą dietą. Weryfikowałam zalecenia żywieniowe z wiedzą uzyskiwaną w trakcie badań prowadzonych przez naukowców oraz ze sposobem, w jaki odżywiają się ludzie żyjący najzdrowiej, a także najdłużej (te dwie zmienne często są ze sobą ściśle powiązane).

Dziś już jest pewne i potwierdzone naukowo, jak wielki wpływ na stan naszego ciała ma sposób, w jaki się odżywiamy. Sprawdziłam to na sobie. Alkaliczny styl życia pozwolił mi uniknąć co najmniej dwóch poważnych operacji, które mogłyby zaważyć na stanie mojego zdrowia. Dzięki niemu pozbyłam się wszelkich bólów i dolegliwości, często bardzo uciążliwych. Bez problemów trzymam stałą wagę ciała i od lat noszę ciuchy w rozmiarze 38. Ponieważ przeszłam drogę zmiany stylu życia (w tym odżywiania), co wcale nie było łatwe, i ponieważ osiągnęłam efekty, na które zupełnie nie liczyłam, chcę się moim doświadczeniem podzielić. Do napisania książki skłoniły mnie także pytania, jakie dostaję każdego dnia. Nie jestem w stanie na nie wszystkie odpowiedzieć. Dlatego też forma swoistego przewodnika dla osób pragnących poczuć się wspaniale, budzić się z chęcią do życia i mieć stale na to życie apetyt wydała mi się najodpowiedniejsza.

Choć sposób odżywiania traktuję jako fundament i kwestię najistotniejszą, jako podstawę dalszych zmian, nie mogłabym w książce pominąć innych ważnych aspektów dotyczących stylu życia. O nich również piszę, bo z moich osobistych doświadczeń, ale też z badań naukowych wynika, że zmiany w jednym ważnym obszarze życia, jakim niewątpliwie jest odżywianie, pociągają za sobą potrzebę wprowadzenia także innych, korzystnych dla zdrowia zmian. Zaczynam więc od odżywiania, bo jego zmiana przynosi najszybsze efekty, a energię czerpiemy z pożywienia. Pozostałe aspekty alkalicznego stylu życia potraktuję zatem krócej, ale przez sam fakt ich poruszenia w tej książce podkreślam, że są równie ważne jak odżywianie.

Nie żyjemy po to, aby jeść, ale jemy po to, by żyć. Dlatego jeśli ktoś powie, że ma inne priorytety życiowe niż skupianie się na jedzeniu (np. rozwój własnej firmy, zarabianie pieniędzy, sukces zawodowy, korzystanie z życia, spełnianie marzeń o podróżach itp.), to odpowiem, że do realizacji wszystkich tych rzeczy i wielu innych potrzeba energii, zdrowego ciała, skutecznej regeneracji po długiej pracy. Potrzeba też sprawnego umysłu, umiejętności zdystansowania się wobec problemów. Sprostanie tym wyzwaniom wymaga zdrowego ciała i dobrej formy psychicznej.

W książce znajdziecie wiele konkretnych wskazówek. Część z nich wystarczy po prostu wprowadzić w życie. Efekty zobaczycie nie po roku czy kilku latach, ale już po paru tygodniach, a pierwsze pojawią się po kilku dniach. Z powodzeniem możecie potraktować te słowa jako obietnicę. Bo wiem, że nie może być inaczej.

Starałam się, by książka była prostym i czytelnym przewodnikiem. W sposób możliwie najbardziej klarowny, objaśniam, na czym polega alkaliczny styl życia. Chcę Wam towarzyszyć we wprowadzaniu dobrych zmian. Jeśli weźmiecie sobie do serca wszystkie zawarte w niej rady i wskazówki, szybko odczujecie poprawę, jaką ja zauważyłam sama u siebie.

MOJA HISTORIA

Jak większość ludzi – z wyjątkiem specjalistów – byłam laikiem, jeśli chodzi o zdrowy styl życia, a tym bardziej zdrowe odżywianie. Jeszcze około trzydziestki zupełnie nie zdawałam sobie sprawy, że jedzenie i stres mogą mieć jakikolwiek wpływ na to, jak się czuję. I choć czułam się źle, to w żaden sposób nie łączyłam tego ani z jedzeniem, ani ze stylem życia…

Pierwszy raz „na poważnie" zetknęłam się z kwestią wpływu jedzenia na zdrowie, gdy pojawiły się u mnie problemy kobiece. Z powodu ogromnej (wielkości dużego jaja) narośli na jajniku i bólu, który odczuwałam przy każdym ruchu, trzech niezależnych lekarzy natychmiast chciało mnie operować. Na operację nie poszłam. Nie dlatego, że próbowałam jej uniknąć. Torba ze szlafrokiem, piżamą, kosmetykami i ręcznikiem stała przygotowana na wszelki wypadek, ponieważ lekarze prorokowali, że jeśli operacja nie zostanie przeprowadzona natychmiast, to z dużym prawdopodobieństwem trafię do szpitala karetką na sygnale. Decyzję o przesunięciu operacji podjęłam, ponieważ był to czas kolokwiów, zbliżał się też termin sesji egzaminacyjnej (rozpoczęłam wtedy drugie studia). Chciałam zdać egzaminy, a potem spokojnie pójść do szpitala. W tym samym czasie przypadkiem trafiłam na firmę, która miała w ofercie preparaty ziołowe. Niektóre z nich zalecane były przy chorobach kobiecych. Zainteresowało mnie to. Wczytałam się w obszerną broszurę, kupiłam kilka zestawów ziół, zaczęłam łykać ziołowe pastylki i to był początek nowej drogi. Jak się zapewne domyślacie, nim zdałam egzaminy, ból minął, a narośl na jajniku nie była już wyczuwalna. Porzuciłam więc temat operacji, ale wciąż pozostawałam pod opieką lekarza onkologa. Przeszłam różne badania – m.in. na markery nowotworowe. Dostałam pigułki hormonalne. Po kilku dniach ich zażywania odstawiłam je, ponieważ bardzo źle się po nich czułam. Byłam nerwowa i nienaturalnie pobudzona. Cały czas brałam swoje ziołowe kapsułki, które nie dawały żadnych skutków ubocznych. W efekcie towarzyszyły mi one przez ponad pół roku (w różnych zestawach). Po jakimś czasie ponownie zrobiono USG. Po narośli, która kwalifikowała się do natychmiastowego usunięcia, pozostały tylko jakieś zbliznowacenia. Ani śladu czegoś, co trzeba by usunąć chirurgicznie.

Nim wyżej opisane zdarzenie miało miejsce, pojawiło się w moim życiu coś innego, co skłoniło mnie do przemyśleń. Było to jeszcze przed rozpoczęciem studiów na psychologii. Zrezygnowałam wówczas z pracy w korporacji. Przyczyną podjęcia takiej decyzji (mimo stanowiska, dobrej pensji, samochodu i komórki służbowej) były kolejne kłopoty zdrowotne i moje małe „oświecenie". Dla odmiany problem dotyczył kręgosłupa. Silne bóle wracały i ratowały mnie tylko mocne tabletki przeciwbólowe lub kroplówka z pyralginy w szpitalu. Zdarzało się, że lądowałam pod kroplówką w środku nocy. Pewnego dnia ból sięgnął zenitu. Najmniejszy ruch palcem powodował prawdziwe katusze. Nie było mowy o pracy. Nie mogłam się ubrać, nie można też było „usadzić" mnie w samochodzie. Byłam nieco po trzydziestce, ale poruszałam się, suwając nogami po kilka centymetrów jak zniedołężniała staruszka. Lekarz rozpoznał zwyrodnienie i nakazał natychmiastową operację. Zadziwiający dla mnie był fakt, że nim dostałam pierwszy zastrzyk, choć nie było idealnie, mogłam normalnie chodzić. Jak to możliwe? Mój stan zdecydowanie się poprawił, jeszcze zanim rozpoczęło się leczenie! W dodatku błyskawicznie, bo niemalże z chwili na chwilę. To mi dało dużo do myślenia. Już wcześniej zaczynałam interesować się psychologią. Ten moment był jednak przełomowy.

Dostałam zwolnienie lekarskie i odzyskałam możliwość poruszania się. Wiedziałam już, że problemem nie jest wyłącznie zmiana zwyrodnieniowa, ale też stres związany z pracą.

Zrozumiałam, że muszę coś zmienić w moim życiu. Postanowiłam zrealizować swoje wielkie marzenie, jakim było otwarcie herbaciarni. Tak się zaczął nowy etap w moim życiu. Oczywiście nie było łatwo. Borykałam się z ciągłymi problemami finansowymi. Czasem brakowało środków na wszystko. Jednocześnie zaczęłam zaczytywać się w książkach psychologicznych. Wybierałam wśród książek, o których wiedziałam, że są podstawową lekturą na studiach z zakresu psychologii. Zaczęła kiełkować myśl o studiowaniu psychologii klinicznej, która zajmuje się między innymi związkiem zdrowia psychicznego i fizycznego, relacją między stresem a chorobami somatycznymi. To moje naturalne zaciekawienie po „incydencie" z kręgosłupem przerodziło się w pasję. Zniknięcie przeszywającego bólu po otrzymaniu zwolnienia lekarskiego było dla mnie silnym potwierdzeniem, jak ogromne znaczenie może mieć stres i jak szybko mogą się pojawić zmiany w stanie zdrowia wraz z ustąpieniem stresu. W końcu perspektywa dwóch tygodni odpoczynku, czytania, izolacji od korporacyjnego życia była słodka i niezwykle przyjemna. Osobiste doświadczenie umocniło przekonanie, że zdrowie zależy od nas i tego, co robimy ze swoim życiem. W efekcie podjęłam decyzję o rozpoczęciu studiów psychologicznych.

Sprzedałam mieszkanie w centrum Warszawy, które było obciążone kredytem, bo przyszedł moment, kiedy wiedziałam, że nie będę w stanie spłacać rat kredytowych. Przeprowadziłam się na peryferie miasta. Choć teoretycznie straciłam na tym finansowo, bo rok później sprzedane mieszkanie podwoiło swoją wartość (po wejściu Polski do Unii), uważam, że była to jedna z najbardziej opłacalnych decyzji, jakie podjęłam w swoim życiu. Zamieszkałam praktycznie w lesie, gdzie znalazłam mieszkanie, na które było mnie stać po spłacie kredytu. To był dla mnie kolejny okres transformacji. Przeprowadzka miała miejsce już w czasie, kiedy rozpoczęłam studia, i po problemach kobiecych, wspomnianych na początku tego rozdziału.

W ciągu dwóch lat wiele się zmieniło – rozstałam się z dotychczasowym pracodawcą, otworzyłam herbaciarnię, rozpoczęłam studia na psychologii, sprzedałam mieszkanie i przeprowadziłam się – co prawda jeszcze do miasta, ale w miejsce, które w niczym miasta nie przypomina.

Pozytywny wpływ na mój organizm pastylek ziołowych zrodził zainteresowanie tym, co jem. Skoro coś, co było naturalne, szybko przyniosło pożądane efekty, a coś sztucznego wywoływało bardzo złe samopoczucie – to trudno przejść nad tym do porządku dziennego. Zaczęłam więc szukać materiałów w księgarniach. Trafiłam m.in. na książki: M. Grodeckiej *Wegetariańskie okruchy*, H. Lütznera *Głodówka zdrowotna*, R. Taylor *Tajemnice zdrowia plemienia Hunzów*. Zaczytywałam się w nich nie mniej niż w psychologicznych. Naturalną koleją rzeczy było, że na studiach, kiedy przyszło wybrać specjalizację, ja wybrałam psychologię zdrowia. Było tam dużo wiedzy o czynnikach warunkujących zdrowie, m.in. o odżywianiu i wpływie psychiki na naszą kondycję. Były też praktyki w szpitalach na różnych oddziałach – m.in. diabetologii, rehabilitacji kardiologicznej.

Fascynacja psychologią szybko rozszerzyła się na zainteresowanie duchowością. Owe trzy aspekty: psychologia (stres, przekonania), duchowość (sens, doświadczenia wewnętrzne, mistycyzm) i zdrowe odżywianie, to były obszary ciągłych eksperymentów, udoskonaleń, zdobywania wiedzy, studiowania badań. Zajmowały prawie cały mój wolny czas. Pasjonowały mnie i pasjonują do dziś.

Zaczęłam się też dzielić zdobytym doświadczeniem i wiedzą, zwłaszcza w zakresie odżywiania. Ono (obok unikania stresu) jest bowiem fundamentem zdrowego życia, absolutną podstawą przynoszącą szybką poprawę samopoczucia i zdrowienie. Odżywianie było początkiem zmian, jakie wprowadzałam w swoim życiu.

Zrobiłam radykalny ruch. Wyrzuciłam wszystkie niezdrowe produkty z szafek kuchennych i z lodówki. I nie było co jeść. Nie miałam pomysłu co dalej, co mam gotować. Mnóstwo energii włożyłam w wymyślanie i wyszukiwanie przepisów. Ale przygotowywane na ich podstawie potrawy nie były smaczne, jedzenie wydawało mi się jałowe. Nie znałam smaku i działania ziół i przypraw. A trzeba pamiętać, że wówczas nie miałam jeszcze swobodnego dostępu do internetu, nie było tylu inspiracji co dziś. Jednak w postanowieniu wprowadzenia radykalnych zmian trzymała mnie poprawa samopoczucia i zdrowia. Wiedziałam, że idę w dobrym kierunku. Już nie czułam się staro, bez energii, moje zęby przestały się kruszyć, paznokcie nie rozdwajały się już do połowy płytki, dziąsła nie krwawiły, a usta nie pękały. Jesienią i wiosną nie łapałam co chwila infekcji, nie miałam skurczów w łydkach, nie bolały mnie stawy. Przestałam źle sypiać, a w brzuchu nie czułam nieprzyjemnego ssania. To wszystko zniknęło, na razie, bezpowrotnie (a minęło już blisko 14 lat) i mówię sobie, że tak już zostanie, a w osiemdziesiąte urodziny wyruszę ze znajomymi w Himalaje lub dokonam innego wyczynu.

CZASEM TRZEBA ZROBIĆ WIĘCEJ...

Podzielę się z Wami jeszcze jednym swoim doświadczeniem. Było to już w czasie, kiedy miałam za sobą kilka lat zdrowego odżywiania. Kiedyś w czasie wizyty w toalecie zauważyłam krwawienie z dolnego odcinka przewodu pokarmowego. Pomyślałam, że może to jakiś mikrouraz i nie przejęłam się tym za bardzo. Ale potem krew zaczęła się pojawiać codziennie. Trafiłam do lekarza, który zaproponował mi przeprowadzenie gruntownych badań w szpitalu. Pamiętam, jak powiedział: „Wie pani, jest pani jeszcze bardzo młoda, ma pani dziecko..." (byłam wtedy jeszcze przed czterdziestką), po czym zawiesił głos. Postanowiłam jednak poczekać i jeszcze większą uwagę zwrócić na to, co jem. Jeszcze bardziej się przyłożyć. Wiedziałam, że potrzeba trochę czasu, ale kiedy po kolejnych dwóch, może trzech miesiącach krwawienie nie ustępowało – zaniepokoiłam się. Tym razem jednak zamiast do szpitala udałam się do dobrej znajomej, do której miałam pełne zaufanie, a która zajmowała się medycyną naturalną (diagnozowanie i leczenie za pomocą nieinwazyjnych metod, z ukierunkowaniem na wyszukiwanie i likwidowanie przyczyn, nie objawów). Gosia (tak ma na imię) stwierdziła: „Pasożyty" i dość obrazowo opisała mi, jak to ten rodzaj pasożytów wczepia się w ścianki jelit, powodując mikrourazy, ranki, co z kolei powoduje krwawienie. Aż trudno było mi uwierzyć, że przyczyna mogła być tak „banalna". Dostałam od niej, zdaje się, trzy tabletki, mające zlikwidować problem. Po kilku dniach miałam wypływ krwi tak duży, że przestraszyłam się samego widoku. To był jednak ostatni raz. Nigdy potem nie zaobserwowałam już krwawienia.

O minionych krwawieniach zupełnie zapomniałam, jednak z upływem czasu czułam się coraz gorzej. Bardziej i bardziej dbałam o jedzenie i ruch (basen, długie marsze), lecz samopoczucie nadal się pogarszało. Przeżywałam frustrację, myśląc, że tak dbam o odżywianie, a czuję się źle. Czytałam o problemach z przyswajaniem składników odżywczych. Starałam się łączyć pokarmy tak, by to przyswajanie ułatwiać. Ale w końcu doszło do tego, że gdy budziłam się rano, marzyłam o tym, by był już wieczór. Zmęczenie było tak duże, że najchętniej leżałabym w łóżku przez cały dzień. Zaniedbałam pracę, bo na nic nie miałam siły. Byle aktywność mnie wyczerpywała, nawet czytanie książki. Wykonałam badanie krwi. Okazało się, że poziom żelaza mam dwukrotnie niższy niż dolna granica. Nie mieścił się już więc w żadnych normach. Podobnie, drastycznie niski, był poziom hemoglobiny. Z tym wynikiem odwiedziłam znajomą lekarkę, u której kiedyś byłam na turnusie tzw. rewitalizacji organizmu. Miałam do niej pełne zaufanie. Będąc lekarzem medycyny, prowadziła wyjazdy zdrowotne, których podstawą jest odżywianie i ukierunkowanie na leczenie poprzez zmiany w żywieniu. Kiedy więc usłyszałam od niej, że kluczowe jest znalezienie przyczyny, a zatem wykonanie różnych badań diagnostycznych, zwróciłam się ku medycynie konwencjonalnej, tym bardziej że przy tak złych wynikach można się było spodziewać najgorszego.

Poziom hemoglobiny okazał się tak niski, że brakowało zaledwie 0,5 punktu, by nieodzowna stała się transfuzja krwi. Nic dziwnego, że czułam się aż tak skrajnie zmęczona. Wylądowałam pod opieką pani hematolog-onkolog i zaczęła się seria różnych badań. Zaaplikowano mi żelazo i kwas foliowy. Zakupiłam też duże opakowanie zielonego proszku. Zielonym proszkiem nazywam suplementy diety wytwarzane z zielonych części warzyw, traw, kiełków, produkowane w formie sproszkowanej (może to być młody jęczmień, trawa pszeniczna lub inne naturalne mieszanki z traw i zielonych warzyw). Kopiastą łyżeczkę proszku mieszałam w szklance wody, dodawałam kilka kropel cytryny i od takiego napoju zaczynałam każdy dzień. Ponieważ była wiosna i coraz więcej zielonych warzyw, na okrągło robiłam z nich sałatki. Zielone zajmowało zwykle dwie trzecie mojego talerza. Posypywałam dużą ilością zieleniny każdą zupę. Nastawiałam zakwas buraczany. Piłam sok marchwiowy, który sama sobie przyrządzałam. Zaledwie dwa tygodnie później czułam się o wiele lepiej i przy następnym badaniu okazało się, że wyniki się poprawiły. Kolejne badania krwi (robiłam je wówczas mniej więcej co trzy tygodnie) pokazały dalszą poprawę. W efekcie po dwóch miesiącach zmęczenie zaczęło stopniowo ustępować. W jego miejscu pojawiła się energia i dobre samopoczucie. Żelazo przyjmowałam przez jakieś dwa i pół miesiąca. Natomiast zielony proszek piłam codziennie na czczo przez ponad rok. Do tej pory używam zielonych proszków, nie tylko leczniczo, lecz także wspomagająco, w różnych okresach roku z różną intensywnością. I gdybym miała wybierać tylko jeden suplement, to byłby właśnie on.

Pani doktor stwierdziła, że nie znajdziemy już przyczyny, która wpłynęła na tak złe pierwsze wyniki. Że musiał zaistnieć jakiś powód w przeszłości, może jakiś stan zapalny, który spowodował spadek hemoglobiny. Przypomniałam sobie wtedy okres krwawień, który może trwał miesiącami, bo przecież nie wiem, w jakim momencie go zauważyłam. Nie wiem zatem, ile krwi mogłam wcześniej stracić. Ale trudno byłoby nie zgodzić się z logiką następstwa zdarzeń. Nie można uchronić się przed wszelkimi zagrożeniami. Ale zawsze, w każdej sytuacji możemy coś zrobić i podjąć dodatkowe działania. Medycyna, z tym, co ma nam do zaoferowania, może być niezbędna. Choćby po to, aby wykonać badania mogące pomóc w diagnozie, wspomóc szybsze uzupełnienie niedoborów lub rozwiązać poważniejsze problemy.

DLACZEGO ALKALICZNY STYL ŻYCIA

Styl życia, bo nie chodzi o chwilową zmianę. O wysiłek i ciągłą walkę, często przegrywaną, a potem wznawianą „od jutra", „od urodzin", „od wiosny" czy „od nowego roku". Zobowiązania, często przekraczające nasze możliwości. Często też nieracjonalne, nastawione na „pozorne" zrobienie czegoś dobrego dla siebie. Aby zmiana była trwała i skuteczna, musi się stać częścią nas samych. Musi być naturalna, tak jak naturalne jest budzenie się rano. Oczywista na tyle, by nie trzeba było się nad nią zastanawiać ani robić specjalnych założeń czy planów. Musi się stać sposobem, w jaki zdecydowaliśmy się żyć, wtopić się w naszą codzienność. Musimy poczuć, że tak właśnie chcemy. Nie męczyć się, ale cieszyć, że dołączyliśmy do grupy osób żyjących świadomie. Że jesteśmy w grupie świadomych konsumentów, którym nie da się nic wcisnąć. Że dobrze wydajemy swoje pieniądze – na rzeczy, które nam służą. Cieszyć się, patrząc na swoje zakupy, tak różne od tych obok (naprawdę tyle już lat upłynęło, a ja wciąż odczuwam satysfakcję, stojąc przy kasie). Dostrzegać każdy kolejny udany dzień i każdą kolejną zmianę w samopoczuciu i wyglądzie. A będzie ich wiele!!! Nieważne, z jakiego punktu startujemy i w jakim okresie życia jesteśmy. Zmiana jest możliwa zawsze i na pewno przyniesie efekty. Jeśli to ma być prawdziwa zmiana, niech zacznie w nas żyć i już od teraz cieszmy się, że staje się częścią naszego życia. Znajdziecie w tej książce wszystkie potrzebne wytyczne.

Nie jest tajemnicą, że należy się zdrowo odżywiać i zażywać ruchu. Inna sprawa, że nie wszyscy wiemy, jakie odżywianie jest zdrowe. A zdarza się, że jesteśmy przekonani, iż jadamy zdrowo, podczas gdy wcale tak nie jest.

Pojawia się mnóstwo różnorodnych diet, gwarantujących rzekomo szybkie i pewne efekty. Trudno za nimi nadążyć.

Wiele z nich to propozycje niedoborowe lub nadmiarowe. Na przykład diety eliminujące węglowodany czy wysokobiałkowe lub oparte tylko na surowych pokarmach. Jestem przeciwna stosowaniu tak radykalnych rozwiązań. Wyjątki stanowią służący zdrowiu detoks oraz dieta związana z potrzebami wynikającymi ze stanu zdrowia. W każdym innym przypadku stosowanie niedoborowego lub prowadzącego do nadmiaru żywienia musi prowadzić do zaburzeń organizmu. A to z kolei ma swoje konsekwencje.

Alkaliczny styl życia – to jest właśnie dążenie do osiągnięcia i utrzymania równowagi, w tym równowagi kwasowo-zasadowej organizmu.

Alkaliczność (zasadowość) nie jest jakimś tajemniczym pojęciem. Wręcz przeciwnie. O kwasach i zasadach uczyliśmy się już w szkole, na lekcjach chemii. Samo pojęcie alkaliczności jest znane. Ale, co najważniejsze, może być ona określona wymiernym wskaźnikiem. Alkaliczność nie odnosi się wyłącznie do odżywiania. Na procesy chemiczne zachodzące w naszym organizmie i zachowanie równowagi kwasowo-zasadowej wpływają też stres, aktywność fizyczna, sen i odpoczynek (lub jego brak), powietrze, woda, myśli (bądź co bądź to od nich zależy, w jakim stanie ducha i w jakim na-

Czy myślisz, że możesz,
czy myślisz, że nie możesz,
w obu przypadkach masz rację.
Henry Ford

stroju jesteśmy). Wszystko to wywołuje określone reakcje chemiczne i hormonalne wewnątrz nas, sprzyjające powstaniu środowiska alkalicznego bądź tworzeniu się nadmiaru kwasów. Bywa, że jest ich tyle, że mechanizmy wydalania i neutralizacji nie radzą sobie z ich skuteczną eliminacją.

Podoba mi się, że jest mierzalny wskaźnik pH, który pokazuje nam, jak żyjemy. Że nie musimy ślepo ufać, że dany sposób odżywiania jest dla nas dobry, ale możemy to także sprawdzić. Mając trochę wiedzy z zakresu biochemii naszego ciała, wpływu na nią jedzenia, środowisk powodujących choroby i złe samopoczucie bądź odwrotnie – sprzyjających zdrowiu, i dysponując wymiernym wskaźnikiem, który pokazuje nam, jakie środowisko tworzymy naszym stylem życia – możemy uzasadnić wszystko racjonalnie, odwołując się do wiedzy, a nie tylko wiary, że jakaś dieta to wreszcie to, co na pewno nam pomoże.

Jest to ważne także dlatego, że stosując różne programy dietetyczne (np. na dietę wysokobiałkową), często początkowo czujemy się dobrze. Może nas to więc zmylić, bo zaczynamy myśleć „tak, ta dieta mi służy". Tymczasem poprawa samopoczucia nie jest efektem diety, ale zmian, które wraz z nią wprowadziliśmy (jak regularność posiłków, eliminacja słodkich napojów i cukru w innej postaci itp.). Ponadto na diecie wysokobiałkowej tracimy kilogramy. To jeszcze bardziej utwierdza nas w mylnym przekonaniu, że oto właśnie znaleźliśmy

„dietę cud". Gdybyśmy jednak mieli możliwość zajrzenia do wnętrza naszego organizmu i zobaczenia, co właśnie się dzieje, stałoby się jasne, że „dieta cud" czyni w nim ogromne spustoszenie: uszczuplamy zapasy minerałów w tkankach, zwiększamy zaś ilość odkładanych toksyn. Zakwaszamy organizm, tworząc sprzyjające środowisko do powstawania stanów zapalnych i chorób. Wykradamy samym sobie wapń i inne cenne biopierwiastki. Nasze samopoczucie zaś początkowo się poprawia, by wkrótce zaliczyć drastyczny spadek.

Alkaliczność podoba mi się dlatego, że wiedząc, jakie środowisko służy utrzymaniu wysokiej formy, młodości, szczupłej sylwetki i zdrowia, mamy możliwość kontroli. Nie narażamy się więc na nietrafione próby z różnymi dietami. Mamy wymierny obraz, mierzalny wskaźnik pH, który pokazuje faktyczny stan naszego organizmu. Kiedy oglądamy obraz żywej kropli krwi pod mikroskopem i widzimy pozlepiane krwinki, świadczy to o ich niewłaściwym pH, choć samo badanie pH krwi wychodzi dobrze.

Kiedy prześledziłam sposób, w jaki żyją ludzie w najzdrowszych społecznościach, oraz to, co i jak jadają, okazało się, że ich styl życia jest optymalny dla zachowania równowagi pH (choć oczywiście nie jest to tam tak nazywane, bo wynika z naturalnych przyzwyczajeń całej grupy do określonego sposobu życia).

Nazwę alkaliczny wzięłam więc wprost z tego, co możemy zbadać, a co służy utrzymaniu najlepszego dla ciała środowiska, w którym nie ma miejsca na inne niż tylko bardzo dobre samopoczucie.

Nigdy nie mamy gwarancji, że dbając o siebie, jesteśmy w pełni zabezpieczeni przed wszelkimi chorobami. Jednak to właśnie alkaliczne środowisko komórek jest najlepsze i najbardziej skuteczne przy leczeniu różnego rodzaju dolegliwości i, rzecz jasna, przy profilaktyce. Gwarancji mieć nie możemy, ponieważ przyczyny powstawania chorób są różne: geny, styl życia, środowisko, w jakim żyjemy, sposób myślenia itd. Procesy zachodzące w naszym organizmie, często niewidoczne na zewnątrz, trwają nieprzerwanie. I to od nas zależy, w jakim kierunku podążą. Czy uda się odwrócić to, co złego dotychczas sobie wyrządziliśmy? Bo dobra wiadomość jest taka, że może się udać! Da się przywrócić równowagę!

Kiedy lata temu zaczęłam się zdrowo odżywiać, nie używałam pojęcia alkaliczności. Aż kiedyś raz i drugi trafiłam na sformułowanie, że zielone czy inne warzywa alkalizują. Zaczęłam zagłębiać się w temat i nagle stwierdziłam, że odżywiam się głównie produktami alkalizującymi. Że wszystkie najbardziej szkodliwe produkty mają naturę zakwaszającą. Że stres zakwasza, a najlepsze, najzdrowsze środowisko dla życia naszych komórek to środowisko alkaliczne. Uznałam więc, że nazwa „alkaliczny styl życia" jest bardzo racjonalna i konkretna, zawiera jednocześnie wskazówkę i prostą wytyczną. Tak też nazwałam swój blog i fanpage. Taki też jest tytuł tej książki.

Innym powodem, dla którego lubię to określenie, jest fakt, że zadbanie o właściwe pH nie oznacza eliminacji żywności zakwaszającej, ale utrzymanie równowagi. Równowagi rozumianej nie jako spożywanie identycznych ilości żywności kwasotwórczej i zasadotwórczej albo pokarmów surowych i gotowanych, tylko jako najbardziej korzystny dla naszego organizmu sposób odżywiania, służący jego potrzebom, adekwatnie do stanu zdrowia, formy, pory roku itp. W dalszej części tej książki pojawią się rozdziały bezpośrednio do tego nawiązujące. Tutaj wspomnę tylko, że kiedy chcemy organizm odkwasić, jadamy nawet do 80 procent żywności alkalizującej (kwasotwórczej 20 procent).

Gdy osiągniemy równowagę, ta proporcja może się zmienić na 70 do 30. Ponieważ utrzymanie optymalnego pH wymaga dostarczenia żywności obydwu rodzajów, lecz w różnych proporcjach, łatwo mi było odnieść samą nazwę do innych aspektów, które mają nam zapewnić równowagę. Zastąpienie więc słowa „zdrowy" słowem „alkaliczny" styl życia wydało mi się logiczne. Tym bardziej że w samym pojęciu kryje się sugestia o znaczeniu równowagi pH. Żyć zdrowo, żyć alkalicznie – to podstawowe przesłanie tej książki.

JAK POZNAĆ, ŻE BRAKUJE NAM RÓWNOWAGI

Mam ochotę zapytać: kiedy czujemy się najbardziej komfortowo i zdrowo? Wtedy, gdy dokucza nam ból, czy kiedy nic nas nie boli? Gdy wchodzimy na drugie piętro z zadyszką czy kiedy możemy na nie wbiec bez problemu? Gdy odczuwamy ciągłe zmęczenie czy względnie stabilny poziom energii, pozwalający nam na wykonywanie naszych obowiązków? Gdy trudno nam się skupić nawet na kilka minut czy kiedy koncentracja, np. podczas dłuższej pracy umysłowej, nie sprawia nam kłopotu? Gdy przesypiamy noc, czy też kiedy nasz sen jest płytki i niespokojny? Gdy mamy zgagę, zatwardzenie i inne dolegliwości czy wtedy, kiedy nasz układ pokarmowy pracuje bez zarzutu? Wreszcie, gdy jesteśmy pogodni czy też apatyczni i smutni bez wyraźnych powodów?

Przez lata lekceważymy drobne sygnały, jakie wysyła nam nasze ciało, świadczące o tym, że równowaga została zachwiana, czegoś nam brakuje lub odwrotnie, czegoś jest za dużo. Składamy przygnębienie na karb braku słońca, zimną porę roku obarczamy winą za ciągłe marznięcie, pojawianie się chorób cywilizacyjnych uważamy za związane z wiekiem, a alergie traktujemy jako coś normalnego, co dotyka wiele osób.

Czy gdybyśmy wiedzieli, że wszystkie te niekorzystne stany w większości można zmienić, w dodatku dość szybko, to byłaby to dobra nowina?

Jeśli urodziliśmy się zdrowi, to mamy już dobre zaplecze i duży potencjał na życie w zdrowiu. A nawet gdy nie mieliśmy tego szczęścia, to wciąż możemy wiele zrobić i znacznie podnieść jakość swojego życia.

Jestem dobrym tego przykładem, bo jako dziecko często chorowałam. Nie zliczę kuracji antybiotykowych. Długi czas leżałam też w szpitalu i do dziś pamiętam tygodnie tkwienia w oknie z bólem i ze łzami w oczach, kiedy obserwowałam, jak inne dzieci bawią się na podwórku. Efektem mojego słabego wyposażenia na starcie było więc ciągłe leczenie i, jak już pewnie wiecie (z mojej historii), kiepski stan w okolicach trzydziestki, na który zapewne ogromny wpływ miało to, co działo się w okresie dzieciństwa i dojrzewania.

Im więcej czasu upływało, odkąd zmieniłam styl życia, tym młodziej się czułam. I tak już zostało do dziś. Mając lat czterdzieści siedem, czuję się, jakbym miała dwadzieścia pięć. Chyba zatrzymałam się na tym wieku, bo powtarzam to już od kilku lat. Popularne hasło „na coś trzeba umrzeć" nie przemawia do mnie, bo śmierć to jedno, ale codzienne samopoczucie, siła do podejmowania wyzwań i realizacji marzeń to już zupełnie coś innego. Jeśli dla kogoś najważniejsza jest praca, to równie ważny powinien być styl życia służący zdrowiu, bo to on sprawia, że jesteśmy bardziej wydajni, szybciej myślimy itp. Jeżeli dla kogoś najważniejsza jest rodzina, to także styl życia powinien być najważniejszy, bo daje energię, by troszczyć się o innych, a przy okazji służyć im dobrym przykładem. Nie ma sfery i argumentu, który przemawiałby przeciwko temu, że najważniejsze, co możemy i powinniśmy robić, to właściwie o siebie dbać.

Oczywiście błędem byłoby oczekiwać, że nasze ciało całe życie pozostanie w najwyższej formie. To niemożliwe. Mamy różne problemy, spotykamy na swej drodze różne przeciwności. Kobiety szybciej się męczą i tracą siły lub cieszą się lepszą kondycją, w zależności od tego, w jakim są dniu cyklu menstruacyjnego (to m.in. wpływ zmian hormonalnych). Odczuwamy też większą bądź mniejszą potrzebę snu w zależności od pory roku. Możemy reagować na zmiany pogody, jak wiatr czy ciśnienie. Te i wiele innych czynników wpływają na nasze samopoczucie. Starajmy się, by nasze ciało było w możliwe wysokiej formie i akceptujmy jej chwilowe spadki. To naturalne i dotyczy każdego z nas, bez wyjątku. Znam osoby, które na co dzień mają znacznie więcej energii niż przeciętnie każdy z nas, ale miewają też gorsze dni, potrzebę przespania 9 godzin, mimo że zwykle śpią 6–7, potrzebę odpoczynku, mimo że najczęściej są aktywne cały dzień. Kiedy natomiast możemy mówić o zaburzeniu równowagi? Wtedy, gdy jakiś stan się pojawia i nie przemija kolejnego dnia i jeszcze kolejnego. Czasem tkwimy w nim i nie pamiętamy, kiedy się pojawił, bo przyzwyczailiśmy się do niego i nie przyjdzie nam do głowy, że nie jest to oznaka pełni zdrowia, samopoczucia i naszych możliwości.

Warto się zastanowić nad swoim zdrowiem, kiedy niby nie jesteśmy chorzy, **ale**:

- czujemy ciągłe zmęczenie i spadek energii
- budzimy się zmęczeni
- źle śpimy i mamy trudności z zaśnięciem
- czujemy się ociężali, ospali
- czujemy wyczerpanie
- mamy obniżoną odporność i często łapiemy infekcje
- mamy kłopoty z koncentracją i pamięcią
- nasza skóra jest pozbawiona blasku i matowa
- na skórze pojawiają się wypryski, wysypki itp.

- nasza skóra jest ziemista i szara
- mamy drżenia powiek, drżenia mięśni
- mamy skurcze łydek
- paznokcie są kruche, włosy rozdwajają się bądź wypadają
- zęby zaczynają się łamać
- odczuwamy przedłużającą się apatię lub nastrój depresyjny
- mamy dolegliwości ze strony układu pokarmowego, jak wzdęcia czy zgaga
- mamy zatwardzenia bądź biegunki
- nasz język jest „obłożony"
- towarzyszy nam poczucie dyskomfortu
- czujemy nieprzyjemny smak w ustach i zapach z ust
- odczuwamy przedłużające się osłabienie fizyczne
- odczuwamy bóle stawów i/lub mięśni
- odczuwamy bóle kręgosłupa
- jesteśmy nerwowi
- mamy napady głodu i towarzyszy nam głód słodyczy
- zdarza nam się chwilowe, nieprzyjemne, niemiarowe bicie serca
- mamy objawy nieprawidłowego krążenia (np. zimą tracimy czucie w koniuszkach palców)
- towarzyszą nam zawroty głowy bądź migreny
- nadmiernie marzniemy i odczuwamy zimno w stopach i dłoniach
- jest nam nadmiernie gorąco, pocimy się, a na twarzy ciągle mamy wypieki
- odczuwamy jakiekolwiek chroniczne bóle
- odczuwamy zmniejszenie popędu płciowego
- towarzyszy nam ogólne złe samopoczucie
- szybko się męczymy

- mamy podpuchnięte oczy
- mamy nadwagę lub jesteśmy zbyt szczupli.

Pewnie nie wymieniłam wszystkich dolegliwości, z którymi wielu osobom udaje się żyć i nie przyjdzie im nawet do głowy, że nie jest to naturalny stan i że można temu zaradzić poprzez przywrócenie ciału równowagi. Chodzi o to, by mieć świadomość, że jakikolwiek utrzymujący się dyskomfort, zwłaszcza gdy nie jest wywołany infekcją wirusową czy inną chorobą, jest nienaturalny. Odpowiednio dbając o siebie, wyrównując niedobory witamin, minerałów i NNKT (omega-3), możemy sobie pomóc, dobrze funkcjonować i cieszyć się dobrym samopoczuciem.

✓ RADY PRAKTYCZNE

Zwracajmy uwagę, kiedy pogarsza się nasze samopoczucie lub wygląd odbiega od normy. Drobne sygnały świadczą najczęściej o tym, że czegoś nam brakuje lub czegoś mamy za dużo. Większości dolegliwości można się pozbyć, oczyszczając organizm, przywracając jego równowagę kwasowo-zasadową i wyrównując niedobory witaminowo-mineralne, czyli zmieniając sposób odżywiania. Szybko odczujemy różnicę.

ZAKWASZENIE A JAKOŚĆ NASZYCH KOMÓREK

W naszym ciele zachodzą miliony procesów chemicznych. By przebiegały prawidłowo, potrzebne jest zachowanie równowagi kwasowo-zasadowej. Pisząc „prawidłowo", mam na myśli z korzyścią dla nas i dla naszego zdrowia, optymalnie. Zakłócenie równowagi chemicznej, spowodowane niedoborami lub nadmiarem czegoś, co dostarczamy wraz z pożywieniem, ma swoje konsekwencje. Dostarczając zaś tego, czego ciało potrzebuje, możemy zapomnieć o ciśnieniu krwi, poziomie cukru we krwi, poziomie trójglicerydów i cholesterolu, poziomie hormonów, hemoglobiny, żelaza itp. Najważniejszym wskaźnikiem, o jaki warto się zatroszczyć, jest pH naszej krwi i środowiska komórek, które powinno być lekko zasadowe, czyli inaczej alkaliczne. Jeśli to wyregulujemy, wiele innych wskaźników wyreguluje się samoistnie.

Naturalnym efektem przywrócenia ciału równowagi kwasowo-zasadowej są:

- wzrost energii życiowej
- poprawa koncentracji i jasności myślenia
- stopniowa utrata zbędnych kilogramów, aż do osiągnięcia idealnej dla nas wagi i szczupłej sylwetki
- wzrost odporności
- poprawa kondycji
- wzrost wydolności

- dobry sen
- poprawa wyglądu
- świeża, jasna, zdrowa i promienna cera
- wygładzenie zmarszczek
- jasne spojrzenie
- zdrowe włosy i paznokcie
- zanik różnych drobnych i poważniejszych dolegliwości
- uruchomienie mechanizmów samoleczenia organizmu
- dobry nastrój i dobre samopoczucie psychiczne
- poczucie siły
- odmłodzenie i uczucie młodości
- wigor
- brak stanów zapalnych i ogólna poprawa zdrowia
- spokój umysłu
- dobra praca układu trawiennego, a w ślad za tym ustąpienie często występujących symptomów niestrawności
- lepsze wchłanianie składników odżywczych.

Na skali liczbowej mieszczącej się w przedziale od 0 do 14, zwanej skalą pH, wartość 7 jest neutralna. Rosnące wartości powyżej 7 oznaczają coraz to wyższą zasadowość, natomiast malejące, poniżej 7, wskazują na wzrost kwasowości. Nasza krew (podstawowy płyn, obecny wszędzie w naszym ciele, zasilający nasze komórki w składniki odżywcze) ma odczyn zasadowy. Prawidłowa wartość pH krwi mieści się pomiędzy 7,35 a 7,45. Wartości poniżej 7,35 świadczą o zakwaszeniu krwi, a powyżej 7,45 o zbyt wysokim poziomie zasadowym. Już niewielkie odchylenia od normy są niebezpieczne. Podobną do krwi wartość pH ma inny ważny płyn, jakim jest limfa, oraz przestrzenie międzykomórkowe. Wnętrza komórek również mają pH zasadowe. Najważniejsze jest jednak pH krwi, bo to ona dopływa do komórek, odżywia je i warunkuje prawidłowy przebieg procesów chemicznych w nich zachodzących. Utrzymywanie prawidłowego pH krwi jest zatem warunkiem procesów życiowych wewnątrz komórek. Niektórzy słusznie twierdzą, że możemy jeść zakwaszające jedzenie, bo organizm ma mechanizmy buforowe, chroniące naszą krew przed wyjściem poza właściwy dla niej i bardzo wąski przedział wartości pH. To prawda, bo kiedy zjadamy posiłek zakwaszający, skomplikowane procesy biochemiczne, w których biorą udział m.in. płuca, nerki, krew, wątroba, skóra i przewód pokarmowy, dbają o utrzymanie korzystnych dla nas wartości pH, czyli inaczej równowagi kwasowo-zasadowej. Stężenie substancji kwasowych i zasadowych we krwi jest kontrolowane przez receptory mózgu po to, by uruchomić adekwatne układy buforowe. Mechanizmy buforowe czasem się jednak wyczerpują i stopniowo dochodzi do zakwaszenia, w efekcie którego pojawiają się choroby przewlekłe. Aby zapewnić komórkom ciała zdrowe środowisko i utrzymać alkaliczne pH krwi, potrzebne są zasadowe minerały, takie jak wapń, sód, potas, magnez. Utrzymanie prawidłowego pH krwi jest jednym z najważniejszych zadań dla naszego organizmu. Spadek pH krwi poniżej wartości 7,35 grozi pojawieniem się niebezpiecznej choroby – kwasicy, najczęściej wymagającej leczenia szpitalnego. Aby zrównoważyć zakwaszające pożywienie i zachować równowagę pH, uwalniane są zatem minerały zasadowe. Ale skąd je wziąć, jeśli nie dostarczono ich w pożywieniu? Są one oczywiście pobierane z zapasów tkankowych. Wyobraźmy sobie, że taka sytuacja wciąż się powtarza i aby utrzymać niezbędną do życia równowagę kwasowo-zasadową, potrzebne jest ciągłe uzupełnianie minerałów z zapasów. Kończą się zapasy i minerały trzeba pobrać z tkanek, co jest przyczyną ich demineralizacji. Gdy czerpiemy z gleby, nie nawożąc jej odpowiednio, gleba staje się jałowa. A kiedy czerpiemy z zapasów organizmu, nie dostarczając odpowiedniej ilości minerałów z zewnątrz, „wyjaławiają" się nasze komórki. Przykładem takiej sytuacji może być słabnięcie mięśni (wypłukiwanie magnezu), rozdwajanie włosów i paznokci czy wreszcie odwapnienie kości, prowadzące do osteoporozy. Proces demineralizacji dotyczy każdej (bez wyjątku) tkanki, więc konsekwencje mogą być jeszcze poważniejsze. Tkanki stają się coraz bardziej podatne na choroby i urazy, np. zęby na próchnicę, kości na złamania, tętnice na pęknięcia, naczynia wieńcowe na miażdżycę, błony śluzowe ciała na nadżerki, skóra na przedwczesne zmarszczki, komórki stają się podatne na stany zapalne i zmiany nowotworowe. Organizm zaczyna się szybciej starzeć, a układ immunologiczny przestaje sobie radzić z patogenami.

Gdy wskaźnik pH przesuwa się w kierunku zakwaszenia, oznacza to, że zaburzone są procesy metaboliczne i wytwarzanie zdrowego, zasadowego środowiska komórek.

W zakwaszonym organizmie nadmiernie mnożą się bakterie i drożdże, wytwarzające mnóstwo toksyn. Uwielbiają takie środowisko, przyczyniając się dodatkowo do powstania jeszcze większej ilości kwasów, stają się też przyczyną wielu dolegliwości, komplikacji i chorób. W zrównoważonym środowisku kwasowo-zasadowym nie mają szans na rozrost do poziomu zagrażającego zdrowiu.

Pewnie niektórzy zapytają, co się dzieje, kiedy brakuje nam posiłków kwasotwórczych. Zwiększanie poziomu pH krwi do zbyt zasadowego prowadzi do zasadowicy, która jednak występuje niezwykle rzadko.

Organizm bardzo dobrze sobie radzi z utrzymaniem pH naszej krwi poniżej wartości 7,45. Mechanizm jest prosty. Wystarczy bowiem, by płuca ograniczyły wydalanie dwutlenku węgla i już mamy zachowaną równowagę. Jeśli to nie wystarcza, nerki ograniczą filtrowanie kwasów krążących we krwi. Jeżeli i tego będzie za mało, organizm spali nieco tłuszczów bądź białek, by w ten sposób zakwasić krew. Raczej nie zdarza się, aby zasadowica pojawiała się na skutek nadmiernego spożywania produktów zasadowych. Przyczyny jej powstania są inne, np. zatrucie salicylanami, utrata kwaśnego soku żołądkowego przy długotrwałych biegunkach i/lub wymiotach, niektóre choroby o podłożu hormonalnym czy zażywanie leków obniżających kwasowość żołądka (np. przy chorobie wrzodowej).

Bezpośredni wpływ na poziom pH ma to, co jemy: niewiele warzyw i niektórych owoców (mających działanie zasadotwórcze) oraz wysokie spożycie mięsa, wędlin, cukru, kawy, herbaty i innych produktów wymienionych w rozdziale „ELIMINUJEMY – to podstawa wszystkiego" o działaniu kwasotwórczym. Inne czynniki, jak stres, szybkie tempo życia, otyłość, choroby wątroby czy cukrzyca, również wpływają na poziom zakwaszenia organizmu.

Dbanie o równowagę kwasowo-zasadową wiąże się zatem, przede wszystkim, z dbaniem o to, co jemy, ale także z dbaniem o higienę psychiczną, równowagę pomiędzy pracą a odpoczynkiem, umiarkowany ruch (niezwykle pomocny w niwelowaniu stresu i utrzymaniu prawidłowej przemiany materii). Warto wspomnieć, że intensywne uprawianie sportu zakwasza organizm wskutek produkcji przez ciało kwasu mlekowego i pirogronowego.

„NIEWINNE" GRZESZKI

Bardzo wiele osób mówi: „można jeść wszystko, byle z umiarem". Z całym szacunkiem dla wszystkich głoszących tę zasadę – albo brakuje im świadomości i podstawowej wiedzy, albo też próbują w ten sposób wytłumaczyć własne słabości. I powtarzają to jak mantrę, by utwierdzić się w przekonaniu, że są zadowoleni ze sposobu, w jaki żyją.

Ponieważ sama miałam okazję zetknąć się z wieloma osobami głoszącymi tę „prawdę", pozwolę sobie nieco podrążyć temat. Zasada „wszystko, ale z umiarem" jest niezwykle zgubna. Może zniszczyć nasz wysiłek i uniemożliwić uzyskanie efektów, o jakie nam chodzi – czyli pełni formy fizycznej i psychicznej, energii, witalności i wielu innych korzyści.

Przede wszystkim samo słowo „umiar" jest wyjątkowo nieprecyzyjne. Dla każdego może oznaczać co innego. Czy pół hamburgera z małymi frytkami i małą colą mieści się w tej kategorii? A posiłek w restauracji typu fast food raz w tygodniu?

Przyjrzyjmy się bliżej tym, zdawałoby się, „niewinnym" ilościom. Jedna puszka coli to około 138 kcal. Pijąc jedną puszkę coli tygodniowo, dostarczamy organizmowi 7176 dodatkowych kalorii rocznie. Pijąc jedną dziennie lub jakikolwiek napój energetyczny, kolorowy czy nawet wodę smakową (tak modne obecnie), dostarczamy w skali roku ponad 50 000 kalorii. Kalorii pustych, przez które nasza waga może wzrosnąć aż o 7 kilogramów w roku. A zwróćmy uwagę, że wzięłam pod lupę tylko jeden produkt. Wszystko byłoby w porządku, gdyby adekwatnie do ilości dostarczonych kalorii dostarczane też były składniki odżywcze.

ZACZNIJ OD „DLACZEGO?"

Spacerowałam niedawno nad jeziorkiem, wokół którego stało wiele ławek, a na nich siedziały po dwie, trzy starsze osoby (średnia wieku około 70 lat). Idąc niespiesznie, wychwytywałam strzępki rozmów, a wszystkie kręciły się wokół lekarzy, lekarstw, operacji, bólu itp. Pomyślałam, jak bardzo nie chcę spędzać czasu na takich rozmowach. I że chciałabym tak siedzieć i rozmawiać o podróżach, o pasjach. Cóż jednak z marzeń, jeśli brakuje zdrowia i dni upływają na kolejnych wizytach u lekarza i przyjmowaniu leków. Czy tak ma wyglądać życie w wieku dojrzałym?

Z całą pewnością moje już by tak wyglądało, gdybym w porę nie zainteresowała się alkalicznym stylem życia. A przede wszystkim zmianami w sposobie odżywiania. Dla wielu osób zdrowa i pogodna starość to czas zbyt odległy i mglisty, aby stanowić bodziec do działania. Chodzi jednak o coś znacznie więcej. Chodzi o jakość dnia dzisiejszego.

Zmiany, jakie każdy z nas może wprowadzić, są jak obietnica. Nie taka bez pokrycia, lecz taka, która szybko będzie się spełniała, przynosząc odczuwalne i widoczne efekty. Już w kilka dni możemy poczuć się znacznie lepiej. W każdym momencie, bez względu na to, ile mamy lat, jakie jest nasze samopoczucie, jak wyglądamy, jaki jest nasz apetyt na życie, czy borykamy się z dolegliwościami, czy nie, możemy cofnąć zegar, podnieść energię do poziomu, jakiego już nie pamiętamy, a być może nawet nie znamy, poczuć się zdecydowanie lepiej i zdecydowanie młodziej (dotyczy to także wyglądu).

Czy znacie kogoś, kto nie zechciałby poczuć się i wyglądać znacznie, znacznie młodziej? Cytaty w ramkach w tekście, na stronach 72–87, pochodzą od osób, które brały udział w detoksie trwającym zaledwie 14 dni. Jakie zatem efekty można osiągnąć, poddając się oczyszczaniu dwa razy w roku i wprowadzając proste zasady służące utrzymaniu równowagi kwasowo-zasadowej odżywiania? Ogromne!!!

To jest jak operacja bez skalpela, dla ciała i powstających w nim ognisk chorobowych. Jak operacja plastyczna albo najlepsze, kosztowne zabiegi w salonach kosmetycznych. Jak turbodoładowanie naszej kondycji, wydolności, witalności. Jak superćwiczenia mózgu, poprawiające pamięć i koncentrację. Jak drogie wczasy odchudzające albo pobyt w spa.

Chciałabym wyraźnie zaznaczyć, że w powrocie do zdrowego stylu życia nie istnieje coś takiego jak porażka. Zapomnijmy o porażce. Porażka jest wtedy, kiedy całkowicie się poddajemy. Inne sytuacje, jak chwilowe odstępstwo, tymczasowy powrót do starych nawyków, to zwykła wpadka. Wystarczy wrócić na dobrą drogę i czekać, aż stanie się ona naszym nawykiem, i po sprawie. Oprócz tego zawsze i na każdym etapie, niezależnie od tego, jaką nadwagę mamy, jak źle się czujemy, jakich dolegliwości zdążyliśmy się nabawić – ZAWSZE i SZYBKO możemy odczuć poprawę, odmłodzić się o całe lata i poczuć przypływ energii.

Wielokrotnie traciłam dobry kurs, bo nie wiedziałam, co mam kupować, jak gotować, co jeść. Jak u wielu ludzi, moje menu było dość monotonne. Zostałam wychowana na tradycyjnej kuchni polskiej. Kanapki na śniadanie i kolację, najczęściej z wędliną i żółtym serem oraz marnym listkiem sałaty lub skromnym plasterkiem pomidora. Na obiad zupa na kościach lub mięsie i drugie danie złożone z ziemniaków, porcji mięsa i do tego trochę surówki. Moje weekendy to były schabowe, mielone lub gulasz wieprzowy oraz obowiązkowo pomidorowa albo rosół. Kiedy zdecydowałam się wyeliminować to wszystko, nie wiedziałam zupełnie, co mogę jeść. Przeżywałam frustrację, bo okazało się, że nie potrafię gotować i nie umiem nawet robić zakupów. Zdrowe jedzenie wydawało mi się jałowe. Nie znałam przypraw ani ziół. Nie miałam pojęcia, jakie bogactwo smaków, aromatów, kolorów oferuje nam przyroda. Wcześniej moje posiłki były bowiem szaro-kremowo-brązowe. Jednak powoli, krok za krokiem, zaliczając też wpadki, wszystko to zmieniłam. I już nie wyobrażam sobie, że można inaczej, co sprawia mi dodatkową satysfakcję. Najważniejsze jest pytanie: „dlaczego?", bo pozwala trwać w dobrych postanowieniach albo wracać na kurs, aż do skutku. Nie od poniedziałku, od urodzin, od wiosny, ale od teraz. Nie warto odkładać decyzji. Każdy dzień może być tym dobrym dniem i będzie to jeden dobry dzień więcej dla nas samych. Czas płynie szybko i nim się obejrzymy, pojawią się odczuwalne efekty, a znajomi zaczną nam prawić komplementy. Zdziwicie się, jak wiele dobrego doświadczycie, i jak szybko to się zdarzy. Pozytywne zmiany zaczną się pojawiać jedna za drugą, wyzwalając w Was energię, poprawiając samopoczucie i dodając optymizmu.

✓ RADY PRAKTYCZNE

Zastanówmy się, na czym nam zależy i dlaczego chcemy zmienić styl życia i odżywiania. A także co możemy dzięki temu zyskać. Pamiętajmy o każdej dobrej rzeczy, jaką zauważyliśmy w samopoczuciu bądź wyglądzie, powtarzajmy sobie wszystko, co miłego usłyszeliśmy od innych. I wracajmy do tego dopóty, dopóki nowy styl życia nie stanie się dla nas czymś zupełnie naturalnym.

Uczyń najpierw to, co konieczne,
następnie to, co możliwe,
a nagle uporasz się z tym, co niemożliwe.
Św. Franciszek z Asyżu

UPRASZCZAMY – klucz do powodzenia

Nie będziemy…

liczyć kalorii, indeksów glikemicznych, zawartości białek, tłuszczów i węglowodanów. Nie będę się skupiała także na wartościach odżywczych poszczególnych posiłków czy produktów. Ani na zawartości w nich witamin i biopierwiastków. O tym możemy poczytać w wielu źródłach. Ponadto wartości tych nie da się określić idealnie. Proponuję, żebyśmy się skupili na kwestiach wyłącznie praktycznych.

Nie będziemy…

rezygnować z gotowania potrawy, jeśli brakuje nam jakiegoś składnika. Nie musi być dokładnie tak, jak sobie wymyśliliśmy. Jedne składniki możemy zastępować innymi, o ile nie jest to produkt podstawowy, na przykład liście kapusty do gołąbków.

Nie będziemy…

mówić, że jesteśmy na diecie. Nie, to nie dieta, ale styl odżywiania, który z czasem stanie się naszym stylem życia.

Człowiek rodzi się zdrowy.
Wszystkie choroby przychodzą do niego
przez usta, z pożywieniem.
Hipokrates

Nie będziemy…

myśleć w kategoriach wszystko albo nic. W przypadku zdrowego odżywiania zdecydowanie lepiej zrobić cokolwiek niż nic. Wiele osób po wprowadzeniu nawet minimalnych zmian już odczuwa efekty. To daje motywację, by zrobić kolejny krok. Tak dowiadujemy się, co jest dla nas korzystne. Każdy więc dobry dzień czy posiłek, każde świadome zakupy mają znaczenie.

ELIMINUJEMY – to podstawa wszystkiego

Najważniejszym krokiem jest pozbycie się wszystkiego, co nam szkodzi. Wyeliminowanie przyczyn złego samopoczucia, wyglądu, zmęczenia i zbędnych kilogramów. Kiedyś właśnie od tego zaczęłam. Dzięki temu łatwiej zmieniłam swoje myślenie o posiłkach i gotowaniu. Już sama rezygnacja z produktów z listy zamieszczonej na kolejnych stronach spowoduje, iż odczujemy wyraźne zmiany. Nie musimy przyjmować tego bezkrytycznie. Sprawdźmy, odstawiając produkty, które z całą pewnością nie służą nikomu z nas, tylko na dwa tygodnie, i obserwując siebie. Nie wierzę, że nie doświadczycie zmiany. Cera zacznie się poprawiać. Problemy z niestrawnością, zgagą i tym podobne zaczną ustępować. Tylko poprzez wyrugowanie z naszego menu tych składników nasz organizm zacznie się oczyszczać.

Nie przejmujcie się, czytając poniższą listę. Wiem, że kiedy pierwszy raz na nią spojrzycie, będziecie mieli wrażenie, że nie pozostało już nic, co nadawałoby się do jedzenia. Częściowo tak jest, bo wiele produktów wyprodukowanych przemysłowo, żywność gotowa zawiera substancje słodzące, tłuszcze utwardzone, sól, chemiczne dodatki smakowe. Często w takiej żywności nie ma nic, na co wskazywałyby nazwy produktów. Na przykład w jogurtach owocowych nie znajdziemy owoców, ale chemiczne aromaty owocowe. Chemia w przemyśle spożywczym to potęga. Codziennie wiele osób pracuje, poszukując „idealnych" smaków bądź zapachów, do złudzenia przypominających te naturalne.

Zapewniam jednak, że nie kupuję żadnego z produktów z poniższej listy, a różnorodność jedzenia, jaka jest dostępna i jaką mam częściowo w swoich zapasach, jest tak duża, że dość często łapię się na tym, że czegoś już dawno nie jadłam (choć prawie codziennie coś gotuję). Wiele osób może pomyśleć, spoglądając na listę, że wykluczenie tych produktów uczyni gotowanie i jedzenie czymś bardzo skomplikowanym, na co nie ma czasu. Od razu więc napiszę, że nie spędzam wiele czasu w kuchni. Potrawy, które najczęściej przyrządzam, wymagają ode mnie maksymalnie 30 minut. Gotowane posiłki przygotowuję też na dwa dni, więc ten czas jeszcze bardziej się skraca. Grunt to mieć dobrze wyposażoną i funkcjonalnie zaaranżowaną kuchnię oraz przejrzyście poukładane przyprawy i zapasy. Początkowe zagubienie szybko minie. To naprawdę kwestia czasu i wprawy.

✓ RADY PRAKTYCZNE

Najlepiej od razu, bez zbędnego zastanawiania się pozbyć się wszelkich produktów z poniższej listy:

- Biała mąka i wszelkie wyroby z niej produkowane – ciasta, ciastka, pieczywo (im chleb bielszy, tym bardziej rafinowana, o wyższym indeksie glikemicznym, mąka). Trzeba też pamiętać, że pieczywo bywa barwione karmelem i nabiera nienaturalnego, złocistobrązowego koloru.
- Cukier, słodziki, syropy słodzące i pochodne, jak słodycze, lody, dżemy, galaretki, syropy owocowe, konfitury, ciastka, cukierki, czekoladki, smarowidła typu Nutella oraz inne produkty zawierające cukier. Cukier bardzo często znajduje się też w gotowej żywności przetworzonej, która w smaku jest słona.

- Jogurty owocowe, kefiry i maślanki smakowe, serki homogenizowane, serki topione, mleko przemysłowe (zwłaszcza UHT), śmietanka UHT, inne wyroby mleczne, zawierające dodatki.
- Gotowe dania i konserwy, gotowe potrawy wyprodukowane przemysłowo, np. zupki i sosy instant, dania w puszkach, kartonach i słoikach oraz wszelkie inne mocno przetworzone produkty.
- Sproszkowane dressingi do sałatek, gotowe sosy do potraw.
- Frytki i inne dania typu fast food, np. hot dogi, zapiekanki, hamburgery, pizza (także mrożone).
- Produkty wysokoprzetworzone, często niezasłużenie oznaczane jako „light", „slim" itp.
- Przemysłowo wyprodukowane wędliny.
- Utwardzone tłuszcze: margaryny i twarde białe frytury, miksy masła i margaryny oraz tłuszcze do smażenia.
- Oleje roślinne rafinowane.
- Biała rafinowana sól.
- Napoje słodzone, kolorowe i gazowane wszelkiego rodzaju (w tym energetyzujące) oraz większość soków w kartonach.
- Różnego rodzaju przegryzki, jak chipsy, chrupki, popcorn, suchary, krakersy, płatki kukurydziane, wafle, paluszki, precle itp.
- Wysoko przetworzone płatki śniadaniowe i inne podobne wyroby.
- Gotowe mieszanki przypraw zawierające tłuszcze, konserwanty, antyzbrylacze, cukier, polepszacze smaku typu glutaminian sodu itp. (w tym kostki rosołowe, kostki do sosów sałatkowych, przyprawy proszkowane i płynne, aromaty do ciast, cukier wanilinowy itd.).

- Produkty gotowe o długich listach składników oraz zawierające składniki, których nie znamy.

Gdy jadamy poza domem, dopytujmy, co jest w składzie, i wybierajmy dania, które nie zawierają powyższych produktów. Na początku wydaje się to trudne, ale kiedy się dobrze rozejrzymy, okaże się, że oferta jest bogata. Zawsze można też skomponować swój posiłek, nie według karty dań. Sprawa stanie się o wiele prostsza, kiedy dojdziemy do listy zakupów. Bogactwo, jakie na niej odnajdziemy, nie pozostawi (mam nadzieję) żadnych wątpliwości, że jedzenia, jakie nam służy, jest dużo, o bogactwie smaków, barw i zapachów.

Dobra wiadomość?

Nie chodzi o to, aby żyć w poczuciu odmawiania sobie wszystkiego. To frustrujące. Idziesz do kawiarni, na przyjęcie – zjedz ciastko bez najmniejszych wyrzutów sumienia. Ale oczywiście nie codziennie i najlepiej nie dwa dni z rzędu. Kiedy od czasu do czasu zjemy coś niezdrowego, nasz zadbany organizm doskonale sobie z tym poradzi, bez żadnego uszczerbku dla zdrowia. Chodzi o to, aby nasz codzienny styl życia był zdrowy. Wtedy grzeszki przejdą bez bólu. Z czasem stanie się on naszą drugą naturą i minie nam ochota na takie wyskoki. Pomoże nam w tym także samopoczucie. Gwarantuję, że po dwóch–czterech tygodniach zaczniecie odczuwać w ciele i widzieć w lustrze ogromną różnicę.

ZMIENIAMY – sposób myślenia o jedzeniu

Kiedy już pozbędziemy się wszystkiego, co na dłuższą metę nam szkodzi i jest przyczyną złego samopoczucia, a często też utraty zdrowia, przychodzi moment na pytanie, jak się odżywiać, co jeść. Ponieważ zdrowe odżywianie stało się moją pasją, a o pasjach chętnie się rozmawia, przez lata miałam okazję do wielu rozmów. Ważne wnioski z nich płynące, poparte własnymi doświadczeniami są dwa. I oba ściśle się ze sobą wiążą.

Po pierwsze – jemy za dużo i za skomplikowanie, bo jeżeli posiłek nie zawiera wielu składników i nie jest odpowiedniej wielkości, to wydaje nam się, że to nie jest posiłek. To w takim razie, co to jest?

Po drugie – mamy skojarzenia, myśli, przyzwyczajenia, przekonania, co można uznać za śniadanie, obiad czy kolację. I jeśli nie da się zjeść właśnie takiego zestawu, to w naszej głowie pojawia się przeświadczenie, że coś jest nie tak, zdarza się też, że wówczas posiłek pomijamy.

Wszystko, cokolwiek jemy, jest posiłkiem. Nieważne, czy jest to owoc, sok, kawałek pieczywa, garść pestek, czy pełne (w tradycyjnym rozumieniu) danie. Wszystko jest posiłkiem. Zrozumiałam to, kiedy czytałam o zdrowych mieszkańcach doliny Hunzy. Były tam przykłady tego, co jedzą: placek z pełnoziarnistej mąki, kilka moreli i… tyle. Kiedy zaakceptujemy, że każde pożywienie jest posiłkiem, zniknie problem uzależnienia od tradycyjnych posiłków, braku czasu, umiejętności kulinarnych i pilnowania, aby jeść regularnie. Nie mamy czasu na lunch? Zjedzmy owoce. Nie mamy czasu na gotowanie

Zamień wszystkie MUSZĘ na CHCĘ, a zdrowy styl życia stanie się czystą przyjemnością.

obiadu? Zróbmy coś prostego – zupę z samych warzyw, która gotuje się 20 minut, kaszę gryczaną duszoną z przyprawami, cebulą i czosnkiem lub zjedzmy sałatkę. I nie myślmy, że nie zjedliśmy obiadu.

Pośpiech i zły nastrój jedzeniu nie służą

Jeśli brakuje nam czasu na normalne odżywianie się, to najgorszą z możliwych opcji jest pominięcie posiłku bądź zjedzenie czegokolwiek, jak baton czekoladowy, ciasteczka itp. Nietrudno zgadnąć, że pominięcie posiłku doprowadzi do uczucia wilczego głodu, co skończy się koniecznością zjedzenia szybko i dużo czegokolwiek. Nieraz zdarzyło mi się wrócić do domu na takim wilczym głodzie. Łapałam wtedy, co mi wpadło w ręce. Często były to bardzo różne produkty, tworzące niestrawną mieszankę wybuchową. I wiem, że nie jestem wyjątkiem. Kiedy zbyt długo się przegłodzimy (o ile nie jest to celowy post), to kupujemy byle co, w pierwszym lepszym miejscu, byleby tylko coś zjeść. Gdy jesteśmy bardzo głodni, nie ma mowy o powolnym jedzeniu i delektowaniu się potrawami. Nawet nie zauważamy, że jemy łapczywie.

A pośpiech jedzeniu nie służy. Trawienie rozpoczyna się już w ustach. Bardzo ważna jest bogata w enzymy trawienne

Proste jedzenie jest najlepszym sposobem na zaspokojenie głodu, gdy nie mamy czasu.

Zmiana sposobu odżywiania zaczyna się nie na talerzu, lecz w głowie.

ślina (początek trawienia węglowodanów), a zatem niespieszne gryzienie. Nawet płynne pokarmy powinno się pić małymi łyczkami i powoli. Przez śluzówkę jamy ustnej wchłaniana jest część składników odżywczych. Wreszcie dokładne, długie gryzienie stymuluje wydzielanie soków trawiennych. Jedzenie w pośpiechu i byle jak może rodzić kłopoty ze strony przewodu pokarmowego i powodować złe wchłanianie składników odżywczych. Niedokładnie pogryziony pokarm utrudnia trawienie, a niestrawione resztki jedzenia utykają w jelitach i tam gniją, stając się źródłem szkodliwych dla organizmu toksyn.

Dawno temu na zajęciach poświęconych oddechowi i medytacji poddałam się prostemu eksperymentowi. Wspominałam go potem nieraz i do dzisiaj zdarza mi się proponować jego wykonanie. Trzeba wziąć winogrono albo cząstkę mandarynki. Zamknąć oczy, a następnie bez pośpiechu zbliżyć owoc do ust. Poczuć jego zapach i dotyk na wargach. Włożyć go powoli do ust, ale nie gryźć od razu. Poczuć jego temperaturę, fakturę, potrzymać chwilę w ustach, delikatnie przesuwając. A potem bardzo powoli go gryźć, smakując wydobywający się stopniowo sok. Pogryźć owoc dokładnie i połknąć. Otworzyć oczy. Spróbujcie! Bardzo często zdarza mi się tak czymś delektować. To moje odświętne chwile. I taka właśnie powinna być każda chwila jedzenia. Bez telewizora, bez komputera, książki czy gazety przed oczami. Poświęcając czas tylko jedzeniu i skupiając się na nim, najemy się mniejszą ilością i nawet proste jedzenie (jak kromka chleba) stanie się czymś wyjątkowym.

Jeśli miewamy jakiekolwiek kłopoty ze strony przewodu pokarmowego (wzdęcia, gazy, odbijanie, zatwardzenia lub inne objawy niestrawności), to oprócz tego, co jemy, przyjrzyjmy się właśnie temu, jak jemy. O wydzielaniu się soków trawiennych, a także perystaltyce jelit decyduje autonomiczny układ nerwowy. Relaks i pogodny nastrój podczas spożywania posiłków sprzyjają trawieniu. Jedzenie szybko opuszcza żołądek, by przemieścić się do dalszych części układu pokarmowego. Stres, w tym także pośpiech jedzenia, zaburza procesy trawienne i wydzielanie soków żołądkowych. Ma to też swoje dalsze konsekwencje, ponieważ sprawność działania żołądka oraz jelit wpływa na przyswajanie tego, co wartościowe z pokarmu, i usuwanie szkodliwych odpadków. Jeśli dostarczanie sobie paliwa i energii zostanie zakłócone, nieuchronnie coś w naszym organizmie zacznie szwankować.

Kiedy jesteśmy zdenerwowani, lepiej nie jeść, dopóki stan rozdrażnienia nie minie. Zupełnie inaczej czujemy się po posiłku, który zjedliśmy w spokoju. Łatwo to zaobserwować.

Czym jest śniadanie, obiad, kolacja

Często to schematy myślowe i nawyki utrudniają nam życie. Nie inaczej jest w przypadku jedzenia. Przyzwyczajeni zostaliśmy do określonych posiłków.

Nabyte wzorce powodują, że gotujemy mechanicznie, nie zważając na sygnały i potrzeby naszego organizmu. Schematy myślowe powodują też, że nie przychodzi nam nawet do głowy, iż kiepskie samopoczucie może wynikać z tego, co znajduje się na naszych talerzach. Zostaliśmy nauczeni czegoś, do czegoś się przyzwyczailiśmy, a szybkie tempo życia sprzyja mechanicznemu powielaniu wyuczonych wzorców.

Rano nasz organizm potrzebuje energii, której głównym źródłem powinna być glukoza pozyskiwana z węglowodanów prostych i złożonych. Ale trzeba też pamiętać, że najbardziej wartościowe dla nas są węglowodany nieprzetworzone. Dlatego dobre samopoczucie w godzinach przedpołudniowych zapewni nam lekkie śniadanie zawierające produkty pełnoziarniste (np. kasze, płatki owsiane, musli, pieczywo razowe) oraz warzywa i owoce.

Zestawy śniadaniowe (z dominacją białka) oparte na białym pieczywie, wędlinach, żółtym serze, wysoko przetworzonych płatkach śniadaniowych, serwowane także w restauracjach i hotelach, nie są korzystne ani dla naszego samopoczucia ani zdrowia.

Z kolei wieczorem potrzebujemy aminokwasów, które są niezbędne dla działającej w trakcie snu somatotropiny (hormonu wzrostu). Kiedy śpimy, białka (w tym zużyte w ciągu dnia) są syntetyzowane, a za sprawą somatotropiny następuje regeneracja i odbudowa tkanek, stawów, mięśni, skóry. Korzystne jest zatem uwzględnienie w kolacji białek. Ich źródłem mogą być m.in. ryby, jajka, tofu, rośliny strączkowe.

Jeśli chodzi o obiady – zbyt obfite i urozmaicone, czyli złożone z zupy i drugiego dania, to ogrom różnorodnych składników, utrudniający trawienie oraz przyswajanie witamin i minerałów. Śmietnik dla układu trawiennego, bez segregacji. Trzeba to uprościć. Jedzenie ma być proste. Obiad i kolacja mogą występować zamiennie. Jeśli na obiad zjadamy zupę, to na kolację możemy przygotować porcję ryby z sałatą albo jakieś warzywne danie jednogarnkowe z fasolą, ciecierzycą itp. Do tego duża porcja sałatki ze świeżych warzyw. Jeśli takie danie jemy na obiad, na kolację możemy zjeść talerz zupy, poprzedzony porcją sałatki.

W posiłkach chodzi nie tyle o ich wielkość, ile o to, aby było to coś pożywnego, wartościowego (adekwatnie do pory roku). Wiele osób dość wcześnie zaczyna dzień. Za wcześnie, by odczuwać silny głód. Trudno więc postępować zgodnie ze starą maksymą, by śniadanie zjeść samemu, obiadem podzielić się z przyjacielem, a kolację oddać wrogowi. Jedzmy tyle, by odczuwać przyjemny stan sytości, a nie przejedzenie.

Moje odżywianie definitywnie się zmieniło, kiedy zaczęłam inaczej myśleć o jedzeniu. Zmieniło się też moje życie. Zniknęło napięcie związane z zastanawianiem się, co i jak zdrowo ugotować. Zniknął przymus jedzenia określonych posiłków traktowanych jako śniadanie, obiad, kolacja. Zniknęły kanapki z posiłków wieczornych i dwudaniowe obiady. W zamian pojawiła się swoboda… Jakbym przestała żyć po to, by jeść, a zaczęła jeść po to, by żyć. Dopóty, dopóki nie zmieniło się moje myślenie o zdrowym odżywianiu, planowanie posiłków zabierało energię mentalną i rządziło moim życiem tak, jakbym była pod presją. Presję zwiększał oczywiście brak pomysłów i czasu. W końcu najprościej jest wpaść do pierwszego z brzegu baru i zjeść fastfoodowe danie albo nasmażyć kotletów na kolejne cztery dni.

Co więc konkretnie się zmieniło? Poszłam w kierunku prostoty. Na przykład zaczęłam traktować jako posiłek banana albo kromkę żytniego chleba maczanego w oliwie. Albo potrafiłam zjeść ziemniaki z zsiadłym mlekiem i to był obiad (wspomnę, że to bardzo dobre, lekkostrawne połączenie). Gdy zaakceptowałam, że proste jedzenie jest posiłkiem, a w dodatku takim, który mi nie szkodzi, pojawiła się ulga. Od tamtego momentu przygotowywanie posiłków stało się dla mnie przyjemnością. Prostota ułatwiła mi życie.

Najważniejsza dla dokonania trwałych zmian w żywieniu jest więc zmiana naszego myślenia o jedzeniu. Musimy tylko zapamiętać kilka reguł, wprowadzić je w życie, a reszta przyjdzie sama. Przyjdą pomysły, co i jak gotować, przyjdzie lekkość w podejściu do zdrowego jedzenia, no i oczywiście wszelkie korzyści: zdrowie, energia i młody wygląd. By uważać siebie za zdrowego, nie wystarczy nie być chorym, ale też trzeba mieć energię, cieszyć się dobrym snem, wstawać rano z poczuciem, że chce nam się chcieć.

WDRAŻAMY

Możemy nie wiem jak dużo czytać, przygotowywać się do zmian, ale dopiero konkretne działania przynoszą efekty. Na szczęście pojawiają się one szybko, co może być dla nas nie lada motywacją, by utrwalić i pogłębić prozdrowotne nawyki.

Nowy styl życia wymaga pracy. Na początku bowiem, obarczeni długoletnią rutyną, możemy się zapominać i odruchowo sięgać po coś, do czego się przyzwyczailiśmy. Możemy też, jak ja na początku, po prostu nie mieć pomysłów. W końcu wszystkiego trzeba się nauczyć. Zawsze pierwsze kroki wydają się najtrudniejsze. Ale potem, kiedy już zaczynamy chodzić – idziemy. Coraz szybciej i pewniej. A kiedy zdarzy nam się potknąć – podnosimy się, by wędrować dalej. Grunt, by nie zwlekać z podniesieniem się i powrotem na właściwy tor. Nie ma sensu odkładać momentu zadbania o siebie o kolejny tydzień czy miesiąc. Za tydzień czy miesiąc już doświadczymy pierwszych profitów.

Co zatem konkretnie zrobić, aby zyskać energię, odmłodzić swoje ciało, pozbyć się uciążliwych dolegliwości, czuć się świetnie?

❶ Trzeba usunąć przyczynę złego samopoczucia i złego funkcjonowania organizmu. A przyczyna tkwi w pożywieniu, niedosypianiu i stresie.

❷ Należy oczyścić organizm, przywrócić mu równowagę kwasowo-zasadową i pozwolić odbudować zniszczenia. Robimy to, stosując czasową dietę oczyszczającą (np. post warzywny opisany w tej książce) oraz dbając o sen (właściwą, optymalną dla nas liczbę godzin – od pięciu do dziewięciu).

❸ Zmienić nawyki żywieniowe na takie, które są dla nas najbardziej korzystne. W książce tej znajdziecie opis najważniejszych zasad odżywiania oraz listy zdrowych produktów, z których można korzystać, robiąc zakupy czy też żywiąc się poza domem. Jedząc w taki lub podobny sposób, dobrze jest słuchać siebie i obserwować, czego nam najbardziej potrzeba, na co mamy ochotę, po czym czujemy się najlepiej.

❹ Zadbać o nawadnianie, ruch, słońce, świeże powietrze na co dzień.

❺ Zadbać o aspekt emocjonalny, duchowy swojego zdrowia. Pomoże to w radzeniu sobie ze stresem, nabraniu dystansu do problemów i tego, co nas spotyka.

Jeśli chodzi o punkt 1, to za nasze złe samopoczucie w największym stopniu odpowiada **żywność przetworzona**. To jej przede wszystkim „zawdzięczamy" różnego rodzaju dolegliwości, nadwagę, niezdrową cerę, brak koncentracji, ociężałość, zły sen, kiepską odporność czy wreszcie różnego rodzaju choroby. Eliminacja przetworzonej żywności stanowi fundament wszystkich innych dobrych działań i nawyków. Bez wyeliminowania złej żywności, która nas nie odżywia, a wręcz nam szkodzi, żadne inne działanie nie będzie w pełni efektywne.

Jeśli mielibyśmy wdrożyć tylko jedno zalecenie z tej książki, to jedzenie produktów nieprzetworzonych byłoby tym, na czym najbardziej by mi zależało. W trudnych chwilach na początku zmian tego właśnie trzymałam się przede wszystkim. Żywność przetworzona jest najbardziej zakwaszająca ze wszystkich rodzajów pożywienia, a jednocześnie uboga w wartości odżywcze, jakich potrzebuje nasze ciało.

Kolejnym aspektem ważnym dla naszego dobrego funkcjonowania jest wystarczająca ilość snu. **Notoryczne niedosypianie** zwykle nie jest związane z okolicznościami zewnętrznymi (małe, budzące się w nocy dzieci, praca zmianowa itp.), lecz ma swe źródło w naszych wyborach. Wiele osób przeciąga wieczór nie ze względu na brak senności i zmęczenia, ale z innych, raczej nieracjonalnych powodów. Kiedyś sama tak robiłam. Szkoda było mi kłaść się wcześnie i szkoda mi było „tracić" wieczór. Dopóki nie przekonałam się, jak ogromne znaczenie ma dla mojego samopoczucia to, czy jestem wyspana, czy nie. Dziś już nie mam problemu z położeniem się wtedy, kiedy czuję, że zasnę (nie wtedy, kiedy chcę, lecz wtedy, kiedy podpowiada to mój organizm). Zwykle chodzę spać między 21.00 a 22.00 lub jeszcze wcześniej.

Jeszcze jednym kluczowym dla dobrego samopoczucia aspektem jest radzenie sobie ze **stresem**. Życie bez stresu nie jest możliwe. Do jego odczuwania przyczynia się wiele czynników zwanych stresorami. Niektóre z nich związane są z pojawieniem się konkretnego problemu w rodzinie, szkole, pracy, inne z trudnym zadaniem do wykonania, wysiłkiem psychicznym bądź fizycznym, jeszcze inne (jak np. hałas) warunkowane są środowiskiem, w jakim żyjemy. Niezależnie od rodzaju bodźca wywołującego stres, w organizmie następuje podobna reakcja. Zwiększa się produkcja adrenaliny oraz kortyzolu i następuje ich wyrzut do krwi. Wskutek tego następuje szereg reakcji (np. przyspieszenie bicia serca i oddechu, wzrost ciśnienia krwi, wzrost produkcji glukozy), które mobilizują nas do „walki" bądź „ucieczki". Wyrzut adrenaliny i kortyzolu jest tym większy, im bardziej stresujący jest bodziec lub im dłużej on działa. Tak wszechobecne stresory jak hałas oddziałują na nas ciągle (telewizor, ruch uliczny, muzyka w słuchawkach, dźwięki maszyn itd.). Niezależnie od tego czy dźwięk jest nagły i wyraźny, czy też słyszany gdzieś w tle – mechanizm uwalniania adrenaliny działa. W ślad za tym zużywany jest magnez, którego potrzebuje adrenalina. Wysokie stężenie magnezu we krwi i tkankach musi być stale utrzymywane, aby mogły z niego korzystać komórki nerwowe. Jeśli dostarczamy za mało magnezu z pożywieniem, dzieje się to kosztem braku wystarczającej jego ilości we wszystkich innych komórkach. Tymczasem magnez jest niezbędny dla wielu procesów życiowych. Jego brak powoduje szereg dolegliwości, a z czasem także chorób. Magnez najbardziej odkwasza. Jednym z najlepszych źródeł magnezu jest chlorofil. Dlatego zielone części roślin są tak istotne dla dbania o równowagę pH. Warto też wiedzieć, że picie dużych ilości herbaty i kawy powoduje, że magnez nie jest wchłaniany z jelit do krwi. Aby lepiej znosić stres i dbać o zdrowie, konieczne jest jego ciągłe uzupełnianie.

Na lepsze radzenie sobie ze stresem ma również wpływ wysypianie się. Stres może być wywołany nie tylko realną sytuacją w naszym życiu, czy środowiskiem, w jakim żyjemy, lecz także samym wyobrażeniem sobie, myśleniem o zagrożeniach. Dlatego ważne jest dbanie o równowagę psychiczną, o czym więcej piszę w rozdziale „POZOSTAŁE CZYNNIKI WAŻNE DLA UTRZYMANIA ŚWIETNEJ FORMY".

A gdyby to było niewystarczające – jest wiele technik relaksacyjnych i sposobów pracy nad sobą. Trzeba tylko coś wybrać, na coś się zdecydować. Im będzie prostsze i bardziej dostępne – tym skuteczniejsze, bo pod ręką.

Oczyszczenie organizmu z toksyn i przywrócenie równowagi pH, na które wskazuję w punkcie 2, szybko usprawni funkcjonowanie ciała i pozwoli czerpać z pożywienia maksimum korzyści. W trakcie oczyszczania organizm już zaczyna się odbudowywać. Usuwane są złogi, eliminowane ogniska zapalne, czyszczone zakamarki jelit. Wskutek tego mijają dręczące nas dolegliwości, a układ pokarmowy ma szansę prawidłowo funkcjonować.

Choć sama swoją przygodę zmian w stylu życia rozpoczęłam od punktu 1, czyli usunięcia przyczyn złego samopoczucia, a zwłaszcza wyrzucenia wszelkiego typu „śmieciowej", czyli przetworzonej i mało wartościowej żywności, to uważam, że równie dobrym (a dla wielu osób nawet lepszym) początkiem może być oczyszczenie organizmu. Oczyszczanie daje bowiem szybkie i widoczne efekty. A jak jest efekt, to i motywacja wzrasta, co z kolei może ułatwić realizację punktu 1. Jeśli oczyszczamy się, nie w pełni poszcząc, ale korzystając z diety oczyszczającej, w sposób naturalny przybliżamy się do wdrożenia zalecenia podstawowego – odrzucenia całej przetworzonej żywności, będącej przyczyną złego stanu organizmu. Wielokrotnie zachęcałam, by przed wprowadzeniem korzystnych zmian w odżywianiu najpierw przeprowadzić oczyszczanie. Sama zrobiłam swoje pierwsze oczyszczanie dopiero po jakimś czasie od wprowadzenia zmian w jadłospisie. Wynikało to jednak stąd, że wcześniej nic o detoksie nie wiedziałam. Ale to właśnie taki początek jak detoks najbardziej służy wprowadzaniu dalszych pozytywnych zmian. Obydwa punkty można zresztą potraktować łącznie i zrealizować jednocześnie.

Punkty 3, 4 i 5 przybliżam w dalszej części książki. Przede wszystkim bowiem skupiam się na odżywianiu, ponieważ najważniejsze jest, co i jak jadamy. Może na pierwszy rzut oka wydaje się, że zmiana stylu życia wymagać będzie od nas olbrzymiego wysiłku. Ale tak naprawdę, poza czasem poświęconym na detoks, odkwaszenie i przywrócenie równowagi pH (przynajmniej 10–14 dni), wszystko inne to kwestia zapamiętania i przestrzegania kilku nowych zasad. Codziennie jemy, codziennie śpimy, codziennie jakiś czas spędzamy na czynnościach innych niż praca. I wszystko to zależy wyłącznie od nas: co będziemy jeść, jaki będzie nasz sen oraz co będziemy robić w wolnych chwilach.

Każdy dzień jest dobry,
by zacząć zmieniać swoje życie.
Trzeba tylko chcieć.
Jim Rohn

ODBUDOWA OPTYMALNEGO FUNKCJONOWANIA ORGANIZMU

Optymalne funkcjonowanie organizmu jest warunkiem bardzo dobrego samopoczucia. Samopoczucie to wypadkowa naszego stanu fizycznego (ciała), psychicznego (emocjonalność i umysłowość) oraz duchowego (dla niektórych ta sfera związana jest z wiarą w Boga i religią, dla innych ze światem wartości, którymi się kierują, z osiąganiem wewnętrznego spokoju i poczucia harmonii, dla jeszcze innych z nurtem praktyk duchowych – możliwości rozwoju duchowego jest wiele). Wszystkie te obszary są ze sobą powiązane, co składa się na starą prawdę: „w zdrowym ciele, zdrowy duch". Ktoś, kto zaczyna się o siebie troszczyć, traktować siebie samego jak swojego najlepszego przyjaciela, oprócz zmian fizycznych, o których już pisałam, doświadcza również zmiany na poziomie duchowym, a w jego życiu pojawia się więcej spokoju, radości, miłości, mających źródło właśnie w naszym wnętrzu.

O dziwo, wystarcza mi tylko 6 godzin snu, jestem wyspana i jak NIGDY dotąd wstaję przed 6 rano. Przestał boleć mnie kręgosłup. A bolał mnie niemal codziennie, w części lędźwiowej. Hmmm...

(cyt. ze wspólnego oczyszczania)

DETOKS – na czym polega i dlaczego bardzo pomaga

Jak już pisałam, gdybym miała jeszcze raz wchodzić na drogę zmian, zaczęłabym od detoksu, poprzedzając go dwutygodniowym okresem jedzenia produktów roślinnych. Dlaczego? Bo detoks przynosi szybkie rezultaty. Czujemy je i to stanowi doskonały bodziec do dalszych zmian.

Czyszcząc się od środka, regulujemy też organizm i sprawność naszego układu pokarmowego. Po detoksie składniki odżywcze lepiej się wchłaniają, a układ trawienny nie sprawia żadnych problemów. Ze zdrowego jedzenia czerpiemy zatem, od samego początku, jeszcze więcej korzyści.

Detoks, zwany inaczej oczyszczaniem organizmu z toksyn, to fantastyczne „narzędzie", które przynosi niemalże natychmiastowe efekty. Kiedyś czas oczyszczania wiązał się w naturalny sposób z przednówkiem, czyli przedwiośniem, kiedy zapasy żywności się kończyły, a na nową, świeżą, trzeba było jeszcze poczekać. Współcześnie w sklepach żywność jest dostępna przez cały rok. Nie ma okresów, w których byłoby jej mniej. Półki uginają się od towarów. Życie z dala od natury plus mocno rozwinięty przemysł spożywczy spowodo-

Samopoczucie mam fantastyczne!
Budzę się z energią i chęcią.
Nie ciągnie mnie do słodyczy,
choć potrafiłam czasem ze smakiem
pochłaniać spore ilości.
(cyt. ze wspólnego oczyszczania)

wały, że z naszego cyklu rocznego zniknął okres, kiedy brak jest żywności.

Oczyszczenie organizmu, odciążenie przewodu pokarmowego przynajmniej raz w roku jest dla nas zbawienne. Przywraca równowagę naszemu organizmowi i usprawnia działanie wszelkich układów, w tym przede wszystkim układu immunologicznego. Nic lepiej i szybciej nie zadziała na nasze zdrowie i urodę.

Nasze ciało nie nadąża z usuwaniem toksyn, na inwazję których narażeni jesteśmy obecnie dużo bardziej niż kiedyś. Będzie nam wdzięczne i odpłaci z nawiązką, jeśli mu w tym pomożemy.

Do ważnych funkcji układu trawiennego, limfatycznego, oddechowego, moczowego oraz narządów, takich jak płuca, nerki, skóra, wątroba, jelita, należą neutralizacja i odprowadzanie toksyn oraz szkodliwych produktów przemiany materii. Dzieje się to nieustannie, co samo przez się obrazuje, jak bardzo ważne jest oczyszczanie. Skoro więc ciało samo wciąż pracuje, by usuwać toksyny, i jest do tego odpowiednio przygotowane, to po co się dodatkowo oczyszczać?

Przychodzi mi na myśl standardowa wymiana oleju i filtrów w aucie. Oczyszczanie z toksyn jest jak taka wymiana

Mój mąż, który też z nami pościł… właśnie do mnie zadzwonił z międzyklubowych rozgrywek tenisa. Powiedział, że już nie pamięta, kiedy tak dobrze grał, że był szybszy, że nie miał zadyszki, aż się koledzy z klubu dziwili.

(cyt. ze wspólnego oczyszczania)

filtrów. Odnowione ciało, zregenerowane układy zyskują nową jakość i wydajność, co wpływa na cały silnik.

Żyjemy dziś w dużym tempie, w środowisku, które nie jest tak czyste, jak było kiedyś. Nie mamy łatwego dostępu (a często nie mamy go w ogóle) do wartościowej, naturalnie uprawianej i nawożonej żywności oraz dobrej, czystej, źródlanej wody.

Zanieczyszczeń w środowisku i substancji chemicznych w żywności jest tak wiele, że nadmiernie przeciążony nimi organizm nie radzi sobie ze sprawnym filtrowaniem i usuwaniem substancji toksycznych. Toksyny, których organizm nie zdołał wydalić, gromadzą się m.in. w komórkach tłuszczowych. Z jednej strony jest to ochrona i bezpieczeństwo dla naszych głównych narządów, ale z drugiej – toksyny nie są skutecznie eliminowane i się kumulują.

Chyba jestem najstarsza wiekiem w tej grupie (68 lat), ale czuję się dzisiaj młodsza, niż kiedy byłam młoda.

(cyt. ze wspólnego oczyszczania)

Skończyły się problemy z bezsennością i problemy jelitowe (uporczywe biegunki). Kręgosłup też mi nie dokucza. Nie czuję się już wiecznie zmęczona, mam więcej energii, no i waga trochę spadła, a opona na brzuchu przestaje mnie wyprzedzać.
(cyt. ze wspólnego oczyszczania)

Zwróćmy też uwagę na fakt, że rzadko kto oddycha dzisiaj czystym, świeżym powietrzem. Ponadto rozmaite schorzenia również przyczyniają się do gromadzenia dodatkowych dawek toksyn. Prawdziwym wyzwaniem dla organizmu staje się usunięcie tak dużej ilości produkowanych bądź wchłanianych substancji trujących.

W szczególnych okresach, jak choroba czy silny stres, organizm przestawia się na przetrwanie i uporanie z przeciwnościami, a detoksykacja schodzi na dalszy plan. Praca narządów nad skuteczną eliminacją toksyn przestaje być wydajna. Musimy sprzymierzyć się z naszym ciałem i wspomóc je w tej walce poprzez oczyszczanie, zadbanie o odpowiednią ilość wody dobrej jakości i oczywiście zmiany w odżywianiu – warunek utrzymania optymalnej równowagi kwasowo-zasadowej.

Detoks wpisał się w mój styl życia i stosuję go regularnie od ponad jedenastu lat. Najczęściej jesienią i wiosną. Zachęcam, by zdobyć się na to przynajmniej raz w roku, wczesną wiosną, a jeśli uda Wam się dwa razy w roku, będzie rewelacyjnie.

Lubię myśleć o czasie oczyszczania nie jak o wyrzeczeniu, lecz gruntownym sprzątaniu, czyszczeniu, szorowaniu, pucowaniu. Prysznic od środka, który wymyje wszystkie zakamarki, usunie to, co zbędne, przyniesie niesamowitą świeżość. Kto przeprowadzał oczyszczanie, ten wie, że przynosi ono konkretne korzyści. Nie tylko te wewnątrz naszego ciała, o jakich możemy poczytać, lecz także takie, których bezpośrednio doświadczamy, które zaczynamy wyraźnie i bardzo szybko (bo już po kilku dniach) odczuwać. Jeśli do tego potem zadbamy o wartościowe pożywienie, z dużą ilością żywności alkalicznej, to będą to zmiany trwałe, a my będziemy się znacznie wolniej starzeć, nie znając dolegliwości zwyczajowo przypisanych do wieku starszego.

W ramkach można przeczytać opinie osób uczestniczących w moim wirtualnym programie odnowy, czyli detoksie. Nazwałam go odnową, bo to najlepsze słowo, ponieważ regeneracja i odnowa pojawiają się na różnych poziomach (fizycznym, psychicznym, a także duchowym). Trudniej to przyjąć, czytając o tym, ale łatwo zrozumieć, bez konieczności dodatkowych wyjaśnień, osobiście poddając się detoksowi. Korzyści jest wiele i są pewne dla każdego, bez wyjątku, kto tylko przejdzie przez program oczyszczania. Doświadczyłam tych dobrodziejstw osobiście, widziałam też, jak doświadczają ich inni. Oczyszczanie organizmu to:

- najszybszy sposób na odkwaszenie i przywrócenie równowagi kwasowo-zasadowej w organizmie
- uwolnienie ciała od złogów, chemii, kwasów; odtrucie
- poprawa jakości snu, który staje się głęboki, a w efekcie często wystarcza mniej godzin snu, by budzić się wypoczętym

- odzyskanie pełni sił, zdecydowany przypływ energii, odzyskanie wigoru i witalności
- likwidacja dolegliwości związanych ze stanem przewlekłego zmęczenia
- wzrost odporności na wirusy, infekcje, choroby
- piękna, gładka skóra, o zdrowym odcieniu (zdrowy wygląd, świeżość i delikatność; skóra staje się jaśniejsza i nabiera żywszej barwy – gdy organizm jest zanieczyszczony, skóra ma najczęściej szary, niezdrowy koloryt)
- dobre nawilżenie skóry i poprawa jej elastyczności
- wygładzenie zmarszczek
- ujędrnienie ciała
- poprawa sprężystości tkanki łącznej i znaczne odmłodzenie ciała
- zmniejszenie bądź całkowita eliminacja cellulitu
- blask w oczach i bystre, żywe spojrzenie
- poprawa pamięci i koncentracji
- uczucie świeżości i lekkości
- eliminacja złogów ze stawów
- likwidacja ognisk zapalnych powstałych w naszym organizmie
- szybki, zdrowy sposób na pozbycie się kilku kilogramów
- sprawne działanie układu pokarmowego; brak dolegliwości związanych z jego złym funkcjonowaniem, jak zgaga, zaparcia, wzdęcia
- pozbycie się wielu dolegliwości, bólów
- poprawa formy psychicznej
- lepsza kondycja fizyczna, sprężystość ciała i mięśni
- wyostrzenie zmysłów, w tym zmysłu zapachu i smaku
- większa sprężystość tkanek wewnętrznych (można to poczuć w czasie kontaktu intymnego)
- zdecydowana poprawa samopoczucia na każdym poziomie

- łatwość we wprowadzaniu trwałych zmian w nawykach żywieniowych oraz w rozstaniu się z nałogami i szkodliwymi przyzwyczajeniami
- eliminacja dręczących nas dolegliwości, powracających bólów głowy, stawów itp.
- najtańszy i najprostszy sposób powrotu do formy
- pogłębienie świadomości ciała
- oczyszczanie, pod kontrolą lekarza, często stosuje się w celu uruchomienia sił organizmu do samouzdrawiania (także w przypadku schorzeń bardzo ciężkich czy określanych jako nieuleczalne)
- każdy kolejny detoks pogłębia korzyści dla zdrowia, samopoczucia i wyglądu
- czas oczyszczania sprzyja refleksji, pomaga uwolnić się od stresu i niepokoju.

Detoks uczy nas także delektowania się jedzeniem, jest krokiem do odrzucenia konsumpcyjnych nawyków „wrzucania" w siebie wszystkiego, co można znaleźć na półkach sklepowych lub w restauracjach czy barach szybkiej obsługi. Oczyszczanie pokazuje, jak proste może być pożywienie i jak ogromnej przyjemności oraz bogactwa smaków może nam dostarczać. Sprzyja też uniezależnieniu naszego organizmu od wszechobecnego cukru. Osoby biorące udział w oczyszczaniu wielokrotnie stwierdzały, że straciły chęć na słodycze lub przestały pić kawę, bo jak same wspominały, stała się im ona zbędna.

Dlaczego detoks daje takie efekty? Gromadzone w tkankach toksyny – trujące produkty przemiany materii oraz wolne rodniki – przyspieszają starzenie się organizmu. Obciążają go, przyczyniając się do zapadania na groźne choroby cywilizacyjne. Ale nasz organizm jest bardzo mądry. Kiedy przestajemy mu dostarczać pożywienia pochodzącego z zewnątrz, przechodzi na tzw. odżywianie wewnętrzne. Dzieje się tak nie tylko przy całkowitej głodówce, lecz także podczas czasowej diety czysto warzywnej lub sokowej, o ograniczonej liczbie kalorii. Gdy ciało wchodzi w tryb odżywiania wewnętrznego, w pierwszej kolejności usuwa odpady, złogi, obumarłe komórki lub chore tkanki. Można by to porównać z generalnym remontem mieszkania, połączonym z wielkimi porządkami. Kapitalny remont i oczyszczenie każdego zakątka, zakamarka. Odżywianie wewnętrzne to rewitalizacja całego organizmu, zdrowie, uroda i wydłużenie życia. W trakcie detoksu regenerują się komórki, tkanki, narządy. Toksyny i złogi zostają wydalone, zwyrodnienia naprawione. To jest jak leczenie chorób wszystkich naraz. Nie musicie wierzyć na słowo, wystarczy samemu spróbować, by doświadczyć wielu korzystnych zmian w samopoczuciu i wyglądzie.

Kiedy przeprowadzałam swoje pierwsze oczyszczanie, była to głodówka zdrowotna, czyli pełny, rygorystyczny post o wodzie, trwający kilka dni. Nie było to proste. Czułam duże osłabienie i przez pierwsze trzy dni trzymałam się tylko dzięki obietnicy efektów, o jakich czytałam. Nie sądziłam jednak, że efekty te znacznie przewyższą moje oczekiwania.

Pamiętam trzy spektakularne efekty, które wystąpiły u mnie już po pierwszym przeprowadzonym oczyszczaniu. Pierwszy (dla mnie najważniejszy i zupełnie niesamowity) to całkowite ustąpienie bólów w stawach kolanowych i barkowych. Jakże cudownie było nie doświadczać bólu. Jak wiecie, nie był to lekki ból czy pobolewanie, ale ból tak silny, że chwilami uniemożliwiał podniesienie ręki.

Fantastycznie się czuję,
mam dużo energii, jestem lekka,
a przede wszystkim,
zniknął cellulit.
(cyt. ze wspólnego oczyszczania)

Drugi efekt to nagły przypływ energii. Zaczęłam się budzić wcześnie, około czwartej rano. W moim przypadku była to ogromna zmiana, ponieważ wcześniej szósta rano wydawała mi się środkiem nocy. Wstając przez całe lata o tej godzinie, nie zdarzało mi się budzić inaczej niż na dźwięk budzika. A czasami bywało, że budzika nie słyszałam. Poza tym moje ciało domagało się ruchu. Jednym słowem POWER.

Trzeci efekt, równie dla mnie ważny, to wygląd. Nigdy nie zapomnę tego pierwszego razu, kiedy wiele osób myślało, że właśnie wróciłam z wczasów. Twarz wyglądała świeżo i promiennie. Białka oczu były naprawdę białe, oczy klarowne, co dawało wrażenie, że jestem wypoczęta, zdrowa i pełna energii. Nie ukrywam, że pytania, gdzie wypoczywałam, i zdumienie na moją odpowiedź, że nie miałam żadnego urlopu, sprawiały mi ogromną przyjemność. Nigdy, po żadnym standardowym

Energia mnie rozpiera.
Po pracy pojechałam na aerobik,
a po powrocie skosiłam jeszcze sporej
wielkości trawnik przy domu.
(cyt. ze wspólnego oczyszczania)

zabiegu kosmetycznym, nie wyglądam tak, jak po solidnie przeprowadzonym detoksie.

Pamiętam, co wtedy myślałam. Skoro kilkudniowy post może przynieść tak niesamowite efekty, to jak bardzo to, co jemy, wpływa na ciało, samopoczucie i wygląd! To była dla mnie prawdziwa siła napędowa na drodze zmian w żywieniu. To jest także główny powód, dla którego zachęcam, by decyzję o wprowadzeniu zmian zacząć od detoksu. Po prostu wiem, że przyniesie on znakomite, odczuwalne efekty. Trudno nie zgodzić się z faktem, że namacalne efekty powodują wzrost motywacji. A oczywiście są też i inne profity, bezpośrednio związane z funkcjonowaniem ciała po detoksie, które wraca na właściwy tor i jest dobrze przygotowane do tego, by czerpać potem z dostarczanego pożywienia to, co najlepsze, i maksymalnie jak się da.

Po pierwszej głodówce zrobiłam jeszcze trzy kolejne (w odstępach kilkumiesięcznych). A potem już zamiast głodówek przeprowadzałam post warzywny. Efekty postu warzywnego są wspaniałe, a dodatkowo jest to bardzo bezpieczna forma detoksu i nie wymagająca tylu skrupulatnych przygotowań co pełna głodówka.

Właściwie post warzywny jest dla każdego z wyłączeniem dzieci poniżej piętnastego roku życia, mam karmiących, kobiet w ciąży i osób wycieńczonych chorobą bądź chorych, przyjmujących leki. Chorzy mogą przeprowadzić oczyszczanie i może ono zadziałać uzdrawiająco. Jednakże należy je przeprowadzać tylko pod okiem lekarza, zwłaszcza że konieczna jest w takich przypadkach ścisła kontrola podawanych leków. Czasem też trzeba w trakcie detoksu zmniejszać dawki lekarstw i badać niektóre parametry, np. poziom cukru we krwi. Oprócz tego bywa, że określone choroby wymagają całkowitego wyłączenia z diety niektórych produktów (w tym także

U mnie z dnia na dzień lepiej.
Przede wszystkim jeśli chodzi o nastrój,
który był przez cały miesiąc pod psem.
Aż tu nagle
każdego dnia lepszy!
(cyt. ze wspólnego oczyszczania)

pewnych warzyw), które dla zdrowego człowieka są bardzo wartościowe. Podczas detoksu jest faza silnego uwalniania toksyn, co w przypadkach niektórych schorzeń może nam zaszkodzić (np. przy intensywnych terapiach chemicznych, osłabiających całe ciało i wszystkie jego funkcje, dodatkowe uwolnienie toksyn mogłoby się źle skończyć).

Oczyszczania nie powinny także podejmować osoby przeciążone nerwowo lub fizycznie (w takim wypadku przed głodówką wskazany byłby urlop). Nie zalecam także postu osobom cierpiącym na depresję.

Oprócz tego okresowe oczyszczanie organizmu jest dla wszystkich i może je przeprowadzić każdy człowiek przeciętnie zdrowy lub z normalnymi dolegliwościami, niekwalifikującymi się do stałego przyjmowania leków i pozostawania pod ścisłą kontrolą lekarza.

Nie powiem, że zrobienie oczyszczania jest łatwe (zwłaszcza gdy robimy je po raz pierwszy). Odstawiamy bowiem prawie wszystko, co zwyczajowo jadamy. Dla wielu osób dużym wyrzeczeniem jest rezygnacja z kawy. Pojawiają się też kryzysy. Jeśli w naszym ciele zgromadziły się substancje toksyczne, to w trakcie oczyszczania, na skutek ich uwalniania, możemy odczuwać pogorszenie się samopoczucia. Zwłasz-

Czuję się świetnie.
Wstałam pół godziny przed budzikiem,
poleciałam z kijami,
zrobiłam dwa okrążenia zalewu
(zwykle robię jedno).
(cyt. ze wspólnego oczyszczania)

cza w pierwszych czterech dniach trwania detoksu. Nasilenie złego samopoczucia przypada zwykle trzeciego bądź czwartego dnia. Może się ono objawiać bólami głowy, spadkiem koncentracji, uczuciem osłabienia, mdłościami, niesmakiem w ustach, ociężałością, a nawet wymiotami czy nasileniem się jakiegoś objawu bądź bólu charakterystycznego dla wcześniej pojawiających się dolegliwości. Wiele osób pisało do mnie maile, pytając, co zrobić. Odpowiedź jest jedna. Jeśli jesteśmy zdrowi, to obserwować siebie uważnie, zaopiekować się sobą najlepiej jak możemy, fundując sobie dodatkowy relaks w cieple, łagodny masaż itp., i przeczekać. Zwykle bowiem kryzys nie trwa dłużej niż kilka godzin. Czasem pogorszenie samopoczucia lub dolegliwości mogą trwać dzień lub dwa. Gdy nie mijają albo niepokojąco się nasilają (osobiście nie spotkałam się z takim przypadkiem, ale jesteśmy różni, nigdy nie wiadomo, co wewnątrz nas siedzi i jakie ogniska zapalne sobie wyhodowaliśmy, ile toksyn zdążyliśmy zgromadzić i jak bardzo się zaniedbać), warto skontaktować się z lekarzem czy fizjoterapeutą (jeśli dolegliwość dotyczy stawów).

Kiedy stosujemy program oczyszczający regularnie (np. raz, a najlepiej dwa razy w roku), a pomiędzy odżywiamy się

Mam 2 kilogramy mniej,
jasne spojrzenie
i niesamowite samopoczucie.
Takie „mogę wszystko".
(cyt. ze wspólnego oczyszczania)

dobrze, zwracając uwagę na to, co jadamy, efekty kryzysów przestaną się pojawiać albo ich przebieg będzie tak łagodny, że nie będziemy zwracali na nie uwagi. Każdy organizm jest inny i dopiero samodzielne przeprowadzenie oczyszczania pogłębi znajomość indywidualnych reakcji i da nam wiedzę o naszym ciele.

Podczas pierwszego detoksu trzeciego dnia od rana wymiotowałam i czułam się jak zatruta. Trwało to kilka godzin. Towarzyszył temu gorzki, bardzo nieprzyjemny smak w ustach, obłożenie języka i zębów jakimś nalotem i tępy, głęboki ból głowy. Nie bardzo miałam siłę cokolwiek robić i przeleżałam z nudnościami w łóżku. Myślałam wtedy, że jeśli tak będzie, to nie wytrwam. Ale późne popołudnie było już znacznie lepsze, a następny dzień zaczął się z dobrym samopoczuciem i już do końca nie miałam żadnych problemów. Co więcej, samopoczucie z dobrego przerodziło się w świetne i takie, jakiego nie pamiętałam, a może nawet w dorosłym życiu nie doświadczyłam. Podczas kolejnego oczyszczania podobnie silne i nieprzyjemne dolegliwości nie wystąpiły. Jedyne, co z nich zostało, to gorzki smak w buzi, który trwał cztery czy pięć godzin i tak jak poprzednio pojawił się w trzecim dniu. Plus, w pierwszych dniach, uczucie lekkiego osłabienia. A już każde kolejne oczyszczanie było tak dobre, że poza chwilowym osłabieniem nic mi nie dolegało. Aż w końcu czas ten stał się niemal jak święto i tak zostało do tej pory.

Zaczęłam bardzo dokładnie przygotowywać się do detoksu. Znacznie wcześniej wyznaczałam datę, by mieć dość czasu na porządne wysprzątanie mieszkania. Prałam wcześniej wszystko, co się nagromadziło w koszu na brudną bieliznę, i zmieniałam pościel. Miało być odświętnie, pachnąco, czysto. Ład i porządek wokół wzmacniały dobre nastawienie. Starałam się też nadrobić wszelkie zaległości, by nie pozostało nic, do czego musiałabym wracać myślami. Przystępowałam do detoksu z założeniem, że to czas dla mnie, który mogę poświęcić na proste domowe zabiegi, jak peeling pod prysznicem, kończenie kąpieli zmiennymi natryskami (zimno-ciepłymi), maseczkę itp. Czas oczyszczania stał się celebracją i momentem na spotkanie ze sobą. Nie brałam na siebie żadnych obowiązków, poza tymi koniecznymi (w moim przypadku była to praca, nauka i przygotowywanie jedzenia dla dziecka). Resztę czasu poświęcałam przede wszystkim na czytanie, spacery, słuchanie muzyki, hobby, sen, relaks i domowe zabiegi kosmetyczne. Relaks, ciepłe skarpetki, nieco ćwiczeń rozciągających, spacer i spokój – to stałe punkty programu każdego dnia detoksu.

Wcześniejsze wyznaczenie daty pomaga w akceptacji tego czasu (bez względu na okoliczności) i mobilizuje nas do przeżycia tego doświadczenia po raz kolejny. Dodatkowym aspektem przygotowań jest postanowienie, że skończę w wyznaczonym terminie (ewentualnie później, ale nigdy wcześniej). Z góry zakładam, że zredukuję wszelkie bodźce z zewnątrz, np. internet, prasę, telefon po pracy, spotkania towarzyskie. Dobrowolna i świadoma decyzja, by robić to regularnie, po kilku detoksach staje się czymś oczywistym, i są wśród nas osoby, które szczególnie czekają na ten moment. Bo przy takim podejściu i przy wszelkich doświadczanych efektach to czasowe wyrzeczenie rzeczywiście staje się niemalże świętem. Detoks ma na nas wpływ holistyczny. Oddziałuje na ciało i na psychikę. To czas, dzięki któremu wracamy do dobrej formy lub wzmacniamy czy też poprawiamy istniejącą. To także impuls do zmian w stylu życia. To uwolnienie od nerwowości i hałasu wokół nas (wyciszenie).

Detoks służy przede wszystkim zachowaniu optymalnego zdrowia, urody, młodości i witalności. Eliminowanie toksyn i szkodliwych produktów przemiany materii odgrywa ogromną rolę w spowalnianiu starzenia się naszego organizmu. Czujemy się lepiej i wyglądamy piękniej. Większość osób po oczyszczaniu zyskuje siłę i wystarczającą motywację do zmiany złych nawyków. I to jest wspaniałe. Dlatego wiem, że to jedna z najlepszych rzeczy, jakie możemy dla siebie zrobić. Choć z pozoru to czas wyrzeczeń, na końcu okazuje się, że zyskujemy wiele nagród, których nie da się kupić, ale za to każdy z nas ma do nich dostęp. Każdy zakończony detoks, pierwszy czy dwudziesty pierwszy, przynosi satysfakcję. Poza formą fizyczną wzmacnia też siłę psychiczną. Nagle okazuje się, że łatwiej nam podejmować wyzwania i realizować marzenia, a problemy stają się prostsze.

Istnieją różne sposoby oczyszczania organizmu. Między innymi pełna głodówka (oparta wyłącznie na piciu wody i ziół), monodiety zbożowe (czasowe diety, w których jedynym pożywieniem jest jeden lub kilka rodzajów zboża), detoksy na sokach (polegające na piciu wody i soków warzywno-owocowych, które stanowią jedyny rodzaj pożywienia).

Czuję się cudownie, odkrywam wielką przyjemność jedzenia samych warzyw. Czuję się świetnie, choć poprzednie dni były ciężkawe.

(cyt. ze wspólnego oczyszczania)

Najbardziej polecam post warzywny lub warzywno-owocowy, rozpropagowany w Polsce przez dr Ewę Dąbrowską. Jestem jego zwolenniczką, bo wydaje się odpowiedni niemalże dla każdego, bo łatwo się do niego przygotować i stosunkowo łatwo go przeprowadzić. Poza tym ten rodzaj postu wyjątkowo sprzyja odkwaszaniu i powrotowi do równowagi kwasowo-zasadowej. Jeszcze jednym jego atutem jest to, że post warzywno-owocowy przywraca równowagę w jelitach. Kiedy jelita zaczynają dobrze funkcjonować, następują procesy samoregulacji oraz samonaprawy organizmu. Przeprowadzając ten rodzaj postu, możemy normalnie żyć i pracować, co też ma duże znaczenie, bo nie każdy chce wykorzystywać jedyny dłuższy urlop w ciągu roku akurat na detoks. Jestem też jego zwolenniczką, ponieważ daje nam świetną okazję do odkrywania smaków i dostrzeżenia, jak proste, a jednocześnie smaczne może być pożywienie. Ponadto ten rodzaj postu wspaniale odbudowuje nasze ciało, dostarczając mu maksimum minerałów i witamin, których przecież najważniejszym źródłem są warzywa i owoce. Dodatkowo błonnik wspaniale wpływa na oczyszczenie naszego przewodu pokarmowego i unormowanie jego pracy, a probiotyki, pochodzące z naturalnej żywności, odbudowują właściwą florę bakteryjną jelit. Taki rodzaj detoksu z powodzeniem możemy przeprowadzać sami.

W zależności od potrzeb może on trwać tydzień albo nawet sześć tygodni, kiedy nasze ciało wymaga bardziej radykalnych działań w celu pozbycia się różnych dolegliwości. Można również przeprowadzić dłuższy proces seriami (np. dwa tygodnie – przerwa – dwa tygodnie). Efekty będą się kumulowały.

W okresie, kiedy nie ma jeszcze bogactwa świeżych warzyw, jakie oferują nam późne lato i jesień, wybór jest ograniczony, dlatego do potraw gotowanych można wykorzystać warzywa mrożone. Bywa, że są one wtedy bardziej wartościowe aniżeli te, które znajdujemy na półkach w sklepie. Dlaczego? Powód jest prosty. Wiele cennych składników warzywa tracą podczas długiego magazynowania i transportu. Natomiast zamrażanie warzyw najczęściej następuje wkrótce po ich zebraniu z pola, kiedy jeszcze nie utraciły cennych witamin i składników odżywczych. Sam proces mrożenia również nie powoduje tak dużych strat, jak długie magazynowanie. Dlatego, jak najbardziej, polecam mrożonki. Jeszcze jedna ich zaleta to błyskawiczna możliwość przygotowania posiłku. Oczywiście lepiej korzystać z warzyw świeżych, ale kiedy robimy post wczesną wiosną, wybór warzyw jest niewielki i możemy się wspomóc (ale tylko wspomóc, a nie uznać jako zasadę) mrożonkami. Mrożonki są też zdecydowanie lepsze niż „pędzone" warzywa niesezonowe, jak pomidory wiosną.

✓ RADY PRAKTYCZNE

Na kolejnych stronach prezentuję, jak samodzielnie przeprowadzić post warzywno-owocowy według dr Dąbrowskiej. Opis uzupełniam uwagami wynikającymi z osobistych doświadczeń, ponieważ dwa razy w roku organizuję wirtualne programy wspólnej odnowy – wiosenną i jesienną. Do tych wirtualnych programów odnowy, organizowanych dotychczas trzykrotnie, zgłosiło się ponad tysiąc osób, z czego znaczna część ukończyła je z sukcesem.

Detoks przeprowadza się w trzech etapach: przygotowanie, oczyszczanie i zakończenie. Bez przygotowania narażamy się na zbyt duży wyrzut toksyn naraz i związane z tym nieprzyjemne dolegliwości. Bez właściwego zakończenia programu, czyli stopniowego wychodzenia z postu, również możemy sobie bardzo zaszkodzić, a nawet zniweczyć część osiągniętych efektów. Zakończenie zawsze musi następować stopniowo, być łagodne i trwać kilka dni.

PRZYGOTOWANIE

Przygotowanie należy zacząć najpóźniej cztery dni przed rozpoczęciem postu, a jeszcze lepiej siedem dni wcześniej. W czasie przygotowań musimy zrezygnować z: mięsa, wędlin, serów, mleka oraz wszelkiego fastfoodowego pożywienia, do którego zaliczamy pizze, zapiekanki, hamburgery, hot dogi itp., oraz gotowe, przemysłowe potrawy pakowane w torebki, pudełka, słoiki, puszki. Nasze pożywienie ma być lekkie.

Dwa dni przed rozpoczęciem postu polecam ugotowanie dużego garnka zupy z kaszy jaglanej lub krupniku ryżowego (przepisy podaję na końcu tego rozdziału) i jeść tylko tę zupę oraz warzywa i owoce sezonowe.

Obie zupy są lekkostrawne i mają właściwości detoksykacyjne. Są zatem dobrym wstępem do oczyszczania organizmu.

OCZYSZCZANIE

Właściwy post warzywno-owocowy może trwać od siedmiu dni do sześciu tygodni. Ważne, by z góry ustalić, jak długo będzie trwał, i trzymać się planu. Bądźmy jednak wyczuleni na sygnały płynące z naszego ciała. W pierwszych czterech dniach może pojawiać się znaczne pogorszenie samopoczucia i jest to bardzo częste. Natomiast jeśli po pierwszym kryzysie czujemy się świetnie, kontynuujemy oczyszczanie i nagle następuje pogorszenie samopoczucia, które się utrzymuje przez cały dzień, a potem kolejny, to może być sygnał, że już dość, że ciało nie chce więcej. Jeśli nie macie poważnych problemów zdrowotnych, polecam post trwający od 10 do 14 dni. To dla większości ludzi wystarczający okres, by ciało się oczyściło i odzyskało równowagę kwasowo-zasadową.

ZAKOŃCZENIE

Podobnie jak na etapie przygotowania – w dniach po zakończeniu postu pożywienie musi być lekkie, bez produktów, które eliminujemy w okresie przygotowania, czyli bez białka zwierzęcego i fast foodów, gotowych dań przemysłowych itd. Nie jemy też słodyczy ani nic ciężkiego, jak potrawy smażone. Można znów ugotować zupę z kaszy jaglanej lub z ryżu. To bardzo dobre zakończenie detoksu, które przyzwyczaja nasz organizm do pełnowartościowego odżywiania.

Można zjeść kromkę chleba lub owoce czy warzywa, które nie były dozwolone w trakcie postu. Przy 10–14 dniach oczyszczania zakończenie powinno trwać 3–4 dni.

DOZWOLONE PRODUKTY

1. WARZYWA I OWOCE (najlepiej jest kupić je dzień lub dwa przed rozpoczęciem postu. Ważne, by sięgać wyłącznie po produkty świeże, ewentualnie mrożone)

Produkty sezonowe:

marchew
brukselka
kapusta (biała, czerwona, włoska, pekińska)
brokuły
bakłażany
buraki
kalafior
cukinia
korzeń selera
kabaczki
pomidory
papryka
dynia
kalarepa
ogórki świeże
seler naciowy
rzodkiew
cebula
pietruszka i natka pietruszki
por
sałata (różne rodzaje)
rzepa
rzodkiewka
rukola
roszponka
koper
szczypiorek
jarmuż
grejpfruty
jabłka

kiwi
pomelo

Niezbędne codziennie są:

cytryny
świeży korzeń imbiru
kapusta kiszona
ogórki kiszone
czosnek lub korzeń chrzanu
barszcz czerwony, który bardzo przydaje się w trakcie oczyszczania i wiele osób go docenia (przepis na końcu tego rozdziału)

2. ŚWIEŻE ZIOŁA (opcjonalnie)**:**
rozmaryn
tymianek
bazylia
oregano
lubczyk
mięta
melisa

3. SUSZONE ZIOŁA, PRZYPRAWY i HERBATKI ZIOŁOWE ORAZ OWOCOWE (bez sztucznych aromatów)**:**
tymianek
majeranek
bazylia
rozmaryn
lubczyk
szałwia
kurkuma

imbir suszony
kminek
pieprz
pieprz kajeński
cynamon mielony
ziele angielskie
liście laurowe
mielona czerwona papryka
mielona kozieradka
sól morska lub himalajska (bez antyzbrylaczy)
przecier pomidorowy (bez cukru i konserwantów)
herbatki ziołowe i owocowe – wedle gustu, np. malinowa, różnorodne mieszanki owocowe z hibiskusem, melisa, pokrzywa, rooibos, macierzanka, lawenda, mięta, lipa czy mieszanka kilku ziół

Jeśli mamy inne ulubione przyprawy, które nie zawierają glutaminianu sodu, antyzbrylaczy lub jakichkolwiek innych nienaturalnych, podejrzanych składników, możemy je oczywiście wykorzystać.

Podczas oczyszczania nie należy używać mieszanek warzywnych w słoikach, jak bulion, barszcz itp. (najczęściej zawierają one cukier, tłuszcz, a także różne dodatki konserwujące).

W trakcie oczyszczania bezwzględnie zakazane jest spożywanie wszystkiego oprócz warzyw, przypraw i owoców z listy dozwolonych. Przy czym podstawę powinny stanowić warzywa, a owoce trzeba traktować wyłącznie jako miły dodatek.

Na liście produktów, które omijamy z daleka, znajdują się: skrobia (ziemniaki), tłuszcze, białka (sery, mleko, mięso, jajka), węglowodany (kasze, zboża, chleb), fasola, groch itp., banany, gruszki, morele, czereśnie, figi, daktyle (oraz inne owoce zawierające dużo cukru), orzechy, warzywa w puszkach lub inne przetworzone, czarna herbata i mocna zielona herbata, kawa, alkohol, nikotyna, jakiekolwiek przyprawy zawierające cukier, glutaminian sodu itp. Oprócz tego wszelkie pozostałe produkty, których nie ma na liście dozwolonych.

Co i jak jeść i pić podczas postu warzywno-owocowego

1. Każdy dzień postu zaczynamy od wypicia (na czczo) 1–2 szklanek ciepłej wody z cytryną (plaster na szklankę). Cytryna podwyższa pH wody, a dodatkowo intensyfikuje oczyszczanie organizmu z toksyn.
2. Podczas postu nie wychodzimy z domu bez zjedzenia solidnego śniadania, np. zupy warzywnej, dowolnej sałatki warzywnej i kubka czerwonego barszczu, a kiedy jest ciepło na dworze – zielonego koktajlu (przyrządzonego z zielonych liści, np. szpinaku, jarmużu, sałaty z jabłkiem czy owocem pomelo do smaku).
3. W trakcie oczyszczania jadamy wyłącznie produkty z zamieszczonej powyżej listy dozwolonych. Warzywa możemy jeść do woli, ograniczenie ilościowe dotyczy natomiast owoców (1–3 jabłka lub kiwi dziennie to liczba, której nie należy przekraczać).
4. Warzywa i owoce możemy jeść w postaci surowej, gotowanej, pieczonej, duszonej, soków rozcieńczanych ciepłą wodą, koktajli, zup, wywarów, kiszonek.
5. Produkty, które musimy jeść codziennie:

- porcja produktów kiszonych (kapusta kiszona, ogórki kiszone lub opcjonalnie sok z kiszonych buraków),
- czosnek (minimum jeden ząbek surowego czosnku dziennie) lub zamiennie chrzan. Zarówno czosnek, jak i starty chrzan można dodać do dressingu do sałatek, przygotowanego z wody i ziół, z dodatkiem soku z cytryny.

Kiszonki mogą być jadane o dowolnej porze. Oczyszczają jelita i odbudowują florę bakteryjną. Jeśli mamy zakwas buraczany, warto (niezależnie od jedzenia kiszonek) wypić codziennie $^1/_4$–$^1/_2$ szklanki między posiłkami. Zalety zakwasu buraczanego opisuję w rozdziale dotyczącym zakupów.

6. Pożądane jest zjedzenie jednego ciepłego posiłku dziennie. W trakcie przeprowadzania postu warzywno-owocowego organizm się nieco wychładza i ciepłe jedzenie bywa zbawienne. Potrawę gotowaną najlepiej przygotować na zapas (na 2–3 dni). Oszczędzi nam to czasu spędzanego w kuchni. Dobrą opcją na zapas jest zupa warzywna (dowolna), leczo warzywne. Polecam również ugotowanie dużego garnka czystego barszczu. Kubek gorącego czerwonego barszczu w cudowny sposób poprawia samopoczucie. Z doświadczenia własnego, a także innych osób wiem, że jest niezwykle docenianym punktem dnia. Przepis na pyszny barszcz znajduje się na końcu tego rozdziału.
7. Przykłady prostych posiłków, których czas przygotowania nie przekracza kilkunastu minut (nie licząc czasu pieczenia) do wykorzystania w trakcie oczyszczania:

- blanszowany brokuł lub kalafior doprawiony dressingiem: sól z mikroelementami lub morska + zmiażdżony

ząbek czosnku + tymianek, bazylia lub inne zioła + kilka kropel soku z cytryny + woda,
- zapiekana lub duszona papryka z nadzieniem z cebuli, cukinii doprawionych natką pietruszki, ziołami, solą, pieprzem, papryką i zmiażdżonym ząbkiem czosnku,
- pieczone jabłka posypane mielonym cynamonem,
- pieczone w folii buraki z dodatkiem podprażonego czosnku, tymianku, soku z cytryny, kminku lub kuminu.

8. Pomiędzy posiłkami możemy podjadać ogórki kiszone, kapustę kiszoną, marchewki, seler naciowy, paprykę, kalarepę, rzodkiewki, ogórki, pomidory – warzywa, które lubimy jeść na surowo. Warto solidną porcję takich warzyw do chrupania zabrać ze sobą do pracy. Można także (do woli) przygotowywać sobie proste surówki i sałatki, jak choćby:
- marchew z jabłkiem,
- kapusta kiszona z jabłkiem i marchewką,
- kapusta pekińska z ogórkiem kiszonym, cebulą, selerem naciowym, natką pietruszki,
- seler z jabłkiem,
- sałatka z buraków z barszczu lub pieczonych, podduszonych na odrobinie wody z czosnkiem i tymiankiem,
- dowolna sałata z rukolą,
- pomidory z bazylią.

Wszystkie potrawy i sałatki posypujmy świeżymi ziołami: natką pietruszki, koperkiem, szczypiorkiem.

9. Podczas postu powinniśmy codziennie wypijać 2–3 litry płynów. Najlepiej ciepłej wody. Można do niej dodać plaster cytryny, a kiedy jest nam zimno, 2–3 plasterki zmiażdżonego imbiru na szklankę. Warto też przygotować rozgrzewający napój z gotowanego przez kilka minut imbiru z dodatkiem 2–3 goździków. Takim imbirowym wywarem możemy też wzbogacić dowolną herbatę ziołową lub owocową. Jeśli pijamy soki, to wyłącznie zrobione samodzielnie i rozcieńczone ciepłą wodą w proporcji minimum 1:1. Duża ilość płynów jest niezbędna głównie z uwagi na to, że oczyszczanie będzie skuteczniejsze przy właściwym nawodnieniu ciała, a także ze względu na dużą ilość błonnika przyjmowaną w trakcie postu warzywno-owocowego.

10. Jeśli w trakcie oczyszczania musimy zjeść w barze czy restauracji, wybierajmy sałatki i surówki, prosząc, by podano nam je bez dressingu (dressingi czy sosy będą bowiem zawierały niedozwolone produkty, jak np. oliwę czy cukier). Możemy samodzielnie je doprawić sokiem z cytryny, pieprzem i solą.

Inne wskazówki NA CZAS postu

➲ Niezależnie od pogody ubierajmy się cieplej niż zwykle. W trakcie oczyszczania na diecie warzywno-owocowej organizm się wychładza i łatwiej marzniemy.

➲ Obowiązkowym punktem każdego dnia postu powinno być minimum 20–30 minut szybkiego marszu na świeżym powietrzu. Bardzo dobrze wpłynie on na samopoczucie, usprawni wydalanie toksyn i przyspieszy powrót organizmu do równowagi. Podczas marszu skoncentrujmy się na oddechu lub stawianych krokach. Gdyby trudno było znaleźć czas na marsz, warto zrobić to w drodze do lub z pracy. Ważne, by nie zrezygnować z ruchu na świeżym powietrzu.

➲ Po przebudzeniu nie zrywajmy się na równe nogi, wstawajmy powoli. W trakcie postu gwałtowna zmiana pozycji ciała może spowodować zawroty głowy lub inne nieprzyjemne odczucia.

➲ Przeznaczmy codziennie 5 minut na ćwiczenie wdzięczności. Wystarczy wziąć kartkę, zastanowić się przez chwilę i wypisać 5 przyjemnych rzeczy, za które jesteśmy wdzięczni, np. z minionego dnia. To może być coś zupełnie prostego, jak przyjemna rozmowa, ładna pogoda, uśmiech, jakim ktoś nas obdarował, albo coś bardziej znaczącego, jak zakończenie pisania raportu, poprawa samopoczucia, zdrowie bliskich itp. Dobrze jest odnaleźć w sobie uczucie wdzięczności. Najlepiej wykonywać to ćwiczenie dwa razy dziennie – tuż po przebudzeniu i tuż przed zaśnięciem. Wdzięczność uczy nas dystansu, buduje pozytywne nastawienie i dobry, radosny nastrój, wspomaga relaks, spokój oraz dobry sen. Praktykę wdzięczności polecam także poza okresem detoksu. Mamy wiele powodów do wdzięczności, choć na ogół tego nie dostrzegamy, a nasz umysł ma skłonność do koncentrowania się na problemach. Nie musimy wymyślać, za co jesteśmy wdzięczni, bo kiedy rozejrzymy się wokół, okaże się, że jesteśmy naprawdę bogaci i sowicie obdarowani rzeczami, o których miliony ludzi na świecie nawet nie marzą.

➲ Przed planowanym postem uporajmy się z pilnymi sprawami. Pozałatwiajmy zaległości, wysprzątajmy mieszkanie i oczyśćmy lodówkę z zapasów „normalnego" jedzenia. Dzięki temu nie będziemy zaabsorbowani zaległymi obowiązkami i sprawami wymagającymi załatwienia. Zyskamy też nieco czasu na zrobienie czegoś przyjemnego dla siebie, jak choćby masaż pod ciepłym prysznicem, słuchanie muzyki, spacer czy zwykłe leniuchowanie. W tym czasie powinniśmy doświadczyć komfortu niespiesznego życia. Jeśli zostaną nam tylko bieżące obowiązki, łatwiej będzie znaleźć czas tylko dla siebie. Poddawałam się oczyszczaniu w różnych okresach życia, także tych o większej intensywności (bo do pracy dochodziły jeszcze studia), jednak zawsze dbałam, by wygospodarować trochę czasu wyłącznie dla siebie. Jeśli mamy dzieci, zaplanujmy dla nich posiłki, które nie wymagają długiego przygotowywania. Mogą to być np. potrawy, które da się ugotować na zapas, jak gołąbki czy pulpety z indyka, jednogarnkowe danie do ryżu lub kaszy. Można też podawać dzieciom ciepłe dania, które sami jadamy w trakcie postu, uzupełnione np. grillowanym mięsem drobiowym lub rybą.

➲ W czasie oczyszczania zrezygnujmy z kosmetyków, no może z wyjątkiem kremu do twarzy. Jeśli mamy suchą skórę, najlepiej nawilżać ją teraz naturalnymi środkami, jak olej kokosowy, arganowy lub oliwa z oliwek. Wystarczy po prysznicu wetrzeć olej w wilgotne ciało, opłukać się jeszcze raz ciepłą wodą i wytrzeć do sucha ręcznikiem (możemy korzystać z ręcznika specjalnie przeznaczonego do tego celu).

➲ Na czas detoksu odstawmy wszelkie suplementy, jakie przyjmowaliśmy wcześniej. Można jedynie stosować zielone proszki (produkowane z roślin ekologicznych i bez dodatku konserwantów), zwłaszcza jeśli oczyszczamy się poza sezonem na zielone warzywa.

➲ W trakcie oczyszczania (a także później) najlepiej korzystać z warzyw i owoców z upraw ekologicznych. Jeśli nie mamy takiej możliwości, należy szczególnie dokładnie myć owoce i warzywa, zwłaszcza liściaste, jak szpinak, jarmuż, botwinka, różnego rodzaju sałaty itp. Oto przepis na „kąpiel" warzyw i owoców: w 1 litrze wody rozrabiamy 2 łyżki kwasku cytrynowego (proporcjonalnie, jeśli potrzebujemy więcej wody, używamy więcej kwasku). Zamiast kwasku możemy użyć $^1/_2$ szklanki octu jabłkowego lub winnego. Wkładamy warzywa lub owoce i pozostawiamy w tym kwaśnym roztworze przez 2 minuty. Po tym czasie przekładamy owoce lub warzywa do drugiego roztworu, tym razem o odczynie alkalicznym, który otrzymujemy, rozpuszczając w 1 litrze wody 1 czubatą łyżkę sody oczyszczonej. Warzywa i owoce trzymamy w nim również przez 2 minuty. Pierwszy roztwór niszczy bakterie, drugi ma za zadanie usunięcie szkodliwych środków ochrony roślin. Woda może zmienić odcień, stać się mętna lub może pojawić się na niej piana czy tłusty film. Na koniec opłukujemy warzywa pod bieżącą wodą. Na cały zabieg potrzeba 5 minut. Możemy w ten sposób umyć warzywa i owoce na zapas i już czyste trzymać w lodówce, gotowe do użycia (maksymalnie przez kilka dni). Metodę tę warto stosować nie tylko w okresie detoksu.

➲ Kiedy podczas postu czujemy się wyjątkowo słabo lub jest nam niedobrze, możemy wspomóc się szklanką ciepłej wody z łyżeczką naturalnego miodu (miód tylko wyjątkowo). Dla smaku można dodać plaster cytryny.

➲ Bywa, że oczyszczaniu towarzyszą zaparcia. Gdy nas to spotka, możemy wypić rano:

- łyżeczkę świeżo zmielonego siemienia lnianego zalaną wrzącym wywarem odlanym z zupy warzywnej (siemię powinno postać kilkanaście minut); siemię z wywarem, stosujemy wyłącznie w przypadku zaparć, bowiem w trakcie programu jest ono wykluczone z diety (zawiera tłuszcz),
- ugotowaną bez przypraw zupę. Na 3 szklanki wrzącej wody wrzucić 2 średnie marchewki, 1 średnią pietruszkę, 1,5 cm plastra selera. Gotować około 20–25 minut, a następnie zmiksować. Powstanie zupa krem, którą zjadamy jako śniadanie. Zupę można stosować każdego ranka, do ustąpienia zaparć, a gdy się powtarzają, jeść ją także na kolejny posiłek,
- sok z kiszonej kapusty (bardzo skuteczny) lub kiszonych ogórków.

➲ Kiedy pojawia się nieprzyjemny smak w ustach (zwłaszcza w pierwszych dniach oczyszczania), dobrym sposobem odświeżenia jest ssanie goździków. W trakcie detoksu warto mieć przy sobie kilka sztuk goździków i korzystać z nich tak, jak niektórzy korzystają z gum do żucia – czyli zawsze, kiedy chcemy odświeżyć smak w ustach i oddech.

➲ W pierwszych dniach postu często pojawia się osłabienie. Najbardziej pomocnym, a zarazem prostym i dostępnym zabiegiem jest obmywanie twarzy i dłoni oraz przedramion zimną wodą. Jest to również sposób na poczucie świeżości i orzeźwienia. Spryskaniem twarzy i przedramion zimną wodą warto też zakończyć poranny prysznic.

➲ W trakcie oczyszczania może wystąpić kryzys. Polega on na osłabieniu bądź wystąpieniu dolegliwości, jak nudności, wymioty, a nawet nasilony ból głowy lub inne jego rodzaje, zwłaszcza jeśli występują u nas stany zapalne wewnątrz organizmu (możemy o nich nawet nie wiedzieć).

Najczęściej taki kryzys pojawia się w pierwszych czterech dniach postu, a swoje apogeum osiąga trzeciego lub czwartego dnia. To wskazówka, by zadbać o to, by te dni wypadły w trakcie weekendu, kiedy możemy bardziej się sobą zająć i mamy więcej czasu na odpoczynek. Nasilenie dyskomfortowych objawów bywa różne u różnych osób. Im lepiej przygotujemy się do oczyszczania przed postem, tym mniejsze prawdopodobieństwo ich wystąpienia lub większe prawdopodobieństwo, że będą miały znacznie łagodniejszy i krótszy przebieg. Kryzys nie musi wystąpić, ale jeśli się pojawi, na pewno minie – po godzinie, dwóch, a czasem po jednym czy dwóch dniach. Kryzys trzeba potraktować jako normalny stan związany z detoksykacją i bardziej skupić się na odpoczynku, spacerach i przyjemnościach. Kiedy kryzys zacznie ustępować, będzie już tylko lepiej, a samopoczucie z dnia na dzień znacznie się poprawi.

WAŻNE!!!

Może się zdarzyć, że post warzywno-owocowy komuś nie posłuży. Mam na myśli osoby osłabione chorobą, w okresie rekonwalescencji, wegetarian itp. W takich przypadkach należy zastosować inny rodzaj oczyszczania, np. post warzywno-owocowy uzupełniony kaszą jaglaną. Oczyszczanie przebiega wówczas łagodniej, jest mniej intensywne. Jeśli czujemy się dobrze, możemy po prostu je nieco wydłużyć. Miejmy więc na względzie nasze możliwości i reakcję naszego ciała. Nie rezygnujmy jednak z detoksu, bo jest on zbyt ważnym elementem dbania o siebie.

Zupa z kaszy jaglanej

$^{1}/_{2}$ szklanki kaszy jaglanej
2,5 litra wrzątku
$^{1}/_{3}$ łyżeczki kminku
1 łyżeczka masła
por, cebula, 2 ząbki czosnku
3 liście laurowe
5 ziaren ziela angielskiego
szczypta kurkumy
$^{1}/_{2}$ łyżeczki kozieradki
$^{1}/_{2}$ łyżeczki suszonego tymianku
$^{1}/_{4}$ łyżeczki pieprzu
szczypta imbiru w proszku
szczypta suszonej bazylii
$^{1}/_{2}$ łyżeczki majeranku
szczypta chili
$^{1}/_{3}$ łyżeczki suszonego lubczyku
(lub gałązka świeżego)
gałązka naci selera
2 marchewki
2 pietruszki
$^{1}/_{4}$ korzenia selera
2 ziemniaki
nać pietruszki, sól

Kaszę wypłukać na sitku pod bieżącą wodą, wsypać do wrzątku, dodać kminek, masło, pora pokrojonego w talarki, cebulę pokrojoną w grubą kostkę, zmiażdżony czosnek. Gotować 10 minut.

Następnie dodać liście laurowe, ziele angielskie, kurkumę, kozieradkę, tymianek, pieprz, imbir, bazylię, majeranek, chili, lubczyk, zmiażdżoną w dłoni gałązkę selera, drobno pokrojone (lub starte) marchew, pietruszkę, seler oraz 2 ziemniaki pokrojone w kostkę. Dosolić do smaku. Gotować, aż ziemniaki będą miękkie. Podawać z dużą ilością natki pietruszki.

Krupnik ryżowy

2,5 litra wrzątku
szczypta kurkumy
$^{1}/_{2}$ łyżeczki kozieradki
$^{1}/_{2}$ łyżeczki suszonego tymianku
$^{1}/_{3}$ łyżeczki ziaren kminku
1 łyżeczka masła
$^{1}/_{2}$ szklanki ryżu pełnoziarnistego lub basmati
szczypta imbiru
2 liście laurowe
3 ziarna ziela angielskiego
szczypta pieprzu kajeńskiego
$^{1}/_{4}$ łyżeczki pieprzu
szczypta bazylii
2 marchewki
1 pietruszka
$^{1}/_{4}$ korzenia selera
2 ziemniaki
por, cebula, 3 ząbki czosnku, koperek
sok z cytryny do smaku
sól morska

Do wrzątku dodać kurkumę, kozieradkę, tymianek, kminek, masło, ryż, imbir, liście laurowe, ziele angielskie, pieprz kajeński, pieprz, bazylię. Gotować, a kiedy ryż będzie miękki, dodać drobno pokrojone (lub starte) marchew, pietruszkę i selera, pokrojone w kostkę ziemniaki, kawałek pora, cebulę w całości, zmiażdżone ząbki czosnku. Dosolić do smaku. Gotować, aż ziemniaki będą miękkie. Doprawić sokiem z cytryny. Podawać z dużą ilością posiekanego koperku.

Czerwony barszczyk do popijania

3 litry wrzątku
szczypta tymianku
$^{1}/_{3}$ łyżeczki kurkumy
2 łyżeczki majeranku
1 łyżeczka kminku
(ziarenek lub mielonego)
1 kg buraków
2 marchewki
2 pietruszki
kawałek selera
2 cebule
5 ząbków czosnku
1 por
$^{1}/_{3}$ łyżeczki suszonego imbiru
1 łyżeczka kozieradki
3 liście laurowe
5 ziaren ziela angielskiego
szczypta pieprzu kajeńskiego
szczypta suszonej bazylii
natka pietruszki
sok z $^{1}/_{4}$ cytryny
czarny pieprz do smaku
sól morska do smaku
zakwas buraczany do smaku
2 dodatkowe ząbki czosnku
(opcjonalnie)

Do wrzącej wody dodać tymianek, kurkumę, majeranek, kminek, buraki w plasterkach, pokrojoną marchew, pietruszkę, seler, cebule pokrojone w dużą kostkę, zmiażdżone ząbki czosnku, pora i pozostałe przyprawy (imbir, kozieradka, liście laurowe, ziele angielskie, pieprz kajeński, bazylię) i zgnieciony pęczek natki. Gotować 25 minut. Dodać sok z cytryny, zakwas, pieprz i sól do smaku, ewentualnie dodatkowe 2 ząbki przeciśniętego przez praskę czosnku. Przecedzić i popijać gorący.

Zakwas buraczany

1 kg buraków
8 ząbków czosnku
5 ziaren ziela angielskiego
3 liście laurowe
2,5 litra wody
2,5 łyżki soli morskiej
1 łyżeczka kminku
korzeń chrzanu (opcjonalnie)
kromka razowego chleba na zakwasie

Wodę z solą zagotować, a następnie wystudzić. Buraki umyć, obrać, pokroić w plastry i ułożyć w słoju lub naczyniu ceramicznym. Dodać przyprawy. Zalać przygotowaną wodą (buraki powinny być zakryte). Ułożyć na wierzchu kromkę chleba, przykryć ściereczką i odstawić na 5–7 dni w ciepłe miejsce. Po 2 dniach usunąć chleb i zebrać pianę drewnianą łyżką. W trakcie kolejnych dni sprawdzać zakwas i gdy pojawiają się piana, białe plamki itp., trzeba je zbierać. Zakwas jest gotowy, kiedy da się wyczuć jego wyraźny kwaśny zapach. Należy go wtedy przecedzić, przelać do butelek lub słoików i trzymać w lodówce.

Uwaga! Jeśli nie jesteśmy pewni, czy chleb jest upieczony na naturalnym zakwasie, nie dodajemy go, a w zamian można dodać łyżkę soku z kiszonej kapusty lub ogórków…

80/20 DO 70/30 – JEDYNA ZASADA, JAKIEJ NALEŻY SIĘ TRZYMAĆ

Zasada 80/20 lub 70/30 to stosunek produktów o właściwościach zasadotwórczych do tych zakwaszających. Inaczej mówiąc, na naszych talerzach powinno znaleźć się 80 procent (70 procent) produktów alkalicznych. Wyższe wartości (80 procent) dotyczą okresu, kiedy chcemy organizm odkwasić i przywrócić mu właściwe pH. Gdy organizm osiągnie równowagę, możemy zmienić tę proporcję na 70 do 30, czyli mniej więcej $^{2}/_{3}$ produktów alkalicznych do $^{1}/_{3}$ kwasowych.

Największe właściwości alkalizujące mają warzywa (zwłaszcza zielone) i niektóre owoce. Dobrze też, by około połowy porcji warzyw stanowiły warzywa surowe (sałatki, surówki, koktajle, soki, przekąski z warzyw, które można po prostu chrupać na surowo).

Szczegółowy wykaz produktów na dwóch listach zakupów (podstawowej i uzupełniającej), wraz z zaznaczeniem, które z nich mają najsilniejsze właściwości alkalizujące, znajdziemy w rozdziale „MAMY WYBÓR – ZDROWE ZAKUPY".

Nieco więcej o zasadzie 70/30 (80/20)

Eliminowanie z diety pewnych grup produktów może prowadzić do niedoborów. Prowadząc bloga, spotykam się czasem z komentarzami (pod niektórymi postami, gdzie polecałam produkt niealkaliczny lub przepis z udziałem składników o właściwościach kwasotwórczych) w rodzaju: „ale przecież jajka zakwaszają". Odżywianie według zasady 70/30 (kontrolującej najważniejszy wskaźnik, jakim jest pH krwi) to nie jest żadna dieta eliminacyjna, ale żywienie uwzględniające właściwe pH. Gdybyśmy zaczęli jeść wyłącznie zasadotwórcze pożywienie, szybko pojawiłyby się niedobory. Żywność zakwaszająca albo neutralna zawiera wiele ważnych i wartościowych składników odżywczych. Inaczej mówiąc, do zachowania optymalnej równowagi służącej zdrowiu, urodzie, witalności i sprawności umysłowej potrzebujemy zarówno pokarmów zasadotwórczych, jak i kwasotwórczych. A cała tajemnica tkwi w odpowiedniej proporcji i różnorodności. Organizm potrzebuje odżywienia, a nie diety monotematycznej czy eliminacyjnej. Różnorodność składników zawartych w różnych proporcjach w różnych rodzajach żywności zapewni komórkom właściwe odżywienie.

Wspomniane jajka są idealnym przykładem. Mimo że mają działanie zakwaszające, to zawierają też pełnowartościowe białko, wiele minerałów i witamin. Są niemalże doskonałą formą pokarmu, sprzyjającą zachowaniu zdrowia oczu i serca oraz wspomagającą prawidłowe działanie mózgu. Jeśli ktoś nie jest weganinem, nie powinien całkowicie rezygnować z jajek. Oczywiście nie mówimy o jajkach „przemysłowych" (z cyfrą „3" lub „2"), ale o tych oznaczonych symbolem „0" (kury są hodowane nie w zamkniętych klatkach, lecz na podwórku i jedzą, a przynajmniej powinny jeść, pokarm naturalny, ekologiczny). Jednak to, żeby unikać wszelkich produktów przemysłowych (w tym nie tylko przetworzonych, ale także pochodzących z przemysłowych hodowli), jest już chyba jasne.

Innym przykładem są świeże ryby. Działają zakwaszająco, ale zawierają korzystne kwasy tłuszczowe omega-3, białko i różne składniki mikroodżywcze, przez co są istotne dla zdrowia organizmu. I choć nie trzeba ich jeść codziennie, to jednak nie należy ich całkowicie unikać (jeśli tylko nie jesteśmy wegetarianami). Oczywiście tak jak w przypadku wszystkich innych produktów ryby powinny pochodzić z wód niezanieczyszczonych, nie z hodowli, lecz z czystych strumieni, potoków, stawów i mórz (np. pstrąg, tuńczyk, śledź, wolno żyjący łosoś pacyficzny czy atlantycki). Jest wiele innych cennych pokarmów o działaniu zakwaszającym (owoce, produkty z rodziny strączkowych, ziarna, orzechy, odmiany ryżu czy kasz i inne). Rezygnacja z nich byłaby niekorzystna dla naszego zdrowia. Cała zatem tajemnica utrzymania równowagi kwasowo-zasadowej organizmu polega nie na eliminacji produktów zakwaszających, lecz na zachowaniu proporcji składników kwaso- i zasadotwórczych według reguły 70/30. Podstawą jest zatem ta równowaga, a żadne skrajności jej nie służą.

O równowagę możemy zadbać, odpowiednio komponując posiłki. Na przykład jeśli zjadamy porcję mięsa i wagowo zrównoważymy ją porcją sałaty, sałatki, to nasz posiłek zachowa równowagę. Gdybyśmy tę samą porcję mięsa zjedli z pieczywem czy ziemniakami, w towarzystwie alkalicznych warzyw, a na koniec jeszcze popili colą lub czarną herbatą, to byłby to wybitnie zakwaszający posiłek.

Rozpowszechnione w Polsce kanapki z serem bądź wędliną, zestawy obiadowe, w których na talerz trafiają przede wszystkim mięso i frytki bądź ziemniaki – to potrawy niekorzystnie wpływające na równowagę kwasowo-zasadową. Inaczej mówiąc, zakwaszają.

Dbając, by w naszych posiłkach znalazły się produkty z grupy zasadotwórczych, włączając przekąski ze świeżych owoców, jadając do każdego posiłku warzywne, zielone sałatki, pijąc zielone koktajle, wykorzystując do posypywania potraw kiełki i zieleninę, nie musimy martwić się o zakwaszenie. Kiedy dostarczamy organizmowi dostateczną ilość alkalizujących minerałów, doskonale radzi sobie on z produktami zakwaszającymi, bez zużywania wapnia, magnezu itp. z zasobów naszych tkanek. Odpowiednia proporcja żywności (a nie eliminowanie jej grup) zapewni nam utrzymanie właściwego pH komórek, tkanek, krwi i przyniesie profity, jakie daje równowaga kwasowo-zasadowa. Wiemy już, że są to: dobre samopoczucie, energia, łatwość utrzymania odpowiedniej wagi, głęboki, regenerujący sen i łatwość zasypiania, zdrowie, ładna elastyczna skóra, witalność, poprawa koncentracji, odporność na choroby cywilizacyjne itd.

UWAGA! Kwasowość produktów nie zależy bezpośrednio od smaku, jaki czujemy.

Kiedyś na fanpage'u pojawił się komentarz: „Wyrównanie pH poprzez picie wody z cytryną? Przecież cytryna to kwas. Owszem, witaminy ma, ale co z zakwaszaniem organizmu?". Jeżeli mówimy o kwasowości produktów (mając na myśli ich działanie w naszym organizmie jako zakwaszające bądź alkalizujące), to zupełnie nie chodzi o właściwe im pH w środowisku zewnętrznym (czyli przed zjedzeniem), ale o ich wpływ na pH środowiska wewnętrznego (w tym krwi) po zjedzeniu i przyswojeniu, czyli wykorzystaniu na potrzeby metabolizmu naszego ciała. O tym, czy dany pokarm jest kwaso- czy zasadotwórczy, decydują metabolity, to znaczy produkty metabolizmu (przemian chemicznych) tego pokarmu oraz następstwa działania takiego na całość przemiany materii w człowieku.

Przykład bardzo wyrazisty (i pewnie wielu osobom znany) to zawarty w cytrynach czy pomidorach kwas cytrynowy. Mimo swej kwaśnej natury (zwłaszcza cytryny), w procesie przemiany materii wykazują one działanie zasadotwórcze. Czyli kwasy zawarte w żywności nie przekładają się wprost na to, jaką naturę ma pożywienie, kiedy przejdzie przez układ trawienny i dalej wpłynie na różne procesy metaboliczne w organizmie.

O tym, czy dany produkt ma naturę zakwaszającą czy alkalizującą, decyduje bogactwo minerałów zasadotwórczych (wapń, potas, sód, magnez) i ich przewaga nad kwasotwórczymi (siarka, fosfor, chlor). Im więcej jest tych pierwszych, tym produkt bardziej alkalizujący. W różnych opracowaniach, które przedstawiają klasyfikację produktów pod kątem ich oddziaływania na wzrost lub obniżenie pH, pojawiają się (czasami) rozbieżności. Są one jednak niewielkie i nie warto się tym przejmować, zwłaszcza że (jak już wiemy) w równowadze kwasowo-zasadowej nie chodzi o to, by wyeliminować pożywienie zakwaszające.

✓ RADY PRAKTYCZNE

- Zadbajmy o to, by w naszych posiłkach przeważały warzywa (70 procent całego posiłku, w tym dużo warzyw zielonych). Warzywa zielone są bogate w chlorofil, a w nim znajduje się magnez, który ma silne działanie alkalizujące.
- Włączajmy do posiłków warzywa surowe w postaci sałatek i surówek – przynajmniej połowa zjadanych warzyw niech będzie surowa.
- Pijmy koktajle warzywno-owocowe lub podjadajmy warzywa jako przekąski (niektóre z nich świetnie się do

tego nadają, np. marchew, seler naciowy, papryka, pomidory, ogórki).

- Korzystajmy z różnorodności warzyw. Kupujmy różne ich rodzaje w różnych kolorach (zielony, czerwony, pomarańczowy, żółty, fioletowy, biały).
- Spożywając produkty mocno zakwaszające (np. białko zwierzęce), zrównoważmy to dużą porcją świeżych warzyw.

SUROWE CZY GOTOWANE

Odpowiedź wydaje się oczywista, bo wiadome jest, że surowa żywność zawiera więcej wartościowych składników. Mowa oczywiście o pokarmach, które mogą być jedzone na surowo – chodzi przede wszystkim o warzywa i owoce. Zawsze polecam spożywanie możliwie dużej ilości surowych warzyw, włączanie do każdego posiłku dużej porcji sałatki oraz picie zielonych koktajli bądź soków warzywnych, bo oczywiście to prawda, że produkty tracą część wartości odżywczych podczas obróbki termicznej. Nie znaczy to jednak, że jedzenie surowego zawsze nam służy. W różnych porach roku (ciepłych i zimnych) proporcje jedzenia surowego i gotowanego powinny się zmieniać w zależności od indywidualnych potrzeb organizmu. Wynika to, jak już wspominałam, z tego, że surowe warzywa i owoce wychładzają organizm. Gdybyśmy mieszkali w ciepłych krajach, nie miałoby to istotnego znaczenia – inaczej niż w naszej strefie klimatycznej. Wystarczy bowiem, że dłużej pozostaniemy na diecie bogatej w surowe warzywa i owoce (jak podczas oczyszczania), a zaczynamy odczuwać zimno, na które nie pomagają grube skarpety czy sweter. Dzieje się tak dlatego, że zimno to pochodzi ze środka organizmu. Nasze ciało daje nam wyraźny sygnał. Jeśli marzniemy w temperaturze pokojowej (ok. 20–21°C), mamy zimne stopy i dłonie, oznacza to, że organizm domaga się ciepła. Domaga się gorącego posiłku, rozgrzewających przypraw i herbatek ziołowych z rozgrzewających ziół. Wychłodzenie organizmu osłabia układ odpornościowy, sprawia, że jesteśmy bardziej podatni na infekcje. Ciało staje się obolałe, zmęczone. Możemy odczuwać napięcie nerwowe. Osłabia się układ pokarmowy, który nie pracuje tak sprawnie. Wyziębienie niekorzystnie wpływa też na nerki – tak ważne dla dobrego funkcjonowania całego organizmu. Jest więc, podobnie jak przegrzanie, stanem braku równowagi.

Znam to uczucie, bo kiedyś marzłam na okrągło. Składałam to na karb słabego krążenia i nigdy bym nie pomyślała, że jedzenie może mieć tu jakiekolwiek znaczenie. Czytając o wychładzającej naturze niektórych pokarmów, nie traktowałam tych informacji poważnie. Nie sądziłam, że zmiany w jedzeniu mogą tak szybko przynieść efekty. Teraz, gdy jest mi zimno, sięgam po rozgrzewające napary i przyprawy. Nie potrzebuję dogrzewać sypialni ani brać gorącego prysznica, by się rozgrzać (co zresztą dawało efekt tylko na chwilę). Wystarczy herbatka imbirowa lub zioła zalane imbirowym wywarem.

Przedstawione poniżej rady pomogą skutecznie rozprawić się z odczuciem chłodu od środka.

✓ RADY PRAKTYCZNE

Jedzmy jak najwięcej warzyw i owoców w postaci surowej (minimum 50 procent), ale kiedy zaczynamy odczuwać zimno (zimne stopy i dłonie; uczucie zimna w ciele itp.), wtedy:

- Jedzmy częściej pożywienie gotowane, duszone i pieczone.
- Dodajmy do przyrządzanych potraw rozgrzewające przyprawy i zioła, takie jak np. czosnek, imbir świeży i suszony, pieprz, chili, cynamon, goździki, cząber, kurkuma, lubczyk, majeranek, rozmaryn, słodka papryka, ty-

mianek, szałwia, wanilia, bazylia, kardamon, kolendra, kminek, kmin rzymski, oregano, estragon, gałka muszkatołowa, ziele angielskie, liście laurowe. Do każdej zupy i właściwie każdej potrawy duszonej czy pieczonej, a także do ryżu, kasz i roślin strączkowych możemy dodać wiele przypraw, jak w przepisach na zupy na końcu książki. Wzmocni to rozgrzewającą moc potrawy. Pijmy rozgrzewające herbatki i napary ziołowe z rozgrzewających ziół, jak np. macierzanka, dziewanna, lawenda, lipa, arcydzięgiel, anyż, lukrecja, czarny bez, głóg. Zioła możemy stosować pojedynczo lub mieszać je ze sobą.

– Anyżu można dodawać po szczypcie do różnych herbatek, by nadać lekko słodkawego, orzeźwiającego smaku (nie za dużo, bo zapach i smak anyżu są bardzo intensywne).

– Można też zaparzyć herbatkę np. z suszonych liści i owoców (maliny, czarnego bzu, porzeczki), samą bądź mieszając ją z dowolnym ziołem.

– Bezcenny jest wywar ze świeżego imbiru, który działa natychmiast i jest niezastąpiony zimą i w jesienną pluchę. Wspaniale też radzi sobie z pierwszymi oznakami przeziębienia, a jego dodatkową zaletą jest to, że wspomaga trawienie. Takim imbirowym wywarem można też zalać dowolną herbatkę ziołową, owocową lub rooibos, by nadać im rozgrzewający charakter.

– Do herbatek można dodawać nieco soku malinowego, soku z czarnego bzu lub miodu.

➲ Ograniczmy na jakiś czas ilość pożywienia surowego (surowych warzyw i owoców w jakiejkolwiek postaci). Nie rezygnujmy całkowicie z sałatek, a zwłaszcza z kiszonek (chyba że odczuwane zimno jest bardzo silne i dotkliwe), ale niech będzie ich mniej w stosunku do produktów gotowanych. Sałatki, które jemy, doprawiajmy dressingiem z roztartym czosnkiem lub świeżym imbirem i ziołami.

- Jedzmy ciepłe śniadania – np. zupę z płatków owsianych, kaszę jaglaną na ciepło, zupę warzywną, granolę z ciepłym mlekiem roślinnym. Do płatków i kaszy jaglanej można dodać po 2–3 sztuki suszonych owoców, jak niesiarkowane morele, daktyle lub łyżeczkę rodzynek (też działają rozgrzewająco).
- Zrezygnujmy całkowicie z nabiału (ma silne działanie wychładzające organizm, podobnie jak surowe jedzenie).
- Codziennie korzystajmy z ruchu na świeżym powietrzu. Nawet dwudziestominutowy marsz pobudzi krążenie krwi, dotleni krew, wspomoże rozprowadzanie składników odżywczych do naszych komórek, wzmocni odporność i usprawni gospodarkę cieplną organizmu.

Herbatka ziołowa

Łyżkę suszonego kwiatu lipy i 1 łyżkę liści i owocu maliny gotować w 2 szklankach wody przez 2–3 minuty. Możemy użyć herbatek w saszetkach, wtedy dajemy po jednej saszetce każdej. Podczas gotowania dodać po szczypcie: suszonego imbiru, kardamonu, anyżu, cynamonu, gałki muszkatołowej i 4–5 goździków. Pozostawić pod przykryciem do naciągnięcia na 5–10 minut.

Rozgrzewająca kawa zbożowa

W szklance wody gotować przez 5 minut na małym ogniu: 1 łyżkę kawy zbożowej z 1 łyżeczką zmieszanych przypraw (suszony imbir, kardamon, cynamon, zmiażdżone goździki, kurkuma, gałka muszkatołowa), szczyptą pieprzu oraz anyżu.

Pozostawić pod przykryciem na 2–3 minuty, by kawa się odstała. Przecedzić przez gęste sitko. Kawę możemy popijać samą bądź z odrobiną miodu czy mleka (migdałowego, kokosowego, ryżowego) – zależnie od naszych upodobań. Jeśli nie odpowiada nam smak jakiejś przyprawy, po prostu jej nie dodajemy…

ŁĄCZENIE PRODUKTÓW

W łączeniu różnych produktów w jednym posiłku chodzi o cztery sprawy: dobre samopoczucie po zjedzeniu, zwiększenie przyswajalności składników odżywczych, sprawną pracę układu pokarmowego i brak dolegliwości z nim związanych oraz podniesienie wartości odżywczej pokarmów. Wszystkie te czynniki ściśle się ze sobą łączą.

Problemy ze strony układu trawiennego, jak zgaga, wzdęcia, ociężałość, gazy, uczucie pełności, zatwardzenie, biegunki, odbijanie, bóle brzucha, nudności, refluks, świadczą o jego osłabieniu. Objawy takie pojawiają się, kiedy przez lata nasz styl żywienia utrudnia pracę przewodu pokarmowego, osłabiając stopniowo jego funkcje. Właściwe działanie przewodu pokarmowego zaburza też żywność przetworzona, którą trzeba całkowicie wyeliminować, o ile zależy nam na świetnej formie i doskonałym samopoczuciu. Dobremu trawieniu nie sprzyjają pośpiech w jedzeniu i stres, a także nieumiejętne łączenie różnych rodzajów żywności w jednym posiłku. Wróćmy do prostoty, która sprawdza się w wielu sferach życia, w tym także w sposobie odżywiania. Nie pigułki na kolejne dolegliwości, ale wdrożenie kilku prostych zasad spowoduje, że praca naszego układu trawiennego unormuje się, szkodliwe produkty przemiany materii będą sprawnie usuwane, a cenne składniki odżywcze zaczną być lepiej przyswajane i odżywią komórki oraz odmłodzą całe ciało. Oto te zasady wraz z krótkim uzasadnieniem.

Owoce, zwłaszcza te o wysokiej zawartości kwasów owocowych (owoce kwaśne i melony) trzeba jeść osobno, najlepiej na czczo bądź pół godziny przed posiłkami głównymi.

Jedzenie owoców na deser, po głównym posiłku, nie przynosi nam nic dobrego. Owoce jedzone osobno szybko przechodzą przez przewód pokarmowy i szybko są trawione w jelicie cienkim. Tymczasem białka i węglowodany złożone wymagają dłuższych procesów trawienia na wcześniejszych odcinkach układu pokarmowego. Jeśli zjadamy owoce z cięższym posiłkiem (białkowym, tłuszczowym), blokujemy im dostęp do miejsca ich trawienia, czyli jelita cienkiego. Dlatego niewchłonięte trafiają do jelita grubego i tam fermentują z udziałem bakterii i grzybów. Zaburza to proces trawienia, powoduje wzdęcia, gazy, odbijanie itd. Dodatkowo kwasy z owoców zjedzonych w towarzystwie innych grup pokarmowych utrudniają prawidłowe wydzielanie się soku żołądkowego, przez co negatywnie wpływają na proces trawienia białek i węglowodanów. Owoce powinny być spożywane jako przystawka – przed posiłkiem. Same w sobie mogą być też potraktowane jako posiłek (np. owocowe śniadanie) lub przekąska między posiłkami głównymi.

Choć owoce mają wiele witamin, to zawierają też dużo cukrów, w tym bardzo szkodliwej fruktozy, więc lepiej z nimi nie przesadzać. Wiele osób spożywa zbyt dużo owoców i soków owocowych, dziwiąc się potem, że jedzą zdrowo (według powszechnego mniemania), a tyją, gdyż to głównie fruktoza zamieniana jest na tłuszcz. Wystarczą 2–3 owoce dziennie (nie wliczając awokado) lub 2–3 filiżanki małych owoców, by czerpać z mocy witamin w nich ukrytych, nie narażając się jednocześnie na zaburzanie równowagi pH i przyrost wagi. Owoce wzbogacają smak potraw, więc można je potraktować jako przyprawę. Podaję kilka przykładów łączenia owoców w potrawach, z których sama korzystam:

- Jabłka możemy wykorzystać do surówki z marchewki lub z kiszonej kapusty (dla smaku). Jeśli surówka towarzyszyć ma posiłkowi białkowemu, najlepsze do tego są jabłka kwaśne, jeśli węglowodanowemu – jabłka słodkie i kruche.
- Nieco owoców (zwłaszcza egzotycznych, cytrusowych i jabłek) można dodać do zielonego koktajlu, który sam w sobie jest pokarmem w formie łatwej do strawienia.
- Soki z cytryny lub limonki mogą być używane jako przyprawa do potraw i podobnie jak soki z innych cytrusów idealnie nadają się do dressingów.
- Lekko kwaśne owoce możemy też połączyć z kwaśnymi wyrobami mlecznymi (np. przygotowując shake'a).
- Suszone owoce w niewielkich ilościach (np. rodzynki, niesiarkowane morele) możemy dodać do sałatek i porannych zup zbożowych.
- Daktyle mogą być wykorzystane jako przyprawa do dosłodzenia zielonego koktajlu czy śniadania zbożowego.
- Do płatków i zup zbożowych można też użyć niewielkiej ilości borówek, jagód, bananów lub słodkich, kruchych jabłek. Niekorzystne natomiast byłoby dodanie owoców kwaśnych, jak cytrusy, winogrona, wiśnie, jeżyny, truskawki, kwaśne jabłka, ponieważ zakłóciłoby to środowisko optymalne do trawienia węglowodanów.
- Nieco winogron, truskawek lub malin można dodać do sałatki na bazie zielonych liści.
- Sosem ze świeżych malin bądź jagód możemy wzbogacić jogurt, sałatkę warzywną (czy nawet sałatkę z dodatkiem drobiu lub dziczyzny).
- Kwaśne jabłka, pigwa lub gruszki mogą być użyte do wzbogacenia smaku drobiu.

Najczęściej jadam owoce osobno, traktując je jako posiłek, i tak też polecam robić. Jednak nie unikam ich wykorzystania, jak w powyższych przykładach, jako przypraw. Jedząc same owoce, dobrze jest nie mieszać ze sobą różnych ich gatunków, ale wybierać pokrewne (na przykład nektarynki i brzoskwinie, mandarynki i pomarańcze, langrody i inne śliwki, maliny i poziomki). A najlepiej jeść po prostu jeden rodzaj owocu naraz i głównie w pierwszej części dnia.

Niekorzystne jest także spożywanie produktów wysokobiałkowych z produktami o dużej zawartości węglowodanów. Obciążają układ trawienny, bo do strawienia wymagają innych enzymów. Trawienie białek, które zaczyna się w żołądku, wymaga środowiska bardzo kwaśnego, węglowodanów zaś – w jamie ustnej, gdzie jest środowisko zasadowe. Mieszanie tych dwóch grup powoduje, że pokarm nie jest trawiony dokładnie, przez co spada przyswajalność składników odżywczych, a niestrawione resztki gniją, sprzyjają produkcji toksyn i kwasów oraz obciążają wątrobę. Istnieje też grupa produktów, które klasyfikowane są jako neutralne i mogą być bez szkody łączone zarówno z potrawami białkowymi, jak i węglowodanowymi. Takie połączenia sprzyjają utrzymaniu równowagi kwasowo-zasadowej naszego organizmu. Niektóre produkty w tej klasyfikacji mogą się wydać kontrowersyjne, lecz tylko pozornie. Na przykład zakwaszone produkty mleczne (jogurt, kefir) znajdują się w grupie neutralnych, mimo że zawierają dużo białka, ponieważ nie wpływają negatywnie na trawienie żadnej z pozostałych grup żywności. Wynika to z procesu fermentacji, w którym białko uległo rozkładowi, przez co stało się łatwiej strawne. Jak widać, różne czynniki mogą wpływać na klasyfikację produktów w zależności od tego, czy mają one negatywny wpływ na trawienie posiłków wysokobiałkowych bądź wysokowęglowodanowych.

Produkty BIAŁKOWE	Produkty WĘGLOWODANOWE
jajka mleko ryby mięso i drób wyroby mięsne owoce morza twarde sery o zawartości tłuszczu maksymalnie do 50 procent, jak parmezan	zboża (np. orkisz, żyto, owies, proso, ryż) produkty zbożowe (pieczywo, makarony) kasze ziemniaki rośliny strączkowe (zawierają sporo białka, ale przeważają węglowodany) miód, syrop klonowy

GRUPA NEUTRALNA
warzywa kiełki kiszonki (kapusta kiszona, ogórki kiszone) zioła i przyprawy oraz skórki z ekologicznych cytrusów oleje, oliwy, masło i inne tłuszcze orzechy i nasiona (np. migdały, sezam, wiórki kokosowe, nasiona dyni i słonecznika) oliwki awokado kefir, jogurt, kwaśne mleko, śmietana, maślanka, biały ser (owczy, kozi, twaróg, mozzarella) grzyby bulion warzywny

UWAGI DODATKOWE

Produkty słodzące (miód, syrop klonowy) mogą być użyte jako przyprawa (niewielka ilość) do potraw białkowych.

Najlepszym towarzystwem dla posiłku białkowego są warzywa, w tym (bardzo ważne) warzywa zielone oraz kiszonki. Sprzyja to trawieniu i neutralizacji kwasów pochodzących z żywności wysokobiałkowej.

Najlepszym, najlżejszym połączeniem dla roślin strączkowych (zawierających dużo węglowodanów, skrobi, a także białek) są warzywa.

Produkty z tej samej grupy węglowodanowej lub neutralnej można łączyć ze sobą bez ograniczeń.

Ryby surowe i naturalnie wędzone mogą być łączone z produktami z grupy węglowodanowej, ale taki posiłek nie powinien być podstawą naszego menu (jedzmy je od czasu do czasu, pamiętając, by ryby były najwyższej jakości).

Mięso najlepiej spożywać rzadko (maksymalnie 2 razy w tygodniu).

Warzywa w dużej ilości, w postaci sałatek i surówek, powinny towarzyszyć każdemu posiłkowi. Można je też jadać pomiędzy posiłkami, traktując jako przekąskę.

Ponieważ w różnych opracowaniach dotyczących optymalnego łączenia produktów pojawiają się czasem drobne różnice, w mojej klasyfikacji uwzględniłam własne doświadczenia kulinarne

Początkowo pilnowanie, by produkty były prawidłowo łączone, może się wydawać skomplikowane, ale tak nie jest. To kwestia nawyków, które szybko wejdą nam w krew. W Polsce wciąż powszechnym zwyczajem jest jadanie dań typu: mięso (często smażone w panierce), ziemniaki, może jeszcze sos i surówka. Takiego posiłku nikt nie uzna za lekki. Tymczasem zjedzenie porcji mięsa z dwukrotnie większą wagowo porcją jarzyn i sałatek powoduje bardzo dużą sytość, bez uczucia ciężkości i ospałości. Fast foody to też niezdrowe połączenia. Powszechne w barach fastfoodowych mięso w towarzystwie frytek lub bułki nie syci nas odpowiednio wcześnie, a użyte różnorodne dodatki smakowe powodują, że zjadamy więcej, bo wydzielająca się w reakcji na nie ślina daje nam mylny sygnał, że wciąż jesteśmy głodni. Stąd nie powinny nas dziwić częste w ofertach tego typu barów podwójne lub nawet potrójne porcje. Wiaderka, a nie talerze jedzenia!

Niektóre zupy, na przykład zupy jarzynowe (bez ziemniaków) czy rosoły, mogą być gotowane z mięsem, a z kolei zupy z wykorzystaniem kasz, zbóż, ziemniaków czy roślin strączkowych lepiej gotować w wersji wegetariańskiej (krupnik jęczmienny, ryżowy, jaglany, zupa fasolowa, zupa ziemniaczana, dyniowa, z soczewicy, barszcz ukraiński). Także zupy, które chętnie jadamy z ziemniakami podanymi osobno, gotujemy w wersji wegetariańskiej (kwaśny kapuśniak, zupa szczawiowa, chłodnik). Nietrudno też zauważyć, że jedzenie pewnych zup, a następnie drugich dań białkowych to mieszanka, która bardzo obciąża nasz system trawienny. Jak to wszystko strawić? Jakie soki trawienne powinny się wydzielać, skoro trawienie różnych rodzajów pożywienia wymaga różnych środowisk?

Łączenie grup pokarmów ma ogromne znaczenie dla zachowania równowagi kwasowo-zasadowej. Przeważająca część żywności z grupy neutralnej ma działanie zasadotwórcze lub neutralne. Takie łączenie, zwłaszcza produktów zasadotwórczych (w znanej już nam proporcji 70 do 30), sprzyja neutralizacji nadmiaru żywności o charakterze zakwaszającym. To, co jemy, a to, co przyswajamy, to dwie różne rzeczy. Dlatego często, choć żywimy się całkiem dobrze, wybierając najbardziej zdrowe produkty, czujemy się źle. Nie dbając o proporcje oraz zestawiając w jednym posiłku jedzenie wysokobiałkowe i wysokowęglowodanowe, przeciążamy układ pokarmowy, a ten nie jest w stanie odzyskać i wchłonąć do organizmu wszystkich składników odżywczych. Dodatkowo źle strawione resztki pokarmu stają się pożywką dla bakterii i grzybów w jelicie grubym i w konsekwencji powodują wzrost produkcji toksyn. Organizm niedostatecznie sobie radzi z niwelowaniem kwasów, usuwaniem szkodliwych resztek i produktów przemiany materii. Nie osiągamy równowagi, która powinna wynikać z jakości produktów wykorzystywanych w menu.

Jedzenie zestawiane według omawianych wskazówek zwiększa przyswajalność cennych składników. Ma właściwości uzdrawiające. Stoi na straży naszej dobrej wagi. Dba o naszą ładną cerę. Daje nam energię. Sprzyja sprawnemu usuwaniu toksyn i dobremu samopoczuciu po posiłku.

✓ RADY PRAKTYCZNE

- Owoce jadajmy osobno (między posiłkami), raczej w godzinach przedpołudniowych i jednorodne pod względem gatunku. Przy czym niektórych z owoców możemy używać w charakterze przyprawy bądź w niedużych ilościach jako wzbogacenie posiłku.
- Owoce są uzupełnieniem, nie podstawą żywienia. 2–3 owoce dziennie, poza awokado, lub 2–3 filiżanki małych owoców to ilość wystarczająca.
- Jadając owoce osobno, pamiętajmy, że posiłki białkowe (mięso, ryby, twarde sery) są trawione nawet przez 3–4 godziny (jajka nieco krócej, 1–2 godziny). Jeśli chodzi o posiłki węglowodanowe (zboża, kasze, rośliny strączkowe), czas potrzebny na ich strawienie wynosi do 2 godzin. W związku z tym przez taki czas po posiłku nie jedzmy owoców, które zaburzyłyby proces trawienia. Na czas trawienia ma też wpływ wielkość posiłków (bardziej obfite potrzebują nieco więcej czasu).
- Zasadę zachowania przerw między posiłkami stosujmy nie tylko w przypadku owoców, lecz także każdego in-

nego jedzenia (nawet jeśli chodzi tylko o przekąskę). Zjedzenie czegoś przed czasem, jaki jest potrzebny do całkowitego strawienia poprzedniego posiłku, zaburzy trwający proces trawienia, bowiem pokarm, który już prawie został strawiony i mógłby opuścić żołądek, miesza się z nowo dostarczonym jedzeniem. W pewnym badaniu grupie ludzi podawano jedzenie w krótkich odstępach czasu, a wieczorem założono sondę żołądkową. Odkryto, że w żołądku znajdowały się jeszcze pozostałości pokarmu jedzonego na śniadanie. Nie przesadzajmy więc z częstością jedzenia.

- Nie jadajmy kilku dań podczas jednego posiłku, zwłaszcza kiedy należą one do różnych grup (białkowej lub węglowodanowej). Jeśli jesteśmy głodni, to możemy uzupełnić każdy posiłek dużą porcją sałatki, co będzie korzystne ze względu na równowagę kwasowo-zasadową, sprawność trawienia oraz przyswajanie tego, co najlepsze.
- Posiłki białkowe jadajmy z dużą ilością warzyw, w tym (najlepiej) surówek i sałatek przygotowanych z warzyw surowych (na 1 porcję mięsa powinno przypadać wagowo przynajmniej dwukrotnie więcej warzyw).
- Posiłki węglowodanowe jadajmy z dużą ilością warzyw (oprócz sałatek czy warzyw duszonych, bądź na parze, można zrobić gotowe danie oparte na węglowodanach złożonych i warzywach, np. zapiekanki z kasz i warzyw, risotto warzywne, zapiekanki z ziemniaków i warzyw, fasole w potrawach jednogarnkowch z warzywami itp.).
- Gotując zupy, róbmy je w wersji wegetariańskiej (doprawione smakują wybornie), a jeśli chcemy użyć mięsa, przygotowujmy zupy, w których głównym składnikiem nie są zboża, kasze czy fasola.

- Do robienia sosów i dressingów wykorzystujmy jako podstawę produkty z grupy neutralnej.

Przy takim – alkalicznym – zestawianiu potraw, na efekty nie trzeba będzie długo czekać, bo pierwsze, bardzo wyraźne, pojawią się od razu po posiłku. Gdy czasem zjemy inaczej, organizm oczywiście sobie z tym poradzi, choć lepiej unikać odstępstw od przedstawionych wyżej zasad.

Sama nie wiem, kiedy zaczęłam gotować i jeść zgodnie z zasadami najlepszych połączeń. Stało się to niejako automatycznie. Smaki się zmieniły i wraz z wyregulowaniem organizmu zmieniły się też potrzeby. Nie pamiętam już, że może się po jedzeniu odbijać lub mogą męczyć gazy. Nie mam wzdęć ani dokuczliwego ssania w brzuchu. Nie czuję nieprzyjemnego smaku w ustach ani nie mam problemu z nieświeżym oddechem. Nie wiem, jak to jest czuć, że „coś nam leży na żołądku". Nie dokucza mi ociężałość ani ospałość po posiłku.

ZMIANA SMAKÓW – NATURALNY EFEKT INNYCH ZMIAN

Kiedy wdrożymy zasady przedstawione w tej książce, organizm po jakimś czasie sam się wyreguluje. Zmieni się łaknienie. Przez długi czas nie rozumiałam, jak można czuć potrzeby swojego ciała. Jadłam zdrowo (przynajmniej tak mi się wydawało) i nic nie czułam. Dalej miałam ochotę na różne niezdrowe produkty i wysilałam się, by myśleć o zdrowych. Byłam amatorką ptasiego mleczka, ciast i chleba i często mi ich brakowało. Gdy jadłam ciasto, trudno mi było skończyć na jednym kawałku. Kiedy zatem czytałam w różnych książkach o słuchaniu siebie, o tym, że organizm dobrze wie, czego potrzebuje, miałam wrażenie, że nie dotyczy to mnie. Gdy piszę ten akapit, jest środek zimy, a ja sobie właśnie uświadamiam, że od około dwóch miesięcy nie sięgnęłam po nabiał. Nie dlatego, że sobie odmawiam na przykład białego sera czy jogurtu naturalnego (jogurt chętnie kupuję latem i jadam jako deser z dodatkiem granoli, a twaróg przy niedzielnym śniadaniu też się latem pojawia). Niedawno kupiłam kawałeczek twarogu ekologicznego, lecz zupełnie nie miałam na niego ochoty, więc zalegał w lodówce.

Brak ochoty na nabiał jest zrozumiały, bo wyroby mleczne wychładzają organizm, a mamy przecież zimę. Ponadto zielone koktajle, które uwielbiam, robię teraz nie codziennie, ale raz na dwa, trzy dni. Kieruję się wyłącznie uczuciem chęci na taki koktajl. Mam za to ochotę na kapustę kiszoną. Odnoszę wrażenie, że moje ciało potrzebuje witamin, a tych jest w kapuście kiszonej bardzo dużo (w tym witaminy C). Mam też ochotę na ciepłe dania i często gotuję zupy z dużą ilością warzyw i przypraw. Zupy jadam zresztą na śniadanie i na obiad. Jeszcze jednym sygnałem płynącym z ciała jest brak ochoty na czystą wodę. Zaczynam dzień od ciepłej wody z cytryną, ale potem piję już tylko herbatki ziołowe i z suszonych liści owoców, często z dodatkiem świeżego imbiru. Nie muszę się specjalnie zastanawiać, co będę jadła, bo czuję, na co mam ochotę. I wiem, że to jest mi potrzebne. Kiedy po posiłku wciąż czujemy, że coś byśmy zjedli – to się odnosi do każdego z nas, więc można uogólnić – to najprawdopodobniej organizm sam daje nam znać, że potrzebuje konkretnych składników odżywczych, których nie dostał.

Kolejnym sygnałem wyregulowania organizmu jest ograniczona potrzeba słodyczy. Kiedy dziś jem w ulubionej kawiarni ciastko, rzadko mam ochotę na więcej niż jeden kawałek. Dawniej słodycze jadałam „hurtowo", dziś to nie jest już możliwe. To cudowny efekt regulacji organizmu i teraz już wiem, co znaczą słowa, że ciało czuje, czego i kiedy mu czegoś potrzeba.

Innym efektem jest swoiste wysubtelnienie smaku. Gdy na spotkaniu towarzyskim w kawiarni spróbowałam tureckiej herbaty, potrafiłam wyczuć kilka składowych jej smaku: nutę bergamotki, dymny posmak itp. Nawet kelner był pełen uznania i podziwiał moje wyczucie smaku.

Stało się to możliwe dzięki odizolowaniu mojego podniebienia od ostrych smaków dodatków chemicznych do żywności. Procentuje to jeszcze jedną korzyścią. Nie potrzebuję już dokładnych przepisów kulinarnych. Wystarczy, że spróbuję jakiejś potrawy, i jeśli mi smakuje, pojawiają się pomysły, jak ją przyrządzić, jakich dodatków użyć, by się ze sobą komponowały. Gdy czytam przepisy, przychodzą mi do głowy modyfikacje i nawet niezdrowe przepisy łatwo mi przerabiać na zdrowe.

Nie zawsze tak było. Gotowanie uważałam za swoją piętę achillesową. Brakowało mi pomysłów, a komponowanie przypraw, dodatków, składników stanowiło ogromny problem. Miałam wrażenie, że nigdy nie nauczę się zdrowo gotować inaczej, niż korzystając w 100 procentach z gotowych receptur. Była to katorga, bo pomiędzy kuchenką a deską do krojenia musiała leżeć książka i waga do odmierzania ilości składników. Dopóki nie poznałam dobrze smaku przypraw i ziół, bałam się dodać jakikolwiek składnik samodzielnie, by nie zepsuć potrawy. Moje kompetencje kulinarne były tak niskie, że kiedy próbowałam powtórzyć przepis z głowy, jedzenie zwykle lądowało w koszu, bo było niejadalne. Doprowadzało mnie to do rozpaczy, a kuchnia nie była miejscem do swobodnego eksperymentowania.

Teraz jestem wolna, lubię gotować, lubię jeść, lubię zapachy wydobywające się z kuchni, a jeśli korzystam z przepisów, to najczęściej traktuję je wyłącznie jako inspirację. To prawdziwa ulga móc gotować w ten sposób, bez książki kucharskiej przed oczami. Każdy może się tego nauczyć. Dzisiaj wiem, że wystarczy przez jakiś czas poznawać różne smaki i ich połączenia, by nabrać wyczucia, które z nich lubimy, które dobrze się ze sobą łączą. Kiedy gotuję zupy, za każdym razem robię to inaczej. Nie rezygnuję z gotowania zupy, gdy brakuje mi pietruszki albo pora. Wiem, że zupa czy inne danie i tak będą bardzo smaczne.

Gdy przestawiamy się w odżywianiu na produkty naturalne, a nie gotowe, przemysłowo wyprodukowane potrawy, początkowo wydaje się nam, że nie mają one smaku. Kilka tygodni wystarczy, by zacząć odczuwać inaczej. Zdrowe jedzenie jest pyszne i aromatyczne. Zachwyca bogactwem kolorów.

I wreszcie w potrawach takich czuć prawdziwe smaki, nieprzytłumione sztucznymi dodatkami i wzmacniaczami aromatu. Tak jak przecukrzone ciasto, gotowe jedzenie przestaje zadowalać nasze podniebienie i wydaje się nam pozbawione charakteru. Wszystko jest identyczne, a smakiem dominującym jest słony lub słodki. Podobnie jest z pieczywem. Białe pieczywo staje się w smaku jałowe i nieciekawe. I mamy ochotę na prawdziwy chleb.

Taki efekt można osiągnąć stosunkowo szybko. Więcej czasu potrzeba na subtelne rozróżnianie smaków (bo i samo doświadczenie w smakach przypraw czy ziół ma tutaj znaczenie), a jeszcze trochę więcej na to, by nasze ciało, poprzez przemożną ochotę lub odwrotnie – jej całkowity brak na jakiś produkt, sygnalizowało, czego potrzebuje najbardziej. Ten ostatni punkt wymaga pozbycia się drożdży, wyregulowania pH naszego organizmu i utrzymywania alkalicznego środowiska komórek, oczyszczenia z toksyn, uniezależnienia od chemicznych dodatków i cukru. By doprowadzić organizm do takiego stanu, trzeba przeprowadzić detoks, a następnie przejść na pełnowartościowe odżywianie zgodnie z zasadą 70/30. Warto włożyć nieco wysiłku, by tego doświadczyć. Potem wszystko staje się proste. Sami czujemy, co jest dla nas najbardziej odpowiednie. Jemy z radością. Organizm w pełnej równowadze pozwala nam czerpać radość z jedzenia zdrowych pokarmów. A ochota na cukier pojawia się rzadko i najczęściej szybko mija. Nie żyjemy więc w przekonaniu, że pozbawiamy się radości z jedzenia, bo ją zwyczajnie mamy, a tylko nasze preferencje się zmieniły. Jeśli do tego dodamy, że od czasu do czasu możemy sobie pozwolić na ciastko, to nie ma też mowy o żadnych wyrzeczeniach.

Nikt z nas nie może cofnąć się w czasie
i napisać nowego początku,
ale każdy może zacząć od dzisiaj
i dopisać nowe zakończenie.
Maria Robinson

MAMY WYBÓR – ZDROWE ZAKUPY

Kiedy już opróżniliśmy szafki i lodówki z produktów przetworzonych, pozostanie nam zapełnić je artykułami spożywczymi dobrej jakości o wielu walorach dla zdrowia. Kupując cokolwiek – zawsze czytajmy etykiety. Nie wybiórczo, ale na każdym produkcie. Można się czasami zdziwić, odkrywając, że produkt nie jest tym, za co uchodzi.

Produkty podzieliłam na dwie grupy. Pierwsza to produkty podstawowe. Powinno ich być w posiłkach najwięcej. Są to produkty alkaliczne albo neutralne.

Grupa druga to produkty uzupełniające. Zawiera artykuły zakwaszające organizm, spośród których możemy wybierać. Ich także potrzebujemy. Jednak niech one nie będą podstawą ale uzupełnieniem naszych posiłków (20–30 procent).

Produkty podstawowe

**** produkty o najsilniejszych właściwościach zasadotwórczych
*** produkty średnio zasadotwórcze
** produkty lekko zasadotwórcze
* produkty, których pH jest neutralne lub bliskie neutralnemu (wśród produktów minimalnie zakwaszających)
👍 produkty bez oznaczenia stopnia alkaliczności, które również powinny się znaleźć w naszym koszyku

WARZYWA	****	***	**	*	👍
botwina	✓				
brokuły	✓				
jarmuż	✓				
kalafior zielony	✓				
ogórki	✓				
szpinak	✓				
wodorosty morskie	✓				
bakłażan		✓			
buraki		✓			
cebula (różne odmiany)		✓			
cykoria		✓			
fasolka szparagowa		✓			
fasolka masłowa		✓			
kalarepa		✓			
kapusta biała		✓			
kapusta czerwona		✓			
kapusta pekińska		✓			
kapusta włoska		✓			

marchew		✓			
papryka		✓			
pomidor		✓			
rukola		✓			
rzepa		✓			
rzodkiewka		✓			
sałata (różne rodzaje)		✓			
seler naciowy		✓			
szczaw		✓			
szczypiorek		✓			
zielona fasolka		✓			
bób			✓		
brukiew			✓		
brukselka			✓		
chrzan			✓		
cukinia			✓		
dynia (piżmowa, orzechowa, patisony)			✓		
groszek cukrowy			✓		
groszek zielony świeży			✓		
kabaczek			✓		
kalafior			✓		
karczochy			✓		
por			✓		
roszponka			✓		
rzeżucha			✓		
słodkie ziemniaki			✓		
szparagi			✓		
ziemniaki młode			✓		
kolby kukurydzy					✓
pietruszka, korzeń					✓
seler korzeniowy					✓

ZIOŁA I PRZYPRAWY SUSZONE	****	***	**	*	👍
sól himalajska	✓				
sól morska	✓				
chili		✓			
kminek		✓			
kmin rzymski		✓			
pieprz (różne odmiany)		✓			
imbir			✓		
mięta			✓		
tymianek			✓		
curry				✓	
anyż					✓
bazylia					✓
cynamon					✓
czarnuszka					✓
cząber					✓
gorczyca					✓
goździki					✓
jałowiec					✓
koper włoski					✓
kolendra					✓
kozieradka					✓
kumin					✓
kurkuma					✓
liść laurowy					✓
lubczyk					✓
oregano					✓
papryka czerwona					✓
rozmaryn					✓
suszone pomidory					✓
szałwia					✓
trawa cytrynowa					✓
ziele angielskie					✓
zioła prowansalskie					✓

ORZECHY I NASIONA	****	***	**	*	
nasiona dyni		✓			
nasiona sezamu		✓			
migdały			✓		
orzech kokosowy			✓		
nasiona lnu				✓	
nasiona słonecznika				✓	
KIEŁKI I TRAWY	****	***	**	*	
kiełki brokułu	✓				
kiełki fasoli mung	✓				
kiełki kozieradki	✓				
kiełki lucerny	✓				
kiełki pszenicy	✓				
kiełki quinoa	✓				
kiełki rzeżuchy	✓				
kiełki rzodkiewki	✓				
kiełki słonecznika	✓				
kiełki soczewicy	✓				
kiełki soi	✓				
trawa jęczmienna	✓				
trawa pszeniczna	✓				
OWOCE	****	***	**	*	
awokado		✓			
cytryna		✓			
limonka		✓			
banan niedojrzały			✓		
granat			✓		
grejpfrut			✓		
rabarbar			✓		
wiśnie			✓		
arbuzy				✓	
czereśnie				✓	

melon kantalupa i inne				✓	
nektarynka				✓	
porzeczki czerwone				✓	
daktyle świeże				✓	
jabłka				✓	
gruszki				✓	
śliwki				✓	
ZIOŁA I PRZYPRAWY ŚWIEŻE	****	***	**	*	👍
natka pietruszki	✓				
bazylia		✓			
czosnek		✓			
czosnek niedźwiedzi		✓			
estragon		✓			
imbir		✓			
kolendra		✓			
koperek		✓			
lubczyk		✓			
majeranek		✓			
mięta		✓			
melisa		✓			
oregano		✓			
rozmaryn		✓			
szałwia		✓			
tymianek cytrynowy		✓			
tymianek zwykły		✓			
inne zioła					✓
ZBOŻA, ZIARNA, STRĄCZKOWE	****	***	**	*	👍
komosa ryżowa (quinoa)		✓			
amarantus			✓		
fasola biała			✓		
kasza gryczana			✓		
orkisz			✓		

soczewica			✓		
ciecierzyca				✓	
fasola czerwona				✓	
fasola czarna				✓	
fasola navy				✓	
fasola pinto				✓	
fasola inne odmiany				✓	
kamut				✓	
kasza jaglana (proso)				✓	
kuskus				✓	
makaron gryczany				✓	
owies				✓	
płatki owsiane				✓	
soja				✓	
TŁUSZCZE	****	***	**	*	👍
olej kokosowy			✓		
olej lniany			✓		
olej rybi			✓		
olej z awokado			✓		
olej z nasion ogórecznika			✓		
olej z nasion wiesiołka			✓		
oliwa z oliwek			✓		
masło klarowane				✓	
olej rzepakowy					✓
KISZONKI	****	***	**	*	👍
kapusta kiszona	✓				
ogórki kiszone	✓				
zakwas buraczany	✓				
POZOSTAŁE	****	***	**	*	👍
woda alkaliczna (pH>8)	✓				
roślinne napoje i koktajle	✓				

woda kokosowa		✓			
soki ze świeżych warzyw		✓			
mleko kozie			✓		
mleko migdałowe			✓		
tofu			✓		
tahini (pasta sezamowa)			✓		
jogurt naturalny				✓	
kefir				✓	
masło				✓	
maślanka				✓	
mleko kokosowe				✓	
mleko konopne				✓	
mleko owsiane				✓	
mleko sojowe				✓	
śmietana ukwaszona				✓	
bulion warzywny					✓
herbaty i napary ziołowe					✓
rooibos					✓
yerba mate					✓

Produkty uzupełniające

- • jedną kropką oznaczone są produkty słabo kwasotwórcze
- •• dwie kropki oznaczają produkty średnio kwasotwórcze
- ••• trzy kropki to produkty mocno zakwaszające
-  polecane produkty bez oznaczenia stopnia ich oddziaływania kwasotwórczego

OWOCE	•	••	•••	👍
świeże owoce, oprócz podstawowych		✓		
świeże soki owocowe		✓		
owoce suszone: niesiarkowane morele, rodzynki, figi itp.				✓
ZBOŻA, ZIARNA, ORZECHY, ROŚLINY STRĄCZKOWE	**•**	**••**	**•••**	**👍**
chleb żytni	✓			
orzechy brazylijskie	✓			
orzechy laskowe	✓			
orzechy makadamia	✓			
orzechy pekan	✓			
bulgur		✓		
chleb razowy		✓		
chleby inne, mieszane		✓		
groch		✓		
kasza jęczmienna		✓		
makaron durum (gotowany *al dente*)		✓		
makaron razowy		✓		
mąka razowa		✓		

orzechy arachidowe		✓		
orzechy nerkowce		✓		
orzechy włoskie		✓		
orzechy ziemne		✓		
ryż basmati		✓		
ryż brązowy		✓		
ryż dziki		✓		
pistacje			✓	
BIAŁKO I TŁUSZCZE ZWIERZĘCE	•	••	•••	👍
mleko (wyłącznie wiejskie)	✓			
śmietana	✓			
ryby słodkowodne, ekologiczne	✓			
ryby oceaniczne i morskie, ekologiczne		✓		
sery białe		✓		
sery kozie		✓		
sery wegańskie		✓		
wątróbka		✓		
dziczyzna			✓	
indyk			✓	
jagnięcina			✓	
jaja			✓	
kaczka			✓	
kurczak ekologiczny			✓	
owoce morza			✓	

ryby hodowlane			✓	
sery twarde			✓	
smalec gęsi			✓	
wołowina			✓	
PRODUKTY POZOSTAŁE	•	••	•••	
herbaty owocowe	✓			
olej konopny	✓			
olej słonecznikowy	✓			
olej z pestek winogron	✓			
cukier trzcinowy		✓		
gałka muszkatołowa		✓		
herbata zielona		✓		
masło orzechowe		✓		
majonez		✓		
miód naturalny		✓		
wanilia		✓		
drożdże			✓	
gorzka czekolada (min. 72 procent)			✓	
grzyby			✓	
herbata czarna			✓	
kakao			✓	
kawa			✓	
musztarda			✓	
ocet			✓	
sos sojowy			✓	

syrop klonowy			✓	
ksylitol				✓
ocet balsamiczny				✓
ocet jabłkowy naturalny				✓
olej migdałowy				✓
olej rzepakowy				✓
olej sezamowy				✓
olej z orzechów				✓
przeciery pomidorowe				✓
smalec gęsi				✓
stewia				✓

Nasze codzienne wybory pożywienia wpływają długoterminowo na zdrowie, samopoczucie i szczupłą sylwetkę BARDZIEJ niż jakiekolwiek inne podejmowane przez nas działania.

WYJĄTKOWE PRODUKTY, KTÓRE POWINNY BYĆ W KAŻDEJ KUCHNI I DLACZEGO

Choć na liście produktów podstawowych znajdują się wszystkie, które możemy jadać na co dzień, to część z nich zasługuje na szczególną uwagę. Ze względu na wyjątkowe walory zdrowotne podczas zakupów powinniśmy traktować je priorytetowo. Dbajmy o to, by często po nie sięgać.

Znajdziemy wśród nich takie, które mogą poleżeć dłuższy czas, np. siemię lniane w ziarenkach lub sezam. A są też i takie, które trzeba jeść na bieżąco lub kupować z kilkudniowym wyprzedzeniem, np. awokado.

TOPOWE PRODUKTY

Amarantus

Amarantus to pseudozboże (obok gryki i komosy ryżowej). Bywa zaliczany do tej samej rodziny co komosa ryżowa (są tu pewne rozbieżności, ale na pewno obie rośliny są spokrewnione). Ze względu na walory odżywcze używany przez sportowców i kosmonautów. Nie zawiera glutenu. Znajdziemy w nim za to dużo żelaza i błonnika. Ponadto zawiera nienasycone kwasy tłuszczowe, dużo potasu, cynku, wapnia i magnezu oraz witaminy z grupy B i witaminę E. Wapń w amarantusie ma idealną proporcję z fosforem.

- jest bardzo odżywczy i sycący
- wzmacnia układ nerwowy
- korzystnie wpływa na pracę mózgu – pamięć i koncentrację
- bardzo dobrze działa na przemianę materii
- wzmacnia zęby i kości – zapobiega osteoporozie
- wspomaga odnowę krwinek i krwi
- poprawia pracę mięśni
- obniża poziom cholesterolu
- przeciwdziała chorobom serca i układu krążenia
- wspomaga zachowanie młodości

Amarantus możemy wykorzystywać do domowego musli. Mąką z amarantusa można wzbogacać chleby, tortille, makarony, placki. Amarantus można też dodawać do potraw jednogarnkowych i zup. Gotuje się go szybko, a przed gotowaniem wystarczy jedynie przepłukać. Prażony można dodać do sałatki bądź jogurtu. Amarantus kiełkuje około 4–5 dni.

Awokado

Alkaliczny, niezwykle odżywczy owoc. Bogactwo witamin A, C, E, K, B_6 i wspaniałe źródło jednonienasyconych kwasów tłuszczowych. Zawiera też kwas foliowy, żelazo, miedź, potas, luteinę. Awokado ma bardzo mało cukru i nie zawiera skrobi.

- wspiera odbudowę krwinek czerwonych
- wspomaga obniżanie poziomu cholesterolu

- dzięki luteinie chroni nasze oczy
- reguluje ciśnienie krwi
- skutecznie wspomaga eliminację kwasów
- jest bardzo korzystne dla stawów
- chroni przed cukrzycą i rakiem
- zmniejsza ryzyko zawału, chorób serca i wylewu krwi
- reguluje poziom cukru we krwi
- wpływa ochronnie na wątrobę
- ze względu na zawartość kwasu foliowego idealne dla kobiet w ciąży i karmiących
- przyspiesza leczenie stanów zapalnych (w tym także skóry)
- wspomaga spalanie nadmiaru tłuszczu, a tym samym odchudzanie
- wspomaga przemianę materii
- korzystnie wpływa na cerę, ma działanie nawilżające
- odmładza

Awokado można jeść codziennie. Najlepiej na surowo. Można je wykorzystywać do przyrządzania sałatek, past czy kremów mieszanych z innymi warzywami (np. typu guacamole). Świetnie pasuje do zielonych koktajli, nadając im kremową konsystencję (dodaję je do każdego zielonego koktajlu). Dzięki temu, że awokado jest neutralne w smaku, można je też wykorzystać do przyrządzania kremowych deserów.

Awokado najlepiej kupować na zapas. W sklepie jest jeszcze twarde i potrzeba kilku dni, by osiągnęło optymalną miękkość. Kilka owoców awokado trzymam zawsze na wierzchu w misce na owoce. Dopiero kiedy pod palcami można wyczuć delikatną miękkość miąższu – przekładam je do lodówki.

Brokuły

Zawierają bardzo dużo wapnia, beta-karotenu, witaminy C. Mogą stanowić alternatywne źródło wapnia dla osób niejedzących nabiału, a porcja 20 dag pokrywa dzienne zapotrzebowanie na witaminę C. W brokułach znajdziemy też sporo potasu, a ponadto kwas foliowy, witaminy A, E, z grupy B oraz magnez, selen, cynk, żelazo, dużo błonnika i mało węglowodanów (korzystne dla osób chorych na cukrzycę).

- chronią przed nowotworami i hamują procesy nowotworowe
- przeciwdziałają rozwojowi bakterii, wirusów i grzybów
- wpływają ochronnie na serce i układ krążenia
- zwiększają odporność i chronią przed infekcjami
- wzmacniają kości i zapobiegają osteoporozie
- regulują ciśnienie krwi
- działają przeciwzapalnie
- korzystnie wpływają na produkcję krwinek czerwonych
- przeciwdziałają dolegliwościom jelitowym
- łagodzą stany napięcia i stresu
- przeciwdziałają depresji
- skutecznie wyłapują wolne rodniki
- są korzystne dla oczu i skóry
- odtruwają organizm
- są lekkostrawne, niskokaloryczne i przyspieszają przemianę materii

Brokuły możemy wykorzystywać na surowo do sporządzania sałatek (używamy wtedy różyczek, gdyż twarde części zawierają substancje powodujące wzdęcia). W postaci gotowanej warto wykorzystywać także łodygi i głąb zawierające dużo chlorofilu oraz selen, wzmacniające system odpornościowy. Wspaniale smakuje zupa krem z brokułów. Można je także wykorzystywać do zapiekanek, a ugotowane na parze, doprawione dressingiem – jako dodatek do dań. Bardzo dobrze komponują się z czosnkiem. Kupując brokuły, trzeba zwracać uwagę na ich kolor. Powinien być ciemnozielony lub ciemnofioletowy. Żółte przebarwienia świadczą o utracie świeżości, a w ślad za tym wartościowych składników. Brokuły gotujemy krótko (maksymalnie 5 minut) bądź tylko blanszujemy lub gotujemy na parze. Długo gotowane niekorzystnie zmieniają smak, kolor i tracą wartości odżywcze.

Buraki czerwone

Buraki są bogate w antocyjany (barwnik występujący też w czerwonym winie, a będący silnym przeciwutleniaczem). Zawierają dużo kwasu foliowego, witaminę C, B_1, B_2, B_6, wapń, magnez, potas, sód, żelazo, miedź, mangan i błonnik.

- spowalniają procesy starzenia
- zwiększają odporność organizmu
- chronią przed nowotworami
- kilkakrotnie zwiększają przyswajanie tlenu przez komórki
- wykazują właściwości krwiotwórcze (korzystne przy leczeniu anemii i białaczki)
- przywracają równowagę w żołądku po zjedzeniu potraw zakwaszających
- chronią przed osteoporozą
- są bezcenne w radzeniu sobie z wiosennym znużeniem, zmęczeniem, brakiem energii, apatią czy sennością
- mają właściwości odtruwające przewód pokarmowy
- dotleniają serce

- obniżają ciśnienie krwi
- łagodzą objawy menopauzy
- bardzo korzystne w szczególnych okresach, jak dorastanie, dojrzewanie, ciąża, karmienie piersią, intensywny wysiłek fizyczny czy wspomniana menopauza

Zakwas buraczany:
- hamuje wzrost nowotworów
- wzmacnia układ odpornościowy
- oczyszcza organizm z toksyn
- działa krwiotwórczo
- korzystnie wpływa na trawienie i florę bakteryjną jelit
- reguluje ciśnienie krwi, pracę nerek, pracę wątroby
- reguluje przemianę materii
- bardzo dobrze wpływa na pamięć i koncentrację
- zmniejsza napięcie nerwowe
- łagodzi zaburzenia snu
- przyspiesza syntezę kolagenu
- odmładza
- wzmacnia sprężystość mięśni
- poprawia wytrzymałość
- wspomaga potencję
- jest skarbnicą witamin oraz alkalizujących minerałów

W burakach łatwo gromadzą się azotany (z nawozów), które mogą być przekształcane w niekorzystne dla nas azotyny i niebezpieczne nitrozaminy. Dlatego dobrze jest kupować buraki ekologiczne. Jeśli już kupujemy buraki nieekologiczne – skrapiajmy je sokiem z cytryny, który przeciwdziała procesowi zamiany azotanów w azotyny.

Buraki są wspaniałe do sporządzania sałatek – surowe nie tracą swoich cennych właściwości.

Kolorowe koktajle z buraków wyglądają apetycznie, a z dodatkiem marchwi, cytrusów, jabłek i przypraw smakują wybornie. Obecne w nich żelazo jest dobrze przyswajalne. Można pić sok z buraków lub zakwas buraczany. Przygotowanie od czasu do czasu zakwasu buraczanego (nie wymaga to dużo czasu) jest bardzo dobrym sposobem na zadbanie o obecność buraków w naszym menu i tym samym częste czerpanie z ich dobrodziejstw. Wspaniale smakują pieczone w folii z dodatkiem dressingu i zieleniny lub po upieczeniu – na ciepło, podduszone z przyprawami. O barszczu czerwonym chyba nie trzeba nikomu wspominać. Ugotowany bez dodatku tłuszczu bywa zbawienny w okresie oczyszczania organizmu.

Cebula

Zawiera bogactwo cynku i witaminy C, oraz beta-karoten, witaminę E, B_1, B_2 i PP. Najważniejsze w cebuli są jednak roślinne substancje bioaktywne (sulfidy będące lotnymi związkami siarki uaktywniane podczas krojenia). Odpowiadają one za ostry smak i łzawienie oczu podczas obierania cebuli. Cebula zawiera też kwercetynę (związek należący do grupy flawonoidów). Ponadto znajdziemy w niej potas, żelazo, fosfor, jod, selen, fluor.

- pełni rolę naturalnego antybiotyku
- wspomaga nerki, jelita i wątrobę
- wzmacnia serce
- wzmacnia cały organizm
- obniża zawartość cukru we krwi
- przyspiesza wydzielanie soków trawiennych i ułatwia trawienie
- dzięki siarce w połączeniu z cynkiem i witaminą C podnosi odporność organizmu
- ma działanie bakteriobójcze

- obniża ciśnienie krwi
- przeciwdziała nadmiernemu krzepnięciu krwi (chroni przed agregacją płytek krwi, zapobiegając zakrzepicy żył i zwapnieniu tętnic)
- chroni przed zawałem
- obniża poziom cholesterolu
- działa przeciwalergicznie
- oczyszcza organizm ze związków metali, pasożytów i bakterii
- związki w niej zawarte to silne przeciwutleniacze
- chroni przed rakiem
- wzmacnia kości i zęby oraz chroni przed osteoporozą
- niszczy owsiki i pobudza bakterie jelitowe do wytwarzania substancji niszczących patogeny chorobotwórcze
- wzmacnia włosy i paznokcie
- korzystnie wpływa na skórę
- łagodzi napięcie nerwowe i wspomaga dobry sen
- stosowana zewnętrznie łagodzi stany zapalne, przyspiesza gojenie się zranień i uśmierza pieczenie po ukąszeniach owadów

Najczęściej stanowi tylko dodatek do dań. Jako bazę można ją wykorzystać do przyrządzenia zupy cebulowej lub zapiekanek cebulowo-warzywnych. Poza tym (obowiązkowo) do wszelkiego typu zup. Wzbogaca także smak dań gorących i sałatek.

Cytryna i limonka

Są bogatym źródłem potasu i witaminy C. Zawierają dużo flawonoidów, które dodatkowo wzmacniają działanie witaminy C. Znajdziemy w nich beta-karoten, kwas foliowy, witaminę E, witaminy z grupy B oraz wapń, magnez, żelazo i fosfor.

- oczyszczają krew
- alkalizują organizm
- podnoszą pH wody
- są silnymi antyoksydantami i chronią komórki przed wpływem negatywnych czynników
- wspomagają wątrobę w oczyszczaniu organizmu z toksyn
- zmniejszają negatywne skutki stresu, niedoboru snu i życia w zatrutym środowisku
- wzmacniają naczynia krwionośne
- przeciwdziałają tworzeniu się kamieni nerkowych
- wspomagają rozkład cholesterolu
- działają przeciwbakteryjnie i antywirusowo, chronią przed infekcjami
- zapobiegają nowotworom
- pobudzają przemianę materii i spowalniają przemianę węglowodanów w tłuszcze (korzystne dla utrzymania wagi lub chudnięcia)
- poprawiają trawienie
- wpływają na lepsze przyswajanie składników odżywczych
- wspomagają przyswajanie żelaza
- eliminują złogi z przewodów żółciowych i tkanek
- chronią przed toksynami
- przeciwdziałają starzeniu się organizmu
- działają dezynfekująco na gardło (pomocne we wczesnych stadiach przeziębienia)

Z dobrodziejstw cytryny najlepiej korzystać codziennie, pijąc ciepłą wodę z sokiem cytrynowym. Poza tym można i warto wykorzystywać ją do przyrządzania dressingów do sałatek (lub po prostu skrapiać sałatki). Można też dodać cytrynę do zielonych i kolorowych koktajli. Znacznie zwiększy to przyswajanie żelaza z roślin. Sok cytrynowy korzystnie wpływa na smak niektórych zup i past do pieczywa. Latem jest idealnym składnikiem orzeźwiającej lemoniady.

Czosnek

Zawiera witaminę C, witaminy z grupy B, magnez, potas, żelazo, selen, mangan, miedź, cenne flawonoidy i lotne związki siarki odpowiedzialne za jego intensywny zapach oraz smak.

- wymiata wolne rodniki i odmładza
- przeciwdziała powstawaniu zmarszczek
- podnosi odporność organizmu
- działa antywirusowo, przeciwzapalnie, antybakteryjnie i przeciwgrzybiczo
- wspomaga usuwanie metali ciężkich z organizmu, a także herbicydów, pestycydów i innych toksyn (znakomicie odtruwa)
- podnosi poziom libido
- przeciwdziała starzeniu się komórek mózgowych
- podobnie jak cebula jest naturalnym antybiotykiem
- rozrzedza krew i chroni przed zawałem oraz udarem
- zapobiega nowotworom oraz hamuje podział już istniejących komórek nowotworowych
- chroni przed miażdżycą
- obniża poziom trójglicerydów i cholesterolu
- reguluje ciśnienie
- reguluje poziom cukru we krwi

Czosnek jest wspaniałą przyprawą do dań, zup i dressingów. Jego jedyną wadą jest zapach, który czuć nawet przez skórę, jeśli jadamy go dużo. Znacznie łagodniejszy zapach ma czosnek gotowany i duszony w potrawach. Zapach czosnku osłabia towarzystwo natki pietruszki lub jabłka. Dobrą alternatywą może być też czosnek niedźwiedzi, którego walory zdrowotne i smak (choć delikatniejszy) są podobne do czosnku zwyczajnego, ale nie ma on tak silnego zapachu.

Warto wykorzystywać czosnek w kuchni codziennie (1–2 ząbki). Przed użyciem należy zmiażdżyć ząbki i pozostawić na około 10 minut. Miażdżenie powoduje przekształcenie związków siarki w niezwykle korzystną dla zdrowia allicynę o działaniu antybakteryjnym i przeciwzapalnym. Najbardziej wartościowy jest czosnek w postaci surowej (dressingi). Ale każda inna jego postać jest pożądana. Jeśli dodajemy go do potraw gotowanych, róbmy to pod sam koniec gotowania. A kiedy dodajemy czosnek wcześniej, pod koniec gotowania dodajmy dodatkowy zmiażdżony ząbek.

Grejpfrut

Zawiera dużo witaminy C. Owoce z miąższem różowym zawierają też cenny likopen. Znajdziemy w nim pektyny, witaminy z grupy B, beta-karoten, kwas foliowy, polifenole oraz potas, magnez, wapń, mangan, żelazo, cynk i fosfor.

- korzystnie wpływa na poziom cholesterolu we krwi
- podnosi odporność organizmu
- chroni przed nowotworami
- ma silne działania antyoksydacyjne
- jest korzystny dla serca i układu krążenia
- przeciwdziała miażdżycy
- pobudza tworzenie czerwonych krwinek
- pozytywnie wpływa na przemianę materii
- odtruwa

Wiele cennych składników znajduje się w białej części owocu tuż pod skórką. Jest ona nieco gorzka, ale kiedy dodajemy grejpfruta do koktajlu, goryczy nie czuć. Nie obierajmy go więc zbyt głęboko.

Imbir (świeży)

Ma mnóstwo zalet i jest wykorzystywany w wielu kuchniach świata. Zawiera cenne olejki eteryczne oraz potas, żelazo, wapń i siarkę.

- zapobiega nudnościom i wymiotom
- sprawdza się w chorobie lokomocyjnej
- obniża poziom cholesterolu
- wspomaga trawienie
- poprawia ukrwienie mózgu, zwiększa wydolność umysłową i koncentrację
- sprzyja łagodzeniu bólów migrenowych
- ma właściwości rozgrzewające
- jest naturalnym antybiotykiem, niszczy wirusy
- skutecznie pomaga podczas infekcji, przeziębienia lub grypy
- łagodzi gorączkę
- działa przeciwzapalnie
- obniża cholesterol
- reguluje ciśnienie krwi
- wspomaga usuwanie toksyn z organizmu
- korzystnie działa na układ nerwowy
- pobudza wydzielanie soków żołądkowych
- wspomaga perystaltykę jelit

Kupujmy imbir gładki i niezbyt gruby. Powinien mieć soczysty miąższ, o jednolitej kremowożółtej barwie. Grube korzenie bywają włókniste i gdzieniegdzie brązowieją. Dodany do potrawy na początku jest delikatny w smaku, a na końcu daje intensywny smak i zapach. Wspaniale pasuje do zupy z soczewicy i dressingów sałatkowych. Jest niezastąpionym składnikiem rozgrzewających herbatek oraz napoju detoksykacyjnego (świeża mięta – 12 listków oraz w plasterkach: 1 średni ogórek, 1 cytryna i 3–4 cm imbiru, zalane 1,5 litra wody i pozostawione na noc). To bardzo orzeźwiający napój. Idealny latem lub w trakcie oczyszczania.

Jarmuż

Niezwykle cenne źródło potasu, żelaza, magnezu i kwasu foliowego. Pod względem zawartości wapnia wśród produktów spożywczych plasuje się w ścisłej czołówce. Poza tym w jarmużu znajdziemy dużo witaminy C i A. Zawiera też witaminy z grupy B i witaminę E. Absolutny top, jeśli chodzi o zawartość tych cennych składników. Znajdziemy w nim również cynk oraz selen i błonnik. Jest także doskonałym źródłem białka i węglowodanów.

- wspaniale alkalizuje
- działa osłaniająco na cały organizm
- wykazuje działanie przeciwzapalne
- wspomaga odbudowę krwi
- chroni wzrok
- chroni kości
- działa ochronnie na jelita
- obniża poziom cholesterolu
- niezwykle cenny w profilaktyce osteoporozy

- korzystnie wpływa na krzepliwość krwi
- wspomaga prawidłową pracę mięśni
- chroni przed chorobami serca, zawałem i chorobami układu krążenia
- jest pogromcą wolnych rodników
- ma działanie antynowotworowe
- chroni naczynia krwionośne
- podnosi odporność i przeciwdziała infekcjom
- chroni przed niedokrwistością
- przeciwdziała zmęczeniu
- poprawia koncentrację i uwagę

Jarmuż ma tyle walorów odżywczych, że aż szkoda niszczyć go obróbką cieplną. Dlatego osobiście preferuję wykorzystywanie go do zielonych koktajli. Wtedy nic nie traci, a my wiele zyskujemy. Jarmuż można także drobno siekać i dodawać do sałatek. Można też przygotować chipsy z jarmużu. Są pyszne, a przyrządza się je łatwo i szybko (umyty, porwany na kawałki jarmuż skropić oliwą, posolić, popieprzyć, posypać papryką, sezamem ewentualnie pestkami, wstawić do rozgrzanego do 160°C piekarnika i piec przez około 6 minut). Z jarmużu można też przyrządzić zupę. Zanim jarmuż trafi do zupy czy dań gorących, dobrze jest go przemrozić w zamrażalniku. Traci wtedy goryczkę.

Kapusta

Zawiera dużo witaminy C, E i K. Poza tym witaminy z grupy B, beta-karoten oraz rutynę.

W kapuście znajdziemy też wapń, potas, magnez, żelazo, kwas foliowy, miedź, selen oraz bogactwo błonnika i związki zawierające siarkę.

- jest niskokaloryczna
- wspaniale wpływa na wygląd skóry, włosów i paznokci
- oczyszcza skórę i cały organizm
- ma silne właściwości przeciwutleniające i skutecznie zwalcza wolne rodniki
- podnosi odporność organizmu i chroni przed infekcjami oraz przeziębieniem
- chroni przed rakiem, miażdżycą, nowotworami
- wspomaga serce
- działa krwiotwórczo
- ma działanie wzmacniające, dlatego korzystna jest przy rekonwalescencji i w stanach wyczerpania
- wspomaga leczenie m.in. anemii, stanów zapalnych, cukrzycy, wrzodów żołądka i dwunastnicy
- pomaga w leczeniu zaburzeń układu trawiennego, oddechowego, nerwowego
- pobudza perystaltykę jelit

Kapustę możemy jeść na surowo, gotowaną, duszoną, kiszoną. Może być też stosowana zewnętrznie w postaci okładów. Jeśli mamy dolegliwości układu trawiennego, warto pamiętać, by podczas gotowania dodać do kapusty ziarna kminku. Szczególnie zdrowa jest kapusta kiszona. Musi to być jednak prawdziwy naturalny proces kiszenia, a nie kilkudniowy proces wspomagany np. dodatkiem octu. **Kapusta kiszona** zawiera bakterie kwasu mlekowego dobroczynne dla procesów trawiennych i mikroflory jelit. Poza tym w kapuście jest bardzo dużo witaminy C. Znajdziemy w niej także witaminy A, E, B, K i minerały: wapń, potas, mangan, cynk, żelazo. Dzięki wysokiej zawartości błonnika daje uczucie sytości.

- oczyszcza organizm z toksyn
- zwalcza pasożyty
- odmładza
- jest korzystna dla włosów, cery, paznokci
- wzmacnia odporność organizmu
- wspiera odbudowę tkanki łącznej
- neutralizuje wolne rodniki
- zwiększa wchłanianie żelaza
- wspomaga trawienie i perystaltykę jelit
- obniża poziom cholesterolu
- przeciwdziała nowotworom
- jest wspaniała po kuracjach antybiotykowych – odbudowuje mikroflorę jelit

Krewni kapusty to kalafior, kalarepa, brukselka i brokuły. Kapusta zresztą występuje w kilku odmianach: białej, czerwonej, włoskiej, pekińskiej. Kapusta czerwona w stosunku do białej zawiera mniej beta-karotenu, ale więcej witaminy C, potasu oraz selenu, a dodatkowo antocyjany (związki, które sprzyjają obniżaniu poziomu cholesterolu i hamują procesy zapalne oraz nowotworowe).

Kasza gryczana

Ziarno gryki jest bardzo wartościowe i nie zawiera glutenu. Chroni inne uprawy przed szkodnikami i chorobami, przez co bywa wykorzystywane w uprawach ekologicznych zamiast nawozów. Zawiera magnez, żelazo, wapń, fosfor, potas, miedź oraz nieco siarki i kobaltu, a także lecytynę i dużo krzemu oraz rutyny. Bioaktywne substancje – kwasy fenolowe – sprawiają, że jest gwiazdą profilaktyki i utrzymania zdrowia. W gryce znajdziemy witaminę E i witaminy z grupy B.

Gryka zawiera też białko, które jest niezwykle wartościowe z uwagi na dużą różnorodność aminokwasów (w tym egzogennych, których organizm nie potrafi sam wytworzyć). Gryka nie jest zbożem, należy do rodziny rdestowatych, w której znajdziemy też rdest, rabarbar i szczaw.

- jest bardzo odżywcza i sycąca
- pozytywnie wpływa na pracę mózgu, pamięć oraz koncentrację
- wzmacnia układ nerwowy
- wspomaga zdrowy sen
- jest niezwykle korzystna dla serca i stanu żył oraz tętnic
- obniża poziom cholesterolu
- jest korzystna dla osób chorych na cukrzycę, nadciśnienie, choroby serca i układu naczyniowego
- chroni przed wieloma chorobami i ogólnie działa prozdrowotnie
- wspaniale wpływa na włosy i paznokcie
- przeciwdziała powstawaniu „pajączków"
- rozgrzewa organizm
- pomaga w leczeniu biegunek

Kasza gryczana ugotowana z dodatkiem zeszklonej na maśle klarowanym cebuli, przypraw i podana z surówką może być pełnowartościowym posiłkiem. Gotuje się ją szybko: 5–8 minut na małym ogniu, a następnie trzyma jeszcze kilka minut pod przykryciem, by kasza była sypka i miękka. Mąka gryczana (zmielona gryka) może być wykorzystywana do naleśników, makaronów lub wytrawnych wypieków. Trzeba dodać do niej nieco innych rodzajów mąki, która będzie spajała ciasto (np. orkiszowej, kukurydzianej, z prosa). Przed gotowaniem kaszy dobrze jest ją umyć na sicie. Niektórzy zalecają też, by kiedy kasza zaczyna się gotować, zebrać z powierzchni wody czerwone szumowiny (czerwony barwnik zwiększa wrażliwość na światło słoneczne i może przyczyniać się do powstania stanów zapalnych skóry). W sklepach znajdziemy dwie odmiany kaszy gryczanej – paloną i niepaloną. Kasza palona ma bardziej wyrazisty smak, ale jest mniej wartościowa niż niepalona.

Kasza jaglana

Kasza jaglana zrobiona jest z ziaren prosa. Ma ponadprzeciętne wartości odżywcze. Jest alkaliczna. Zawiera bardzo dużo żelaza, krzemu i magnezu. Poza tym znajdziemy w niej potas, fosfor, błonnik, witaminę E i witaminy B_1, B_6. Jest źródłem długo rozkładających się węglowodanów, co powoduje, że syci i jest cenna dla każdego, także dla sportowców.

- wzmacnia zęby i kości
- korzystnie wpływa na pamięć i koncentrację
- poprawia wygląd włosów, skóry, paznokci
- ważna dla elastyczności tkanki łącznej – ma działanie odmładzające
- niezastąpiona w stanach osłabienia organizmu i spadku odporności
- wpływa leczniczo na stawy
- wspomaga przemianę materii
- zaopatruje organizm w energię
- jest lekkostrawna (pomocna przy niestrawności lub innych problemach układu trawiennego czy w trakcie dni rozpoczynania lub kończenia detoksu)
- podnosi odporność organizmu
- podnosi wydolność organizmu

- ma właściwości detoksykacyjne
- działa przeciwzapalnie
- ma właściwości antywirusowe i przeciwgrzybicze
- osusza organizm, co jest korzystne przy katarze, kaszlu, zapaleniu oskrzeli

Kaszę jaglaną powinniśmy mieć zawsze w swoich zapasach. Gotuje się szybko, przez co łatwo przyrządzić z niej posiłek. Może być wykorzystywana zarówno do gotowania zup, drugich dań, jak i do sałatek i deserów. Ta wielość zastosowań wynika z łagodnego smaku kaszy, dzięki czemu możemy ją doprawiać na różne sposoby.

Miałam w swoim życiu „przymusowy" epizod z kaszą. Doceniłam ją wtedy jeszcze bardziej. Po założeniu aparatu na zęby nie mogłam jeść niczego, co wymagałoby gryzienia (z powodu bólu). Wiedząc, że kasza jest bardzo pożywna, postanowiłam jeść zupę jaglaną (podobną do tej z przepisu zamieszczonego w rozdziale o detoksie) z dodatkiem wielu przypraw i podstawowych warzyw startych na tarce. To był właściwie mój jedyny posiłek na śniadanie, obiad i kolację przez blisko dwa miesiące. Czułam się doskonale, a jeszcze lepiej wyglądałam. To było jak detoks, a jednocześnie dawało energię.

Kawa zbożowa

Zawiera witaminy z grupy B oraz potas, fosfor i magnez. Jest też źródłem rozpuszczalnego błonnika.

- wspomaga procesy trawienia i perystaltykę jelit
- przyspiesza przemianę materii
- korzystnie wpływa na florę bakteryjną jelit

- reguluje poziom cukru we krwi
- obniża poziom cholesterolu
- dobrze działa na układ nerwowy
- wspomaga odporność organizmu
- działa przeciwzapalnie
- rozgrzewa

Kawa zbożowa wspaniale smakuje z dodatkiem cynamonu, kardamonu, imbiru, goździków. Można ją pić dosłodzoną miodem lub ksylitolem z dodatkiem mleka roślinnego, migdałowego czy kokosowego. Jest zdrowa i przyjemna w smaku, więc warto pić ją zamiast kolejnych filiżanek kawy naturalnej.

Kiełki

To niezwykle cenny pokarm. Zawierają moc witamin, minerałów, enzymów, a proces kiełkowania podnosi pH nasion. Znajdziemy w nich witaminy z grupy B, witaminę E, A, C, K, PP, kwas foliowy, wapń, potas, magnez, żelazo, fosfor, cynk, selen, krzem, nienasycone kwasy tłuszczowe. Kiełki to także cenne źródło białka. Aminokwasy z kiełków są łatwo przyswajalne przez organizm. Kiełki zawierają wszystko co najlepsze i w dużych ilościach.

- regenerują organizm
- odżywiają, a przy tym nie zawierają wiele kalorii
- wyjątkowo dobrze alkalizują
- wspomagają usuwanie toksyn
- dobrze wpływają na trawienie
- wzmacniają zęby i kości
- obniżają poziom cholesterolu

- przeciwdziałają nowotworom, miażdżycy i innym chorobom
- wspaniałe dla włosów, paznokci, cery
- ujędrniają skórę
- stymulują układ odpornościowy
- wspomagają odbudowę komórek i tkanek
- odmładzają
- poprawiają samopoczucie i zwiększają poziom energii witalnej
- wpływają na zdrowie wszystkich układów i narządów ciała

Kiełki można kupić w sklepie lub skiełkować nasiona, fasole, pestki, pszenicę itd. samodzielnie w domu. Trzeba jednak dbać o wilgotność, a jeśli kiełkujemy w słoikach, zmieniać wodę. Kiełki są dostępne przez cały rok. Najlepiej używać ich na surowo. Można nimi posypywać zupy, dania duszone, hummus, domowe pasty do pieczywa, dodawać do sałatek, zielonych i kolorowych koktajli. Trzeba natomiast pamiętać, by kiełki roślin strączkowych przed jedzeniem pogotować przez ok. 1 minutę. Będą łatwiej strawne i pozbawimy je w ten sposób goryczki. W sklepach znajdziemy kiełki pikantne i łagodne. O bardziej i mniej wyrazistym smaku. Jest wybór i najlepiej wypróbować kilka rodzajów. O kiełkach trzeba pamiętać zwłaszcza w zimie i wczesną wiosną. Znakomicie zaspokoją potrzeby organizmu na witaminy i minerały.

Komosa ryżowa (quinoa)

Jest bogata w pełnowartościowe białko. Zawiera witaminy z grupy B, kwas foliowy, witaminę A i E oraz minerały: potas, magnez, fosfor, wapń, żelazo, sód, cynk. Bogata w błonnik i węglowodany złożone, ma niski indeks glikemiczny. Ponadto zawiera zdrowe jednonienasycone kwasy tłuszczowe. Choć wspaniale zastępuje ryż i kasze (i tak ją traktujemy), jest pseudozbożem, bo zaliczamy ją do rodziny szarłatowatych (komosowatych), w której są także buraki i szpinak. Nie zawiera glutenu.

- przeciwdziała nowotworom
- obniża poziom cholesterolu
- jest wspaniała dla układu krążenia i naczyniowego
- niszczy wolne rodniki
- obniża poziom cukru we krwi
- jest bardzo odżywcza i dobrze przyswajalna
- jest doskonałym źródłem energii
- wspomaga spalanie tkanki tłuszczowej i odchudzanie
- sprzyja budowaniu mięśni
- regeneruje organizm
- jest bardzo silnym przeciwutleniaczem, neutralizuje wolne rodniki
- odmładza
- przeciwdziała nowotworom

Ma bardzo delikatny smak, przez co nadaje się do wielu potraw – zup, sałatek, a nawet do deserów. Gotuje się ją bardzo szybko (10–15 minut). Nie wymaga uprzednio moczenia, wystarczy ją przepłukać pod bieżącą wodą. Jej nasiona bardzo szybko kiełkują (1–2 dni). Komosa jest wspaniałym pokarmem, a jedyną jej wadą jest wysoka cena.

Marchew

Jest doskonałym (najlepszym) źródłem beta-karotenu i zawiera wiele witamin: C, A, E, K, PP oraz witaminy z grupy B i kwas foliowy. W marchwi znajdziemy także sporo potasu oraz wapń, magnez, fosfor, żelazo, siarkę i dużo błonnika.

- nadaje włosom blask i wzmacnia paznokcie
- powoduje, że cera staje się gładka, napięta i nabiera ładnego, zdrowego koloru, a skóra staje się elastyczna
- korzystna w procesach regeneracji skóry (pomaga przy alergiach skórnych, egzemach, uczuleniach)
- wzmacnia zęby
- stymuluje produkcję kolagenu
- wspomaga układ immunologiczny
- chroni przed promieniami UV
- zmniejsza poziom cholesterolu i przeciwdziała miażdżycy
- reguluje trawienie i pozytywnie wpływa na florę bakteryjną jelit
- jest silnym przeciwutleniaczem, wyłapuje i usuwa wolne rodniki
- chroni przed nowotworami
- wzmacnia wzrok
- wspomaga układ limfatyczny
- wzmacnia wątrobę
- wspomaga pracę nerek

Z marchwi najczęściej korzystamy, gotując zupy (zawsze jest w składzie włoszczyzny). Ale warto też jak najczęściej jadać marchew w postaci surowej i pić sok marchwiowy. Pysznie smakuje marchew pieczona z rozmarynem i zupa krem z marchwi. Krem z marchwi jest też pomocny, gdy dokucza nam biegunka. Pamiętajmy więc o nim przy grypie żołądkowej bądź zatruciach pokarmowych. Pomaga niemalże natychmiast.

Migdały

Bardzo cenne alkaliczne orzechy. Szczególnie bogate w witaminę E, zawierają także witaminy z grupy B, kwas foliowy, wapń, potas, magnez, miedź, mangan. Poza tym jednonienasycone kwasy tłuszczowe, błonnik i dobrze przyswajalne białko.

- obniżają poziom cholesterolu
- są korzystne dla serca
- wspomagają pracę mózgu
- wzmacniają naczynia krwionośne
- mają dobroczynny wpływ na układ nerwowy
- chronią przed nadciśnieniem
- poprawiają wydolność mięśni
- chronią przed miażdżycą
- minimalizują ryzyko zawału i chorób układu krążenia
- zapobiegają cukrzycy
- mają właściwości przeciwzapalne
- korzystnie wpływają na przemianę materii
- zwalczają wolne rodniki
- chronią błonę komórkową
- poprawiają kondycję włosów
- wspaniale działają na cerę, zwiększają jej elastyczność i nadają zdrowy, świeży wygląd
- są bardzo odżywcze, ze względu na bogactwo składników migdały i mleko migdałowe porównywane są z mlekiem kobiecym

Migdały można jeść jako przekąskę między posiłkami. Mielone lub w postaci płatków można wykorzystywać do posypania zup porannych, sałatek, koktajli, deserów, jogurtów. Dobrze smakuje mleko migdałowe (robione z migdałów i wody) lub śmietanka migdałowa (robi się ją z wody, migdałów, oliwy i jest wyborna np. do kaszy jaglanej z jabłkami).

Ważne jest, by kupować migdały w całości, a jeśli potrzebujemy zmielonych, mielić je samodzielnie w młynku. Mielone migdały nie mogą długo leżeć, bo wytwarzają się w nich substancje toksyczne i pleśnie.

Migdały dobrze jest jadać często, a nawet codziennie.

Nasiona słonecznika

Tłuszcze zawarte w pestkach słonecznika w ponad 80 procentach składają się z nienasyconych kwasów tłuszczowych omega-9. Pestki zawierają też dużo witamin z grupy B, witaminy A, E, K oraz potas, wapń, magnez, cynk, mangan, żelazo i fitosterole.

- dodają energii
- wspomagają zachowanie właściwego poziomu cholesterolu i lipidów we krwi
- oczyszczają organizm z toksyn i metali ciężkich
- wzmacniają wzrok
- wspomagają sprawne funkcjonowanie całego organizmu
- przeciwdziałają chorobom serca i układu krążenia
- chronią naczynia krwionośne
- regulują ciśnienie krwi

Garstka pestek to dobra przekąska. Możemy je też wykorzystywać do posypywania sałatek, surówek, zup, past do pieczywa lub jako dodatek do zupy porannej. Wzbogacą zarówno smak, jak i walory odżywcze. Wspaniale do tego celu nadają się pestki prażone (uwaga, są pyszne i łatwo przesadzić z ilością). Oczywiście nie gotowe ze sklepu, tylko zrobione samodzielnie (na suchą patelnię wrzucamy pestki i mieszając, prażymy na średnim ogniu przez kilka minut). Można zrobić na zapas i po wystudzeniu przechowywać przez kilka dni w szczelnie zamkniętym słoiku. Pestki słonecznika są też dobrą bazą do przyrządzenia pesto (zamiast orzeszków piniowych).

Olej lniany

To bardzo wartościowy, alkalizujący olej. Bogaty w cenne wielonienasycone kwasy tłuszczowe. Zawiera dużo kwasów omega-3 i niewiele omega-6.

- wspaniały dla serca i układu krążenia
- działa przeciwzapalnie
- obniża poziom trójglicerydów we krwi
- wzmacnia system immunologiczny i cały organizm
- niweluje ryzyko nadciśnienia
- przeciwdziała miażdżycy, nowotworom i chorobom serca
- korzystnie wpływa na pracę mózgu
- reguluje poziom hormonów
- przyspiesza metabolizm
- wspomaga odchudzanie i redukcję tkanki tłuszczowej w okolicy brzucha
- chroni przewód pokarmowy
- wspomaga perystaltykę jelit i procesy trawienne
- obniża cholesterol
- łagodzi objawy chorób skórnych
- przeciwdziała alergiom
- odżywia i nawilża włosy

- doskonale wpływa na skórę – nawilża ją i odżywia, wygładza i opóźnia powstawanie zmarszczek
- reguluje poziom wydzielania sebum, przez co przeciwdziała tworzeniu się zaskórników

Olej lniany powinien być wysokiej jakości, przechowywany w ciemnej, szklanej butelce, w lodówce (zarówno w sklepie, jak i w domu), co chroni przed utlenieniem zawartych w nim kwasów tłuszczowych omega-3. Ma krótki termin przydatności do spożycia i po otwarciu nie może być długo przechowywany, nawet w warunkach chłodniczych. Dlatego dobrze jest kupować mniejsze butelki. Olej lniany można spożywać wyłącznie na surowo. Dodawać go do surówek i koktajli. Nie nadaje się do podgrzewania. Słynąca ze swych leczniczych właściwości jest pasta dr Budwig (twaróg zmiksowany z olejem lnianym). Można ją doprawić czosnkiem, ziołami, pieprzem (smaku samego oleju lnianego wiele osób nie lubi). Warto znaleźć swój smak, by z takiej pasty korzystać. To bardzo pożywne śniadanie.

Olej rzepakowy

Zawiera cenne niezbędne nienasycone kwasy tłuszczowe (NNKT) omega-3 i omega-6. Bogaty w witaminy A, E, K.

- dobrze wpływa na serce i układ krwionośny
- wspomaga pracę nerek
- obniża poziom cholesterolu
- korzystnie wpływa na skórę
- sprzyja zachowaniu młodości
- reguluje przemianę materii i wspomaga odchudzanie
- korzystnie działa przy chorobach stawów

Tłoczony na zimno używa się do sałatek, surówek, dressingów i duszenia potraw. Ma swój charakterystyczny smak, który trzeba lubić. Dla mnie to jeden z ulubionych tłuszczów.

Oliwa z oliwek

W oliwie znajdziemy cenne jednonienasycone kwasy tłuszczowe i w mniejszej ilości kwasy wielonienasycone. Oliwa zawiera też wapń, żelazo, potas, sód, witaminę E i K oraz chlorofil.

- wspomaga odchudzanie i utrzymanie szczupłej sylwetki (choć to tłuszcz, wpływa na spalanie tkanki tłuszczowej, a nie na jej magazynowanie)
- korzystna w przemianie materii
- obniża poziom cholesterolu
- reguluje ciśnienie krwi
- wzmacniając błonę komórkową, chroni komórki przed szkodliwym działaniem wolnych rodników
- chroni przed nowotworami
- ma działanie przeciwzapalne
- reguluje procesy trawienne
- ma działanie oczyszczające
- korzystnie wpływa na poziom cukru we krwi
- chroni przed chorobami serca i układu krążenia
- przeciwdziała zakrzepom i pomaga przy miażdżycy, owrzodzeniu żołądka i kamicy żółciowej
- doskonale nawilża skórę (można ją stosować także zewnętrznie – działa na skórę kojąco, wygładza ją i chroni przed utratą wilgoci)
- wpływa kojąco na podrażnioną skórę

Oliwę kupujemy oczywiście tłoczoną na zimno, mechanicznie, najlepiej z pierwszego tłoczenia (extra virgin) i w ciemnych butelkach. Trzeba uważać, bo czasem do oliwy dodawane są inne oleje roślinne. Łatwo to sprawdzić, wkładając oliwę do lodówki na dobę. Powinna zgęstnieć, stężeć, a nawet przejść w stan stały (pojawienie się osadu). Taka oliwa na pewno nie ma dodatków innych olejów. Niestety, nie możemy w pełni zaufać temu, co piszą producenci na etykietach, więc warto sprawdzić kupowane najczęściej przez nas oliwy i trzymać się tych dobrych. Dobrym znakiem jest napis na opakowaniu: „podczas przechowywania w temperaturze niższej niż 7° oliwa może zmętnieć lub może pojawić się w niej osad". Takiej oliwie możemy zaufać bez sprawdzania. Oliwę najlepiej stosować na zimno do różnego rodzaju sałatek, przystawek, warzyw. Ale jej temperatura dymienia dochodzi do około 180°. Oznacza to, że delikatne podsmażenie lub podduszenie na oliwie jest bezpieczne. Natomiast nie nadaje się ona do smażenia lub pieczenia w bardzo wysokiej temperaturze, która wyzwala powstawanie bardzo szkodliwych dla organizmu kwasów trans.

Oliwa wspaniale się sprawdza w roli kosmetyku stosowanego zewnętrznie. Możemy jej używać do kompresów na włosy i dłonie, maseczek lub zamiast balsamu podczas kąpieli (szczególnie polecam). Trzeba wetrzeć oliwę w wilgotne, rozgrzane kąpielą ciało. Nadmiar oliwy można spłukać ciepłą wodą.

Orzechy kokosowe

Do wykorzystania w postaci oleju, wody kokosowej, mleka i wiórków. Kokosy zawierają witaminy B_2, B_6, E, C, kwas foliowy, a także wapń, magnez, potas, żelazo, cynk, sód oraz substancje chroniące przed grzybami, wirusami i bakteriami.

Woda kokosowa ma właściwości podobne do osocza naszej krwi.

Mimo dużej zawartości nasyconych kwasów tłuszczowych olej kokosowy zawiera też sporo kwasu laurynowego, dzięki czemu nie powoduje wzrostu poziomu cholesterolu.

- olej kokosowy pobudza przemianę materii, wspomaga utratę wagi (mimo że jest tłuszczem, nie powoduje gromadzenia się tłuszczu w organizmie)
- podnosi odporność, wspomagając układ immunologiczny, i działa przeciwzapalnie
- niszczy drobnoustroje i ma silne właściwości wiruso- i bakteriobójcze
- wspomaga metabolizm
- nawilża, uelastycznia, ujędrnia i wygładza skórę
- mleko kokosowe jest podobne w składzie do mleka kobiecego (można nim karmić niemowlęta); podobnie jak mleko kobiece podnosi odporność
- woda kokosowa wspaniale nawadnia organizm i uzupełnia niedobory elektrolitów, jest zatem świetnym naturalnym napojem izotonicznym (niezastąpiona przy wymiotach, biegunkach czy intensywnym wysiłku)

Olej kokosowy można wykorzystywać zarówno na surowo, jak i do smażenia. Ma dość wysoką temperaturę spalania, ale nie można go przegrzać. Doskonale się sprawdza jako kosmetyk (do skóry ciała i twarzy – także dzieci i niemowląt – oraz do pielęgnacji włosów). Mleko kokosowe jest bardzo dobrym dodatkiem do koktajli i bazą deserów. Można je także wykorzystać do zupy lub jako mleko do porannej porcji płatków owsianych. Poza tym może mieć zastosowanie do dressingów do sałatki (do dressingów możemy też wykorzystać wodę ko-

kosową). Mleko nie zawiera wiele cukru, ale trzeba zwrócić uwagę, czy kupowany produkt nie ma w składzie konserwantów bądź innych dodatków. Olej kokosowy i mleko najlepiej zawsze mieć w zapasie. Mleko można także zrobić samemu, korzystając z wiórków kokosowych.

Pestki dyni

Są bogatym źródłem cynku. Zawierają też magnez, wapń, potas, żelazo, fosfor, witaminy z grupy B, lecytynę oraz nienasycone kwasy tłuszczowe.

- chronią prostatę
- eliminują z jelit pasożyty
- przeciwdziałają alergiom
- zapobiegają depresji
- wspaniale wpływają na wygląd skóry, poprawiają jej elastyczność oraz przeciwdziałają wypryskom i chorobom skóry
- wspomagają syntezę kolagenu
- są pomocne w niedomaganiach pęcherza moczowego i wspomagają nerki
- obniżają poziom cholesterolu
- są korzystne dla serca i układu krążenia
- podnoszą sprawność działania układu immunologicznego
- pozytywnie wpływają na koncentrację i wspomagają pracę mózgu

Pestki dyni możemy jadać jako przekąskę między posiłkami. Wspaniałe nadają się do posypywania sałatek i niektórych zup (dyniowej, zup kremów, porannych zup na bazie kaszy jaglanej bądź płatków owsianych). Cenny jest także olej z pestek dyni, który ma orzechowy smak i zapach i może wzbogacić smak sałatki bądź zielonego koktajlu.

Płatki owsiane

Znajdziemy w nich wapń, żelazo, magnez, krzem, cynk, mangan, fosfor, a także witaminę E, witaminy z grupy B i kwas foliowy. Zawierają dużo błonnika i są bogate w białko.

- dobrze wpływają na układ trawienny i pobudzają pracę jelit oraz przemianę materii
- wpływają korzystnie na poziom cholesterolu
- regulują ciśnienie krwi
- oczyszczają organizm z toksyn
- wzmacniają zęby i kości
- odmładzają
- pozytywnie wpływają na skórę
- dodają energii
- poprawiają nastrój i działają antystresowo
- chronią serce i układ krążenia
- są lekkostrawne
- regulują poziom cukru we krwi

Nie ma to jak rano zimą zjeść zupę z płatków owsianych z dodatkiem jabłka, cynamonu, suszonych moreli lub rodzynek, płatków migdałowych (wersji może być wiele, w zależności od upodobań). Syci na długi czas i daje energię. Często dodaję je też do granoli. Domową granolę najlepiej przygotować na zapas. Można ją przechowywać w suchym pojemniku przez jakiś czas. Jest tak pyszna, że często potrafi zaspokoić chęć na słodycze. Przepis na granolę i proste musli z płatkami można znaleźć w rozdziale „KILKA ZDROWYCH PRZEPISÓW".

Pomidory

Zawierają dużo potasu, wapnia, sodu, fosforu, żelaza i niezwykle cenny likopen (z grupy karotenoidów). Poza tym kwas foliowy, beta-karoten, dużo witaminy C, witaminę E i witaminy z grupy B. W pomidorach znajdziemy również cynk, nikiel i kobalt.

- chronią przed nowotworami
- wzmacniają układ odpornościowy
- pomagają zwalczyć stres
- chronią błonę komórkową
- zwalczają wolne rodniki
- wspomagają usuwanie nadmiaru wody
- regulują ciśnienie krwi
- wspomagają pozbycie się zbędnych kilogramów i dają poczucie sytości

Likopen nie znika w trakcie obróbki cieplnej, a temperatura wręcz sprzyja poprawie jego przyswajania. Możemy więc pomidorów używać do różnego typu dań gorących gotowanych, duszonych i pieczonych. Doskonale komponują się z ziołami (rozmarynem, bazylią, tymiankiem i innymi) oraz warzywami, makaronem i ryżem. Oprócz pomidorów warto korzystać z koncentratów, soków i przecierów pomidorowych. Najlepiej unikać puszek, a wybierać te pakowane w butelki i słoiki, no i oczywiście sprawdzać, czy nie mają żadnych innych dodatków. W skórce pomidorów jest kilkakrotnie więcej witaminy C niż w miąższu. Jej odrzucanie (co czasami się praktykuje) nie jest więc dobrym pomysłem. Przechowujmy pomidory w temperaturze pokojowej (w lodówce tracą smak i aromat).

Probiotyki z kiszonek i produktów fermentacji mlekowej

Znajdziemy je m.in. w kiszonej kapuście, kiszonych ogórkach, kiszonych burakach, sokach z kiszonek oraz w maślance, kefirze, jogurcie. Probiotyki są dla nas bardzo korzystne:

- podnoszą odporność
- przeciwdziałają alergiom
- chronią przed nowotworami
- wspomagają trawienie
- zwiększają przyswajanie składników odżywczych z pokarmu
- odtruwają
- wspomagają odtruwanie wątroby
- przeciwdziałają stresowi i poprawiają samopoczucie
- uszczelniają jelita, dzięki czemu chronią przed przenikaniem toksyn do krwi
- obniżają cholesterol
- regulują ciśnienie krwi
- są korzystne dla stawów
- odmładzają
- przeciwdziałają powstawaniu zmarszczek

Probiotyki potrzebują stymulujących ich namnażanie się prebiotyków, które znajdziemy w czosnku, cebuli, porze, cykorii, szparagach, karczochach, pomidorach, roślinach strączkowych, siemieniu lnianym. Prebiotyki wraz z kiszonkami odbudowują florę bakteryjną jelit. Wpływa to korzystnie na odpowiednie przyswajanie tego co dobre z pożywienia (przeciwdziała i likwiduje niedobory). Florę bakteryjną jelit odbudowuje oczyszczanie organizmu podczas postu warzywno-owocowego opisanego wcześniej w tej książce. Od zdrowych jelit zaczyna się wysoka forma naszego ciała i zachowanie młodości.

Rzeżucha

Zawiera wiele minerałów: wapń, potas, żelazo, fosfor, jod i chrom. Poza tym witaminę C oraz beta-karoten.

- ma działanie antybakteryjne
- chroni przed nowotworami
- zawiera substancje zwalczające bakterie chorobotwórcze w jelitach
- korzystnie wpływa na drogi moczowe i pęcherz moczowy (warto o niej pamiętać przy stanach zapalnych pęcherza)
- zapobiega anemii
- wzmacnia system odpornościowy
- działa jak antybiotyk

Łatwo ją wyhodować w domu na wilgotnym podłożu. Rośnie szybko. Cenna zwłaszcza w okresach, kiedy ze względu na porę roku mamy ograniczony dostęp do wartościowych warzyw. Rzeżucha jest ostra w smaku i doskonale nadaje się do sałatek bądź kanapek. Jadamy ją wyłącznie na surowo (wartościowe związki w niej zawarte są wrażliwe na wysoką temperaturę).

Sezam

Sezam w około 50 procentach składa się z olejów – głównie nienasyconych kwasów tłuszczowych. Zawiera też dużo białka i sporo węglowodanów. Sezam stanowi prawdziwe bogactwo wapnia i żelaza. Poza tym znajdziemy w nim witaminy A, B, E oraz magnez i lecytynę.

- przeciwdziała osteoporozie oraz wzmacnia kości i zęby
- obniża poziom cholesterolu
- chroni przed zwapnieniem tętnic
- bardzo korzystnie wpływa na układ nerwowy
- wspomaga pracę mózgu

Najlepiej kupować sezam naturalny i pochodzący z upraw ekologicznych. Inny może zawierać szkodliwy kadm z nawozów. Sezamu nie je się w dużych ilościach, lecz stosuje się wyłącznie jako przyprawę. Jest wspaniały do posypywania sałatek, zup, past do pieczywa. Świetnie smakuje uprażony na suchej patelni – uwalnia wtedy swój wyjątkowy, delikatny aromat. Często przygotowuję gomasio z prażonego sezamu. Po ostygnięciu trzymam w szczelnym słoiku w lodówce i mam gotową, smaczną posypkę do potraw, którą można przechowywać 10–14 dni. Gomasio robi się bardzo prosto: 7 łyżek nieoczyszczonego sezamu należy dobrze wypłukać na gęstym sitku (zanurzyć sitko w wodzie i zamieszać), a następnie uprażyć na suchej patelni, mieszając drewnianą łyżką do momentu uzyskania złotego koloru i wydzielania przyjemnego aromatu (nie może być przypalony, bo wtedy będzie gorzki), pod koniec prażenia wsypujemy pół łyżki soli morskiej i mieszając, jeszcze przez chwilę prażymy razem, a na koniec ucieramy w makutrze lub w blenderze). Ziarenka mają być delikatnie roztarte, a nie zmielone na pył. Wystudzoną posypkę przesypujemy do słoika i trzymamy w lodówce. Można nią posypywać różne dania, a zwłaszcza sałatki, kanapki i zupy.

W kuchni można też wykorzystywać tahinę (pastę sezamową). Jest dobrym dodatkiem do deserów, niektórych sałatek i dressingów na bazie oliwy lub jogurtu. W przepisach znajdziemy sałatkę z kapusty pekińskiej z dodatkiem tahiny.

Siemię lniane

Siemię lniane to prawdziwy skarb kryjący się w małych, niepozornych ziarenkach. Ma niezwykłe właściwości zdrowotne i jest też zbawienne dla naszej urody. Zawiera dużo cennych wielonienasyconych kwasów tłuszczowych omega-3. Znajdziemy w nim także nierozpuszczalny i rozpuszczalny błonnik, cynk, flawonoidy, fitoestrogeny, witaminę E, potas oraz lecytynę.

- ma właściwości alkalizujące nasze ciało
- wzmacnia system immunologiczny
- działa przeciwzapalnie
- chroni przed nowotworami i miażdżycą, wykazuje też właściwości lecznicze
- jest odżywcze, może służyć jako doskonała alternatywa dla ryb i tranu
- osłabia dolegliwości związane z menopauzą
- wspaniale regeneruje błony przewodu pokarmowego i osłania śluzówkę jelit
- obniża poziom cholesterolu
- poprawia stan włosów i paznokci, a skóra pod wpływem siemienia zyskuje gładkość i jest nawilżona
- doskonale wpływa na tkankę łączną

- odmładza ciało i cały organizm
- wspomaga odchudzanie
- korzystnie wpływa na regenerację naskórka
- obniża poziom lipidów i cukru we krwi

Siemię powinno gościć w naszym menu możliwie często. Warto jednak wiedzieć, jak je stosować i na co zwracać uwagę. Poniżej kilka istotnych wskazówek.

Kupujmy siemię w ziarnach, niemielone. Siemię szybko się utlenia, dlatego najlepiej mielić je przed spożyciem (wystarczy do tego zwykły młynek do kawy).

Tłuszcze w zmielonym siemieniu szybko ulegają jełczeniu, co jest bardzo szkodliwe. Nie róbmy więc zapasów mielonego siemienia. Wystarczy zmielić około 1–2 łyżek i wykorzystać na bieżąco.

Ziarenka siemienia przechowujmy w temperaturze pokojowej, w szczelnie zamkniętym pojemniku.

W sklepach znajdziemy ziarenka złociste i brązowe. Siemię złociste jest bardziej delikatne w smaku. Siemię brązowe to odmiana szafir bogata w kwasy omega-3.

Sprawdzajmy termin przydatności siemienia do spożycia. Nie są to zwykle długie terminy, a siemię powinno być świeże, by nie zaszły w nim szkodliwe procesy jełczenia.

Ponieważ zawartość fitoestrogenów w siemieniu jest wysoka, kobiety w ciąży oraz karmiące powinny uważać, by nie spożywać go zbyt dużo.

Kiedy dodajemy do potraw siemię lniane, należy pamiętać o piciu odpowiedniej ilości płynów.

Zmielone siemię zalane gorącą wodą i pozostawione na kilkanaście minut wytworzy kleik o konsystencji rzadkiego kisielu. Nie każdemu taka konsystencja odpowiada, jednak w szczególnych przypadkach, jak biegunki, osłabienie podczas przeprowadzania detoksu, dolegliwości przewodu pokarmowego, warto zaserwować sobie taki kisielek, bo przyniesie znaczną ulgę. Ważne, by siemię zalewać wrzątkiem. Zalanie mielonego siemienia lnianego wodą letnią czy ciepłą powoduje uwalnianie bardzo toksycznego związku – cyjanowodoru. Kiedy naruszymy łupinę ziarna, aktywowane zostają enzymy uczestniczące w przemianie związków cyjanogennych obecnych w siemieniu w groźny cyjanowodór. Proces ten nie zajdzie po użyciu wrzątku lub zagotowaniu siemienia, ponieważ aktywujący enzym jest białkiem, a każde białko pod wpływem wysokiej temperatury traci swoje właściwości, ulegając denaturacji. Zmielone siemię możemy też dodawać do koktajli, soków itp. (kwasy owocowe również zapobiegają procesowi uwalniania cyjanowodoru). Siemię ma lekko orzechowy, łagodny i przyjemny smak.

Soczewica

Zawiera dużo lecytyny i jest niezwykle bogata w białko. Znajdziemy w niej potas, wapń, żelazo, magnez, cynk, fosfor, witaminy z grupy B, kwas foliowy, błonnik i różnorodne cenne substancje czynne.

- ma pozytywny wpływ na mózg – wspomaga koncentrację i pamięć
- wzmacnia organizm
- jest bardzo sycąca, przez co sprzyja szczupłej sylwetce
- dostarcza energii
- pobudza metabolizm
- przeciwdziała zakwaszeniu mięśni
- wzmacnia system immunologiczny
- chroni przed nowotworami

- ma korzystne działanie dla pracy serca i chroni przed zawałem
- reguluje poziom cukru we krwi
- korzystna dla perystaltyki jelit
- sprzyja wydalaniu toksyn z organizmu
- wspomaga tworzenie krwi, jest korzystna dla tworzenia krwinek czerwonych
- wspomaga układ nerwowy
- chroni przed działaniem wolnych rodników

Jest składnikiem potraw wielu kuchni świata, gdyż ze względu na swój łagodny, subtelny smak dobrze się komponuje z różnorodnymi przyprawami. Smaczna jest zupa z soczewicy, zapiekanki, gulasze i inne potrawy jednogarnkowe. Można na jej bazie robić sosy i gęste pasty lub podawać w sałatkach. Soczewica sprawdza się także w prostych daniach, np. w połączeniu z ziemniakami bądź kaszą gryczaną i dużą porcją surówki. Warto odkryć soczewicę i wykorzystywać ją w kuchni, nie ograniczając się do jednej odmiany. Soczewica bardzo dobrze i szybko kiełkuje. Jej zaletą w kulinariach jest również to, że szybko się gotuje i nie wywołuje wzdęć, jak inne rośliny strączkowe.

Szpinak

Zawiera dużo kwasu foliowego, magnez, wapń, potas, żelazo, sód, siarkę, witaminy C, E, B i błonnik.

- wzmacnia serce
- wzmacnia naczynia krwionośne
- wspomaga przemianę materii
- oczyszcza wątrobę

- pobudza perystaltykę jelit
- jest korzystny dla flory bakteryjnej jelit
- eliminuje wolne rodniki
- podnosi odporność
- reguluje ciśnienie krwi
- działa przeciwzapalnie
- korzystnie wpływa na skórę

Szpinak zawiera duże ilości kwasu szczawiowego utrudniające przyswajanie wapnia i żelaza. Dlatego warto go jadać w towarzystwie produktów bogatych w wapń i żelazo (np. jajek, serów, ryb, mięsa) i nie codziennie. Szpinak trzeba kupować bardzo świeży i nie czekać z jego wykorzystaniem (w trakcie przechowywania szybko traci witaminy). Można korzystać też ze szpinaku mrożonego. Dobrym sposobem na korzystanie ze szpinaku są zielone koktajle. Ze względu na wspomniany kwas szczawiowy taki koktajl wystarczy wypić raz na kilka dni.

Trawy jęczmienna i pszeniczna

Zawierają bardzo dużo witaminy C, wapnia i żelaza. Stanowią doskonały zestaw aminokwasów. Poza tym znajdziemy w nich magnez, potas, sód, witaminę E, B i bogactwo cennego chlorofilu.

- alkalizują organizm
- likwidują toksyny
- oczyszczają jelita
- regenerują organizm
- wpływają pozytywnie na każdą komórkę, tkankę i organy, przywracając ich prawidłowe funkcjonowanie

- zwiększają potencję
- wzmacniają odporność
- odmładzają
- są silnym przeciwutleniaczem i likwidują wolne rodniki
- poprawiają nastrój
- pozytywnie wpływają na pracę mózgu, koncentrację i pamięć
- wspomagają leczenie wielu chorób
- zapobiegają nowotworom
- wzmacniają serce i naczynia krwionośne
- zwiększają produkcję hemoglobiny
- wspomagają utrzymanie szczupłej sylwetki
- korzystnie wpływają na układ nerwowy
- wzmacniają witalność
- sprzyjają trawieniu

Ten superpokarm powinniśmy wykorzystywać tak często jak natkę pietruszki. Jednak nie jest on dostępny w postaci świeżej, a w domu nie każdy z nas ma dość miejsca i czasu, by go wysiać i stale z niego korzystać. Trawa jęczmienna bywa zwana „młodym jęczmieniem". Młody jęczmień i trawa pszeniczna są dostępne w formie suplementów bio. Suplementy, choć nie jest to pokarm świeży, są mocno skoncentrowane i osobiście odczułam ich dobroczynny wpływ. Dostępne są samodzielnie bądź w mieszankach z innymi zielonymi częściami roślin w formie zielonych proszków. Warto o nich pamiętać. W okresie oczyszczania, wzmożonego wysiłku czy problemów zdrowotnych będą niezastąpione.

Zielone części roślin (niewymienione wcześniej, szczególnie liściaste), jak szczaw, roszponka, rukola, różne odmiany sałaty, botwinka, kiełki, nać pietruszki, selera itd.

Poza cennymi minerałami, witaminami, błonnikiem zawierają przede wszystkich chlorofil (nadający roślinom zieloną barwę). Chlorofil w swojej budowie podobny jest do cząsteczki hemoglobiny, ale zamiast żelaza zawiera magnez. Ma niezwykle cenne właściwości:

- alkalizuje organizm i wspomaga eliminację toksyn
- dotlenia krew, pomagając jej rozprowadzać tlen po całym ciele
- ma działanie przeciwzapalne i wzmacnia odporność
- oczyszcza przewód pokarmowy i jelita
- zabija szkodliwe bakterie
- wiąże się z metalami ciężkimi, ułatwiając ich usuwanie z organizmu
- jest silnym przeciwutleniaczem i odmładza
- wspomaga odnowę tkanek
- niweluje nieświeży oddech
- zapobiega chorobom nowotworowym
- przeciwdziała stanom zapalnym
- poprawia wzrok
- wspomaga leczenie niedokrwistości
- oczyszcza wątrobę
- zwalcza infekcje
- pomaga wchłaniać żelazo
- ponieważ szybko powoduje zmniejszenie zakwaszenia organizmu, szybko też poprawia samopoczucie
- zmniejsza przemęczenie i korzystnie wpływa na stres

Ze względu na zawartość magnezu – im więcej zielonych roślin w naszym menu, tym lepiej. Trzeba spożywać je codziennie. Dobrym pomysłem są zielone koktajle. Wtedy w formie nieobrobionej całe bogactwo zawarte w zielonych roślinach trafia wprost do naszego organizmu, a składniki odżywcze dobrze się wchłaniają. Można także przyrządzać różnego rodzaju sałatki lub używać zieleniny do posypywania dań, zup, kanapek. Tak czy inaczej, zielone pożywienie jest najważniejsze. W okresie zimowym, kiedy nie mamy dostępu do świeżej zieleniny, korzystajmy okresowo z zielonych proszków (opisane w rozdziale o suplementach).

Ryby (świeże, niehodowlane, dzikie, z czystych wód)

Podobnie jak inne białko zwierzęce, ryby są kwasotwórcze, zawierają jednak niezwykle cenne tłuszcze NNKT i inne substancje odżywcze. Warto pamiętać, że ten rodzaj białka zwierzęcego jest najbardziej korzystny. Ryby jednak należy traktować jako uzupełnienie i jeść niezbyt często (1–2 razy w tygodniu). Najlepiej w towarzystwie dużej ilości warzyw (zwłaszcza zielonej sałatki). Ryby zawierają witaminę D, A, E, witaminy z grupy B, wapń, żelazo, jod. Cenne są: śledź, łosoś, halibut, pstrąg, tuńczyk.

ZIOŁA I PRZYPRAWY

Nadają potrawom unikalny smak i wręcz go wydobywają. A któż z nas nie lubi jeść smacznie? Niejednokrotnie na fanpage'u Alkaliczny Styl Życia pojawiały się bardzo pozytywne komentarze na temat zup. Zupy, jakie polecam, smakują wszystkim. A zasługą tego dobrego smaku jest bogactwo ziół i przypraw. Niby po szczypcie, czasem po jednej czwartej łyżeczki, ale wpływ na smak jest olbrzymi. Naturalne roślinne przyprawy i zioła ułatwiają trawienie. Zwiększają przyswajalność składników odżywczych, zapobiegając tym samym niedoborom minerałów i witamin. Niwelują kłopoty z niestrawnością, zgagą czy wzdęciami. Przyspieszają przemianę materii. Mają niebagatelny wpływ na usuwanie toksyn i eliminację szkodliwych bakterii. Zapobiegają toksycznym procesom gnilnym. Są bardzo korzystne dla urody i zdrowia. Wykazują wiele właściwości leczniczych. Dzięki stosowaniu ziół i przypraw potrzebujemy mniej soli, bo smak potraw jest bogaty i aromatyczny.

Korzystajmy też ze świeżych ziół. Kupowane w doniczkach służą dłuższy czas. Od wiosny do jesieni można je trzymać na balkonie lub za oknem w kuchni.

Pamiętam, kiedy pierwszy raz natknęłam się na kuchnię pięciu przemian i ze zdziwieniem zobaczyłam, jak wiele różnych przypraw dodaje się do zup. Ugotowałam swoją pierwszą – tradycyjny polski krupnik na kaszy jęczmiennej – tyle że dodatkowo dodałam do niego tymianek, bazylię, rozmaryn, lubczyk, kurkumę, majeranek, kminek i imbir. Zrobiłam to z pewną nieśmiałością, ale efekt był zachwycający. Przyprawy wzbogacają każdą zupę i każde danie. Są niezastąpione w dressingach, potrawach jednogarnkowych, zapiekankach, sałatkach, pastach do pieczywa. Wzbogacają smak kasz, fasoli i ryżu.

W produktach podstawowych znajdziemy ich niezbędną listę, w którą warto się zaopatrzyć przy najbliższych zakupach. Poniżej, dla zachęty, właściwości wybranych ziół i przypraw i niektóre wskazówki co do zastosowania.

Anyż

Zawiera silny olejek eteryczny, dzięki któremu wykazuje działanie bakteriobójcze, przeciwskurczowe i rozrzedzające śluz. Przynosi to ulgę, gdy mamy katar, kaszel bądź infekcję górnych dróg oddechowych. Poza tym w anyżu znajdziemy flawonoidy będące silnym przeciwutleniaczem. Anyż wspaniale działa w dolegliwościach żołądkowych. Wspomaga trawienie i przeciwdziała wzdęciom.

Jest wyjątkowo aromatyczny. Dlatego używamy go w niewielkich ilościach. Dobrze jest kupować anyż w całych ziarenkach i miażdżyć w moździerzu przed dodaniem do potrawy. Komponuje się z kaszą, sałatkami owocowymi, daniami na bazie mleka roślinnego. Lubię też dodać kilka ziarenek do herbaty ziołowej. Po cięższych posiłkach (np. w trakcie przyjęcia albo świąt) kilka ziarenek anyżu można ugotować z herbatką imbirową. Pomoże to zniwelować uczucie ciężkości.

Bazylia

W bazylii znajdziemy cenne olejki eteryczne oraz bioaktywne flawonoidy i saponiny. Bazylia bardzo korzystnie wpływa na trawienie i wzmacnia żołądek. Łagodzi mdłości i wzdęcia. Działa też przeciwzapalnie, bakteriobójczo oraz rozkurczowo. Pobudza krążenie. Przeciwdziała bólom brzucha. Przynosi ulgę w napięciu psychicznym i sytuacjach stresowych.

Bazylię dobrze stosować świeżą – na przykład dodawać do sałatek. Doskonale komponuje się z pomidorami. Świeżą bazylię można posiekać i zamrozić z oliwą w pojemniczkach do lodu. Zachowa wtedy swój aromat. Obecnie przez cały rok jest dostępna świeża w doniczkach. Suszona bazylia nie ma już takich wartości, ale także warto z niej korzystać. Dodaję szczyptę do wszystkich zup. Poza tym możemy ją wykorzystywać do wzbogacania smaku potraw jednogarnkowych, zapiekanek, sosów do makaronu i dressingów sałatkowych.

Chili

Chili zawiera podobne substancje smakowe oraz zapachowe jak papryka. W znacznie większym stężeniu niż w papryce znajdziemy w chili kapsaicynę (organiczny związek chemiczny, który powoduje ostry i piekący smak papryczki). W papryczkach znajdziemy też witaminę C, beta-karoten oraz wapń i żelazo. Chili stymuluje wydzielanie endorfin, a więc korzystnie wpływa na poprawę nastroju. Pobudza wydzielanie soków trawiennych i przemianę materii. Unieszkodliwia też niekorzystne bakterie w jelitach.

Najbardziej ostre są strąki czerwone, nieco mniej – żółte, a najłagodniejsze te zielone. Chili można stosować zarówno do deserów, jak i wszelkich dań obiadowych czy zup. Jako przyprawa występuje pod różnymi postaciami: suszone chili w małych płatkach, sproszkowana, pieprz kajeński, no i oczywiście świeże strąki papryczki.

Kminek

Korzenny, piekący smak kminek zawdzięcza olejkom eterycznym. Mają one właściwości przeciwbakteryjne i działają rozkurczowo. Kminek skutecznie przeciwdziała wzdęciom i niweluje poczucie pełności żołądka oraz uczucie ciężkości. Takie działanie wzmacnia jeszcze połączenie kminku z koprem włoskim lub anyżem (można to wykorzystać, przyrządzając herbatkę ziołową). Poza tym kminek ma właściwości oczyszczające jelita. Działa przeciwgrzybiczo i niszczy szkodliwe mikroorganizmy.

Najlepiej korzystać z kminku w ziarenkach. Przed dodaniem go do potrawy można go zmiażdżyć w moździerzu, a jeśli zależy nam na większym aromacie, dodatkowo podprażyć na suchej patelni. Do gotowania dodajemy go na samym początku. Ze względu na swoje walory jest cennym składnikiem ciężkostrawnych potraw, np. z kapusty czy fasoli.

Kozieradka

Ma bardzo dobry wpływ na układ pokarmowy. Obniża poziom cukru we krwi i reguluje ciśnienie. Jest też korzystna w stanach zapalnych i infekcjach. Zawiera selen, żelazo, krzem. Do potraw dodajemy jej niewiele. Polecam stosowanie kozieradki dla wzbogacenia smaku zupy (do 1 łyżeczki mielonej kozieradki na 3-litrowy garnek). Dodanie zbyt dużej ilości mogłoby spowodować gorycz potrawy. Kozieradka przypomina w smaku przyprawę maggi. Jest składnikiem znanej mieszanki curry.

Kurkuma

Zawiera roślinny barwnik – kurkuminę – słynący z silnych właściwości przeciwutleniających oraz cenne olejki eteryczne i substancje gorzkie.

- ma właściwości alkalizujące
- wykazuje działanie przeciwbakteryjne, przeciwzapalne, przeciwwirusowe i przeciwgrzybicze
- reguluje wydzielanie żółci
- wzmacnia żołądek i system trawienny
- pomocna w dolegliwościach pęcherzyka żółciowego i wątroby
- stymuluje system immunologiczny
- obniża poziom cholesterolu
- reguluje poziom cukru we krwi

- hamuje rozwój stanów zapalnych, cukrzycy oraz choroby Alzheimera
- słynie ze swoich właściwości przeciwnowotworowych
- oczyszcza krew
- reguluje przemianę materii
- pozytywnie działa na układ nerwowy i krwionośny

Kurkumę przechowujemy w szczelnych, ciemnych pojemnikach. Jest przyprawą mocną, dlatego stosujemy ją oszczędnie, ale za to bardzo często (najlepiej codziennie). Różnorodne źródła podają, że przyswajanie kurkumy ułatwiają pieprz, papryka lub chili. Kiedy więc stosujemy kurkumę, używajmy też szczyptę którejś z wymienionych przypraw. Niewielką ilość kurkumy można dodać do prawie wszystkiego, co gotujemy, np. każdej zupy, ryżu, kaszy jaglanej lub innej, dipów i dressingów do sałatek na bazie oliwy lub oleju, potraw jednogarnkowych, zapiekanek, zielonych lub kolorowych koktajli oraz soków, jajecznicy lub omletów, naleśników, herbaty, wypieków, dań z fasolą, cieciorką, soczewicą, mleka owsianego, ryżowego lub innego roślinnego. Kurkumy nie używamy dla smaku, ale dla koloru i zdrowia. W przypadku zup czy dań jednogarnkowych można dodać do jednej czwartej łyżeczki (nie wpłynie to na smak, ale nada potrawie piękny pomarańczowożółty odcień).

Lubczyk

Zawiera cenne olejki eteryczne i związki regulujące procesy zachodzące wewnątrz komórek, a poza tym polifenole o działaniu przeciwulteniającym. Lubczyk dobrze wpływa na nerki i ma działanie rozkurczowe. Wspomaga pracę układu pokarmowego i przeciwdziała niestrawności. Wykazuje też działanie przeciwzapalne, przeciwgrzybicze. Łagodzi bóle miesiączkowe, wspomaga układ krążenia i działa rozgrzewająco. Gałązki lubczyku są bardzo aromatyczne. W kuchni polecam stosowanie ich głównie do zup. Lubczyk nadaje zupie bardzo przyjemny aromat o lekko selerowym posmaku.

Majeranek

W majeranku, oprócz olejków eterycznych, znajdziemy wapń, żelazo, potas, magnez, fosfor, witaminę C i A. Majeranek wspomaga trawienie i niweluje dolegliwości ze strony układu pokarmowego. Przeciwdziała stanom zapalnym, infekcjom i przeziębieniom. Wpływa na regulację cyklu miesiączkowego. Łagodzi bóle mięśni i działa uspokajająco. W kuchni ma szerokie zastosowanie. Może być dodawany do sosów, sałatek, potraw na bazie pomidorów, roślin strączkowych, dań rybnych, no i oczywiście do zup.

Mięta

Zawiera olejki eteryczne oraz przeciwutleniacze (flawonoidy). Wspaniale wpływa na układ pokarmowy, wspomaga trawienie i pracę wątroby. Działa przeciwbakteryjnie, przeciwwirusowo, wzmacniająco i rozkurczowo. Wspomaga krążenie. Przeciwdziała niestrawności oraz mdłościom. Łagodzi przeziębienia, infekcje, bóle i stany zapalne. Dobrze wpływa na układ nerwowy – relaksuje, przeciwdziała uczuciu napięcia i nerwowości. Korzystnie wpływa na sen.

Jest to jedyne zioło, którego raczej nie mieszam z innymi (chyba że w letnim napoju ziołowym z melisą). Mięty podobno nie powinno się używać w połączeniu z estragonem, rozmarynem oraz szałwią. Smak mięty jest bardzo intensywny i w moim odczuciu nie komponowałby się zbyt dobrze z mieszanką innych smaków. Możemy na bazie mięty zrobić sos lub dressing, zwłaszcza z dodatkiem jogurtu. Wystarczy wymieszać jogurt naturalny z roztartą suszoną miętą, doprawić solą, pieprzem i sokiem z cytryny. Sos idealnie pasuje do dań z grilla i pieczonych. Gałązka mięty dodana podczas gotowania warzyw takich jak ziemniaki lub marchew dobrze wpływa na ich smak. Mięta komponuje się także z rybami, fasolą i pomidorami. Oczywiście niezastąpiona jest do letniej, orzeźwiającej lemoniady.

Oregano

Zawiera olejki eteryczne, witaminę C, związki będące przeciwutleniaczami oraz związki uczestniczące w procesach wewnątrzkomórkowych i inne. Wspomaga żołądek, jelita, wątrobę i układ oddechowy. Odtruwa organizm. Łagodzi ból gardła, stany zapalne migdałków i oskrzeli oraz gorączkę. Działa przeciwbakteryjnie i przeciwgrzybiczo. Walory smakowe i aromatyczne oregano komponują się z potrawami warzywnymi, pomidorami, włoskimi sosami na bazie oliwy z oliwek.

Pieprz

Pieprz zawiera olejki eteryczne oraz alkaloid nadający mu piekący, ostry smak. Wzmacnia organizm. Pobudza przemianę materii i korzystnie wpływa na trawienie (zwłaszcza białek). Pomaga przy zaparciach i zgadze. Przeciwdziała rozwojowi szkodliwych bakterii.

Pieprz występuje w różnych postaciach (czarny, biały, zielony, czerwony). Najlepiej kupować go w ziarenkach i mielić lub miażdżyć w moździerzu tuż przed spożyciem. Całe ziarna dodajemy do gotowanych potraw, natomiast mielonych bądź rozkruszonych używamy na końcu gotowania.

Rozmaryn

Rozmaryn zawiera cenne olejki eteryczne, flawonoidy, substancje gorzkie i garbniki. Dobrze wpływa na układ nerwowy oraz poprawia krążenie krwi. Pobudza wydzielanie soków żołądkowych, przeciwdziała wzdęciom i ułatwia trawienie (zwłaszcza tłuszczów). Wykazuje działanie antyseptyczne. Korzystnie wpływa na przemianę materii. Działa wzmacniająco na osłabiony organizm. Pobudza i podnosi ciśnienie krwi (uwaga kobiety w ciąży i osoby z nadciśnieniem).

Doskonale nadaje się do potraw pieczonych. Długie pieczenie podnosi jego walory odżywcze. Jeśli zależy nam na większym aromacie rozmarynu (osobiście go uwielbiam), wtedy 20 minut przed zakończeniem pieczenia możemy dorzucić do potrawy jeszcze jedną świeżą gałązkę. Rozmaryn najlepiej stosować wyłącznie w wersji świeżej (nie suszony). Można go kupić w doniczce. Jest bardzo trwały i wystarczy na długo.

Szałwia

Zawiera olejki eteryczne, garbniki, substancje gorzkie, flawonoidy. Szałwia wzmacnia układ odpornościowy. Chroni przed wirusami i działa przeciwbakteryjnie. Pobudza trawienie i przemianę materii. Wspomaga trawienie tłuszczów. Niweluje nadmierną potliwość. Poza tym ma działanie ściągające i przeciwskurczowe. Oczyszcza żołądek i jelita. Jest cenna przy stanach zapalnych gardła i łagodzi podrażnienia śluzówki. Korzystnie wpływa na infekcje górnych dróg oddechowych, astmę, infekcje oskrzeli, cukrzycę oraz łagodzi bóle głowy. Działa jak antybiotyk.

Dobrze znosi wysoką temperaturę, dlatego można ją wykorzystywać do gotowania i pieczenia, co nawet poprawia jej przyswajalność i smak. Szałwia doskonale nadaje się do pasztetów i pieczonych mięs (kaczki, indyka, dziczyzny). Szczyptę suszonej możemy dodawać do zup. Szałwia dobrze komponuje się z majerankiem, natką, bazylią i oregano, dlatego do potraw, które doprawiamy tymi ziołami, możemy też dodawać szczyptę szałwii.

Tymianek

Tymianek, podobnie jak inne zioła, zawiera olejki eteryczne. Poza tym flawonoidy, garbniki i substancje gorzkie. Wykazuje działanie przeciwbakteryjne i lecznicze. Przeciwdziała powstawaniu pleśni oraz gniciu. Ma właściwości antyseptyczne. Poza tym rozgrzewa, działa rozkurczowo i rozpuszcza śluz. Pobudza wydzielanie soków żołądkowych, wzmacnia żołądek i jelita. Poprawia ukrwienie skóry. Występuje w różnych odmianach, a jego aromat i szczególne walory uwalniają się pod wpływem gotowania. Do gotowania możemy używać całych gałązek lub tymianku suszonego. Niewielką ilość tymianku dodaję prawie do wszystkich zup oraz innych dań gotowanych bądź pieczonych.

Sól morska

Sól morska zawiera minerały – magnez, potas, wapń, brom. Oczywiście w soli znajduje się sód, ważny w utrzymaniu zasadowego odczynu ciała.

Sól morska korzystnie wpływa na równowagę kwasowo-zasadową (alkalizuje krew) i wspomaga przemianę materii. Krew i inne płyny są słone, a komórki zanurzone są w słonej wodzie. Sól morska reguluje gospodarkę wodną organizmu, wpływa na uczucie pragnienia, steruje produkcją moczu w nerkach. Poza tym jest ważna dla układu hormonalnego, nerwowego i funkcjonowania mięśni. Jest więc dla nas niezbędna, należy tylko zwrócić uwagę na ilość spożywanej soli oraz jej jakość.

Do stosowania soli nie trzeba zachęcać, bo każdy z nas używa jej na co dzień. Warto natomiast wspomnieć, że najlepiej kupować sól morską lub także bogatą w minerały sól himalajską. W gotowych produktach przetworzonych znajduje się zwykła sól stołowa (biała, rafinowana), którą trzeba z odżywiania wyeliminować całkowicie. Jest ona bezwartościowa i zakwasza organizm. Dzienne spożycie powinno wynosić ok. 3–4 g (do pół łyżeczki) i zdecydowanie nie więcej niż 8 g. Na sól muszą uważać osoby z nadciśnieniem. Sól konserwuje żywność. Możemy wykorzystać ją więc do zakonserwowania przecierów pomidorowych, warzywnych, koncentratów, bulionów warzywnych itp.

✓ RADY PRAKTYCZNE

➲ Wyeliminujmy produkty nienaturalne i przetworzone (ich listę podawałam w rozdziale „ELIMINUJEMY – to podstawa wszystkiego").

➲ W naszej kuchni korzystajmy przede wszystkim z produktów z listy zakupów podstawowych (ze szczególnym uwzględnieniem topowych produktów), a uzupełniająco z artykułów umieszczonych na liście produktów uzupełniających.

➲ Dbajmy o obecność zielonych warzyw w codziennym odżywianiu (w koktajlach lub sałatkach).

➲ Starajmy się do każdego posiłku komponować sałatkę ze świeżych, sezonowo dostępnych warzyw.

➲ Zboża, ziarna, pestki moczmy przed jedzeniem. Zwiększa się wtedy biodostępność składników i są łatwiej strawne. Zamiast moczyć możemy je również prażyć.

➲ Używajmy w kuchni ziół i przypraw (do wszystkich potraw).

➲ Stosujmy w kuchni zasadę 70/30 (80/20). Czyli produkty z listy podstawowych oznaczone czterema, trzema, dwiema gwiazdkami (alkalizujące) powinny stanowić 70–80 procent naszych posiłków. Produkty z jedną gwiazdką na liście podstawowych i wszystkie z listy uzupełniających nie powinny przekraczać 20–30 procent. Przy czym te oznaczone jedną gwiazdką z listy podstawowej powinny mieć pierwszeństwo przed produktami z listy uzupełniającej.

SUPLEMENTY DIETY

Suplement może być tylko suplementem, czyli inaczej dodatkiem. Opowiadano mi niedawno o osobie, która intensywnie się odchudza i jest na diecie wysokobiałkowej. Aby przeciwdziałać zakwaszeniu organizmu (bo dieta białkowa powoduje kumulację wielu kwasów), zażywa jakieś odkwaszające pigułki. Duży błąd i prosta droga do rujnowania zdrowia i urody. Nie sądzę, by to się dobrze skończyło. A na pewno nie z korzyścią dla samopoczucia i zdrowia. Poznałam też osoby, które przyjmują garść pigułek „profilaktycznie". To także błąd. Nasze zdrowie i dobre samopoczucie zależą od uwolnienia się od chemii, a nie jej dodatkowego przyjmowania w obiecujących cuda pigułkach. Cudownych preparatów nie ma, choć są suplementy, które bardzo wspomagają utrzymanie ciała w najwyższej formie. Jednak bez zmian w stylu życia suplement nie naprawi tego, co popsuliśmy, i nie wyrówna niedoborów. Jedzenie i zdrowy styl życia są podstawą, a suplementy diety wyłącznie uzupełnieniem.

Produkowane na wszelkie dolegliwości preparaty nie dadzą nam tego, co może nam dać naturalna żywność, w której znajdziemy wszystko, czego potrzebuje nasz organizm. Złudne jest myślenie, że dbamy o siebie, jeśli dbanie to ogranicza się głównie do przyjmowania suplementów. Nasze ciało wyposażone jest w cały system trawienny i przystosowane do czerpania wartości odżywczych z żywności, a nie sztucznie wytworzonych pigułek. Oczywiście korzystam z pewnych suplementów i uważam wręcz, że bywają nieodzowne. Często trudno jest zapewnić sobie wszystko, czego ciało potrzebuje w wystarczającej ilości i wprost z natury. Nie unikniemy środowiska, w jakim żyjemy. Nie mamy również pewności, jakiej jakości żywność kupujemy. Zwykle nie zawiera ona tylu witamin i minerałów, ile zawierałaby wyhodowana na naturalnie nawożonej glebie. Niedobory potrzebnych nam składników stały się normą. A skutki sami widzimy wokół siebie. Czytamy o nich w statystykach i częstokroć odczuwamy na sobie. Jeśli dodamy do tego stres, pośpiech, w jakim żyjemy, zatrucie środowiska, okaże się, że suplementacja staje się niezbędnym elementem zdrowego stylu życia dla większości z nas. Niektóre niedobory wynikają również z niedostatecznej ilości słońca, konieczne jest więc uzupełnienie witaminy D. Czasami zatem warto, a czasami nawet trzeba wspomóc się suplementami. Zażywanie dobrej jakości suplementów jest dość szybko odczuwalne. Może przynieść wzrost energii, odporności, wydolności umysłowej, przywrócić uczucie wewnętrznego spokoju. Wspomóc działanie układu pokarmowego, zwiększyć wydolność, uregulować dobowy rytm funkcjonowania, zniwelować różnorodne dolegliwości itd., itp.

Jednak sięganie po multiwitaminę albo inne chemiczne środki jest stratą pieniędzy i narażaniem zdrowia. Ich zażywanie nie przyniesie spodziewanego efektu, lecz jedynie zanieczyści dodatkowo nasze ciało. Jeśli w ogóle decydujemy się na przyjmowanie suplementów, to muszą być one wysokiej jakości, najlepiej naturalne. Dawno temu często kupowałam multiwitaminę. Nie mogę jednak powiedzieć, by przyniosło to jakiekolwiek efekty. Jak już wiecie, czułam się źle lub bardzo źle, a różnorodne dolegliwości tylko się pogłębiały. Obecnie mamy na rynku duży wybór suplementów. Także takich, które pochodzą z natury, a nie z laboratoriów chemicznych.

Poniżej prezentuję zestaw, który traktuję jako podstawowy. Czasem potrzebujemy uzupełnienia diety, np. przy intensywnym uprawianiu sportów, w ciąży, na diecie wegańskiej, w stanach szczególnych, jak anemia czy inne choroby. Ale o tym zwykle decyduje lekarz. Zazwyczaj czasowe uzupełnianie odżywiania wymienionymi poniżej suplementami powinno wystarczyć.

ZIELONE PROSZKI

Gdybym mogła wybrać wyłącznie jeden suplement, wybrałabym właśnie zielone proszki wytwarzane z traw, warzyw, kiełków, ziół, liści roślin. Zawierają one cenny chlorofil. Dostarczają minerałów, witamin, flawonoidów i aminokwasów. Postać takich suplementów powoduje, że są one niezwykle łatwo przyswajalne przez organizm. Nie zawierają też dodatków chemicznych.

Oczyszczają organizm z toksyn, budują krew, alkalizują, wspomagają utratę wagi, chronią przed grzybami i pasożytami. Dodają energii, odmładzają ciało i narządy wewnętrzne, zasilają nasze komórki w niezbędnymi składnikami odżywczymi, oczyszczają krew, wspomagają odnowę tkanek. Dodatkowo wspomagają gospodarkę wodną organizmu i odpowiednie nawodnienie ciała, wzmacniają odporność, dotleniają, oczyszczają jelita i przewód pokarmowy oraz wspomagają usuwanie metali ciężkich z organizmu.

WITAMINA D_3 plus WITAMINA K_2 (MK_7)

Większość z nas ma poważne niedobory witaminy D_3. Choć długie przebywanie na słońcu nie jest wskazane, to jego codzienna dawka, przez kilkanaście minut w godzinach południowych, jest niezbędna właśnie z uwagi na witaminę D_3. Do wytworzenia witaminy D_3 potrzebna jest 15-minutowa ekspozycja na słońce odkrytych i niezabezpieczonych kremem z filtrem części ciała oraz bez okularów przeciwsłonecznych z filtrem UV. Najlepiej pomiędzy 11 a 15 od kwietnia do września.

W pozostałych miesiącach (październik–marzec) niezbędna staje się suplementacja, chyba że poziom witaminy D jest optymalny, co jednak rzadko się zdarza. Rola słońca jest nieoceniona, bo nie jest łatwo pozyskać odpowiednią ilość witaminy D_3 z pożywienia. Głównym jej źródłem są tłuste ryby, nabiał, jajka, krewetki.

Najczęściej słyszymy wskazania dotyczące ochrony przed promieniami słonecznymi. Mówi się o ich szkodliwości oraz zagrożeniach dla skóry. Powszechnie zalecane jest stosowanie kremów z filtrami. Tymczasem słońce jest najważniejszym źródłem witaminy D_3. Niedobór witaminy D_3 niesie za sobą poważne konsekwencje. Warto więc sprawdzić, jaki jest poziom witaminy D_3 w naszym krwiobiegu, by cieszyć się dobrym samopoczuciem fizycznym, dobrą kondycją psychiczną, właściwą wagą ciała, zdrowiem i sprawnie działającym układem odpornościowym. Aby sprawdzić jej poziom, trzeba przy badaniu krwi zmierzyć wartość określaną 25(OH). To badanie najlepiej traktować jako podstawowe i wykonywać przynajmniej raz w roku. Dobrze jest to zrobić pod koniec lata, by stwierdzić, z jakiego poziomu startujemy. Jest dobrze, jeśli wartość stężenia przekracza 50 ng/ml.

Witamina D jest również niezbędna do prawidłowego przyswajania wapnia. By trafiał on tam, gdzie jest nam potrzebny (zęby, kości), konieczna jest też witamina K_2, a konkretnie MK_7. W przeciwnym wypadku może on trafić w miejsca, gdzie mógłby nam szkodzić, powodując zwapnienie tkanek. Witamina D przeciwdziała depresji. Ponadto zapobiega infekcjom, poprawia pamięć i koncentrację, pozytywnie wpływa na dobry sen, niweluje dolegliwości związane z przewlekłym zmęczeniem. Ma też ogromne znaczenie w profilaktyce i leczeniu wielu chorób, np. cukrzycy, alergii, nowotworów, chorób układu krążenia, układu pokarmowego i nerwowego, schorzeń tarczycy i stawów.

Dbałość o równowagę kwasowo-zasadową organizmu, prawidłową florę bakteryjną jelit pozwala na pełne oddziaływanie witaminy D_3 w naszym organizmie. Jeśli mamy niedobory, to nie warto wydawać pieniędzy na suplementy zawierające 200 jednostek międzynarodowych IU. Taki poziom w Polsce jest uznany za RDA, czyli dzienna zalecana dawka. Tyle że ta liczba jednostek RDA nie będzie skuteczna w uzupełnianiu niedoborów. Na rynku są suplementy zawierające 1000 lub 2000 IU w jednej kapsułce i z takich sama korzystam.

WITAMINA C

Jej zasoby są bardzo szybko zużywane, zwłaszcza kiedy coś złego się dzieje z organizmem. Poza tym witamina C rozpuszcza się w wodzie i jest wydalana z moczem. Dlatego oprócz wykorzystywania naturalnych jej źródeł (warzywa, owoce) warto pamiętać o niej szczególnie poza sezonem warzywno-owocowym. Witamina C przyczynia się do usuwania metali ciężkich z organizmu, których, jak wiemy, niełatwo się pozbyć. Jest jednym z najsilniejszych przeciwutleniaczy, skutecznie zwalczającym wolne rodniki. Wzmacnia układ odpornościowy i ma działanie przeciwzapalne. Odmładza (jej właściwości często są wykorzystywane w kosmetyce i zabiegach kosmetycznych). Wspomaga prawidłowe działanie układu krążenia. Wpływa na elastyczność stawów, ma udział w procesie tworzenia kolagenu, uczestniczy w wytwarzaniu czerwonych krwinek. Wzmacnia i uszczelnia naczynia krwionośne, przeciwdziałając powstawaniu siniaków i krwawieniu dziąseł. Wspomaga leczenie miażdżycy oraz przeciwdziała jej powstawaniu. Normalizuje ciśnienie tętnicze, stanowi naturalną ochronę przed promieniami UV i jest niezastąpiona w profilaktyce osteoporozy i nowotworów. Wspomaga także niszczenie komórek nowotworowych i jest wykorzystywana w terapiach leczenia raka.

Warto zaopatrzyć się w kwas L-askorbinowy i dodawać go do przetworów (przeciery pomidorowe, powidła) lub soków i koktajli, kiedy robimy zapasy. Konserwuje, a jednocześnie może być sposobem na dostarczenie dodatkowej dawki witaminy C.

Witaminy C potrzebujemy przy infekcjach i stanach zapalnych. W takich przypadkach witaminę C powinno się podawać często (co godzinę) i można to robić, aż nie pojawią się pierwsze oznaki rozluźnienia stolca.

MAGNEZ

Badania pokazują, że prawie każdy z nas ma niedobory magnezu, mimo że znajduje się on w wielu zdrowych produktach spożywczych. Zapotrzebowanie na magnez znacznie wzrasta podczas intensywnego wysiłku fizycznego lub psychicznego, w okresie stresu i różnego typu problemów (dotyczy wielu osób), w czasie ciąży i karmienia piersią, podczas odchudzania, w wieku dojrzałym (przyswajanie magnezu spada), kiedy pijemy kawę, herbatę, przy intensywnym poceniu się, przy biegunkach, u chorych na cukrzycę, u osób przyjmujących odwadniające leki przy nadciśnieniu, przy szybkim tempie życia, przy przyjmowaniu środków antykoncepcyjnych (dotyczy wielu kobiet). Na niedobory magnezu wpływa też skażenie środowiska (chodzi głównie o ołów, którego wysoki poziom w organizmie wpływa na spadek poziomu magnezu) – dotyczy nas wszystkich.

Kiedy brakuje magnezu, spada sprawność umysłowa i wydolność fizyczna. Pojawiają się drażliwość, skurcze mięśni, drżenie powiek, mrowienie kończyn. Możemy źle sypiać, czuć niepokój, pobudzenie, nadpobudliwość, obniżenie nastroju, niemiarowe bicie serca, przedłużające się zmęczenie i kłopoty z pamięcią oraz koncentracją. Kobiety mogą mieć zaburzenia miesiączkowania, zespół napięcia przedmiesiączkowego i zwiększone dolegliwości związane z menopauzą. Słabną paznokcie i włosy.

Magnez jest niezbędny w procesach życiowych komórek (aktywuje ponad 300 enzymów). Działa przeciwstresowo, podnosi nastrój, zwiększa witalność, wspomaga dobry sen, regeneruje komórki, chroni serce i układ naczyniowy, jest ważny dla zdrowych kości i zębów, poprawia pamięć i koncentrację, przeciwdziała przewlekłemu zmęczeniu i nadpobudliwości, umożliwia wchłanianie wapnia, reguluje ciśnienie krwi, działa przeciwzapalnie i odmładza. Niweluje arytmię serca, ma działanie uspokajające i odprężające. Jest niezbędny w syntezie kwasów tłuszczowych.

Suplementy magnezu są dostępne w różnej postaci, m.in. w kapsułkach. Dobrą opcją jest stosowanie go w formie chlorku magnezu. W tej postaci możemy go używać do moczenia nóg albo samodzielnie rozrobiony z wodą jako dezodorant. Taka mikstura, zwana olejkiem magnezowym lub oliwą magnezową – nieco mylnie, bo zupełnie nie jest tłusta – jest też dostępna w internecie.

POZOSTAŁE CZYNNIKI WAŻNE DLA UTRZYMANIA ŚWIETNEJ FORMY

Nawyki a odżywianie

To, że w tej książce taki nacisk kładę na odżywianie, a dokładniej na dbałość o zachowanie równowagi kwasowo-zasadowej organizmu, ma dwie przyczyny.

Pierwszą jest to, że właściwe odżywianie leży u podstaw dobrego samopoczucia, zdrowia i urody. Nie ma nic ważniejszego, co możemy zrobić dla swojego ciała, niż dobrze się odżywiać. To z jedzenia pochodzą energia, siły witalne, zdrowie komórek. Nie ma efektywnego zdrowienia bez zmiany nawyków żywieniowych. Kto ma nadwagę, nie zgubi kilogramów, jeśli nie zmieni sposobu odżywiania. Lekceważąc ten aspekt, nie będziemy się cieszyć świetną formą ani też optymalną pracą mózgu, dobrym, stabilnym nastrojem, spokojnym snem itd. Nawet jeśli (jeszcze) dobrze się czujemy, bo od urodzenia dopisuje nam zdrowie, to lepsze odżywianie sprawi, że będziemy się czuli jeszcze lepiej. Bo zawsze może być lepiej.

Drugą przyczyną jest to, że naturalne odżywianie, zgodnie z zasadą 70/30 (80/20), powoduje, że w sposób naturalny zaczynamy wprowadzać w stylu życia także inne zmiany. Samo z siebie dobre jedzenie przynosi poprawę snu, większą ochotę na ruch. Więc tym samym inne ważne kwestie alkalicznego stylu życia

Wszystko, co nie jest świadomym poświęcaniem się rzeczom ważnym, jest nieświadomym poświęcaniem się rzeczom nieważnym.
Stephen R. Covey

samoczynnie ulegają poprawie jako następstwo zmian w jedzeniu. Dbałość o odżywianie niezwykle szybko przynosi efekty. Nasze samopoczucie poprawia się dosłownie z dnia na dzień. Chce nam się jeszcze bardziej zadbać o siebie. Jedna dobra zmiana (w zakresie pożądanego nawyku) często pociąga za sobą kolejne korzystne dla nas zmiany. Wysiłek włożony w przemodelowanie nawyków żywieniowych da nam więc dodatkowe korzyści. Może to będzie początek zmiany jakości naszego życia w ogóle.

Uczymy się wyborów, które nam służą. Uczymy się, że w ogóle wybór jest bardzo ważny i całkowicie zależny od nas samych. Zyskujemy motywację. Pewnie nie zainteresowałabym się tak głęboko znaczeniem jedzenia, gdybym nie doświadczyła spektakularnych efektów jego wpływu na mój organizm. Gdyby efekty miały się pojawiać po roku, znacznie wcześniej stwierdziłabym, że to nie działa. Na szczęście pojawiają się one niemalże natychmiast.

Mam przyjaciela, który bardzo interesuje się tym, co zdrowe, co niezdrowe. Czyta i próbuje różnych rzeczy. To niesamowite, jak po nim szybko widać efekty oczyszczania. Kilka dni detoksu na sokach warzywnych i od razu zupełnie inny wygląd. Nie wspominając o samopoczuciu.

Kiedy zaczynamy czuć się tak dobrze jak nigdy dotąd, zwraca to nie tylko naszą uwagę. Słyszane od innych komplementy

Jesteśmy tym, co w swoim życiu powtarzamy. Doskonałość nie jest jednorazowym aktem, lecz nawykiem.
Arystoteles

jeszcze bardziej wzmacniają motywację. Sami mamy ochotę zrobić więcej. Często po zmianie nawyków żywieniowych wpadamy na pomysł, by zacząć ćwiczyć. Aby mieć czas na ćwiczenia, rezygnujemy z czasu poświęconego na oglądanie telewizji. Nie oglądając dużo telewizji (a czasem w ogóle, jak ja), zaczynamy jeszcze lepiej spać. Dobrze śpiąc, jesteśmy bardziej przyjaźni dla ludzi, efektywniejsi w pracy, lepiej możemy zadbać o rodzinę. Dostrzegamy, co nam służy, a co nie, i zaczynamy poświęcać swój czas temu, co ważne. Wypoczęci, zadbani mamy lepszy nastrój, co przekłada się na relacje z bliskimi. Nabieramy dystansu do problemów. Kiedy czujemy się znacznie lepiej, a potem obserwujemy, jak samopoczucie jest niszczone przez stres, szukamy sposobu, by sobie z nim radzić. Poprawa wyglądu, kondycji, koncentracji powodują, że zaczynamy nabierać przekonania, że można. Umacnia się nasze poczucie własnej wartości. Osiągane efekty mobilizują nas do przekształcania kolejnych starych wzorców zachowań na nowe.

Gdyby więc wdrażanie wszystkiego naraz od początku (czynniki opisane w dalszej części tego rozdziału, jak odpowiednie nawadnianie, umiarkowanie intensywne uprawianie sportu, zadbanie przez dodatkowe działania o dobry sen, ruch na świeżym powietrzu, dbanie o kąpiele słoneczne, zmiany w sposobie myślenia i podejścia do problemów, radzenie sobie ze stresem) okazało się zbyt trudne, skomplikowane, ponad nasze siły, dajmy sobie czas. Nie stresujmy

się tym, że o coś jeszcze nie umiemy zadbać. Skupmy się na wdrożeniu wskazówek opisanych w tej książce dotyczących choćby samego jedzenia i poczekajmy na moment, gdy zachce się nam zrobić coś więcej. Taki moment przyjdzie!

Kiedyś moja córka pokazała mi grę komputerową. Gra była jak emocjonujący przygodowy film, bo ja byłam jej bohaterką i musiałam się poruszać w wirtualnym świecie, reagować na zaskakujące wydarzenia, pokonywać kolejne przeszkody. Do tego piękne widoki. Wciągnęłam się i nim się obejrzałam, minęły trzy godziny. To był pierwszy i ostatni raz. Nie chcę tracić swojego życia przed komputerem. To właśnie w taki sposób dokonujemy wyborów, z czegoś rezygnujemy na korzyść czegoś innego. Wybór zdrowego stylu odżywiania, czas poświęcony na naukę (jeśli brakuje nam początkowo pomysłów), na planowe zakupy jest dobrą inwestycją.

Pozostałe składniki alkalicznego stylu życia

SEN

Po źle przespanej nocy czuję się rozbita. Nie pracuję efektywnie, mam obniżoną koncentrację, trudno mi się wziąć do kolejnego zadania. Być może niektórzy z nas tak się przyzwyczaili do zarwanych nocy, że nie zwracają już na to uwagi. Nie mają porównania, jak to jest, kiedy się jest naprawdę wyspanym – nie od przypadku do przypadku, ale każdej nocy.

Kiedy nie mamy możliwości budzenia się rano bez budzika (a większość osób takiej nie ma z powodu pracy, dzieci, innych obowiązków), jedyną alternatywą jest dostosowanie godziny zasypiania tak, byśmy mieli sposobność przespania odpowiedniej liczby godzin. Są osoby, którym wystarcza sześć godzin, a są takie, które potrzebują dziewięciu. Jak się dowiedzieć, ile godzin snu potrzebuje nasz organizm do optymalnej regeneracji i wypoczynku? Najlepiej to sprawdzić w dniach, które są „normalne" pod względem obowiązków (czyli nieprzeładowane dodatkową pracą) i nie są takimi, w których odsypiamy poprzednią zarwaną lub źle przespaną noc czy też długą podróż oraz gdy możemy spać do obudzenia się bez budzika. Warto też poeksperymentować, kładąc się wieczorem wcześniej i później (byleby nie po północy, bo jest dowiedzione, że najlepsze godziny snu to te przed północą). Dla większości osób godziny pomiędzy 21 a 23 są najlepszym czasem, by pójść do łóżka. Możemy więc sprawdzić, jak się czujemy, gdy położymy się o 21, 22 lub 23. Sprawdźmy i znajdźmy tę najlepszą godzinę wieczorem, by potem do niej dostosować nasze wieczorne życie.

Często bezsenność wiąże się z problemami w naszym życiu (zdrowotnymi bądź związanymi z emocjami lub stresem). Paradoksalnie nie jest to mechanizm obronny i regulujący, bo niedobór snu wyłącznie pogłębia te problemy. Między innymi dlatego niedosypianie jest wymieniane wśród trzech najważniejszych przyczyn, jakie trzeba wyeliminować, by osiągnąć optymalny stan organizmu. Chodzi przecież nie tylko o zmęczenie, lecz także o sprawność umysłową, lepsze radzenie sobie z problemami, mniejsze narażenie na popełnianie pomyłek w pracy, większą sprawność seksualną itd., itp.

Wystarczająca i optymalna do regeneracji organizmu ilość snu przynosi wiele korzyści:

- wzmacnia układ odpornościowy
- niweluje stres lub powoduje, że lepiej sobie z nim radzimy (samo niedosypianie jest czynnikiem wyzwalającym stres)

- spowalnia procesy starzenia się
- ma ogromny wpływ na wagę (niedosypianie sprzyja tyciu)
- regeneruje naszą skórę, dodaje jej blasku, zmniejsza występowanie zmarszczek, przez co cera wygląda młodziej
- poprawia koncentrację i pamięć
- wzmacnia uważność, dzięki czemu popełniamy mniej błędów, nie marnujemy czasu, bo zapomnieliśmy, gdzie coś położyliśmy, jesteśmy bardziej wydajni w pracy, nie komplikujemy sobie życia, bo zapomnieliśmy o czymś ważnym
- wpływa na dobry nastrój i przeciwdziała depresji
- wpływa na regenerację komórek
- podnosi libido
- usprawnia oczyszczanie organizmu z toksyn.

Jeśli mamy problemy z zasypianiem, warto zastosować się do poniższych wskazań, które sprzyjają odzyskaniu głębokiego, zdrowego snu.

1. Nie oglądajmy godzinę przed pójściem do łóżka programów informacyjnych, a najlepiej w ogóle telewizji (dotyczy to także przeglądania internetu). Telewizor w sypialni nie jest dobrym pomysłem. Obraz emitowany z telewizora pobudza nasz mózg do aktywności i negatywnie wpływa na pracę szyszynki, która kieruje naszym zegarem biologicznym.

2. Dbajmy, by w pomieszczeniu, w którym zasypiamy, było ciemno. Światło zaburza wytwarzanie i pracę hormonów snu.

3. Dbajmy o to, by w sypialni było świeżo i rześko. Optymalna temperatura to 16–19°C; pomieszczenia przegrzane lub zbyt zimne nie sprzyjają zaśnięciu.

4. Zadbajmy o ciepło stóp. Zimne stopy powodują trudności z zaśnięciem i sprzyjają budzeniu się w nocy. Jeśli jest taka potrzeba, możemy skorzystać z miękkich, bawełnianych, nieobciskających skarpetek.

5. Nie trzymajmy w sypialni urządzeń elektronicznych, które mają świecące diody (jeszcze gorzej, kiedy te diody migają) lub wydają dźwięki.

6. Niech łóżko służy wyłącznie do spania i relaksu, a nie oglądania telewizji, przeglądania internetu czy jeszcze gorzej – pracy.

7. Nie jedzmy przed snem słodyczy i produktów z cukrem (dotyczy to także owoców, soków owocowych). Zaburza to metabolizm, pobudza organizm i pracę układu hormonalnego.

8. W kolacji uwzględnijmy tryptofan – aminokwas, którego źródłem w pożywieniu są np. ryby, soja, pestki dyni i słonecznika, sezam, jajka, nabiał, mięso. Tryptofan pobudza wydzielanie hormonów wpływających na dobry sen: melatoniny – regulującej rytm dobowy snu, i serotoniny – działającej korzystnie na system nerwowy.

9. Ostatni posiłek jedzmy najpóźniej do godziny 19.00–20.00.

10. Nie pijmy przed samym snem, bo będziemy zmuszeni do skorzystania w nocy z łazienki.

11. Nie uprawiajmy przed snem czy późnym wieczorem (po godzinie 19.00) sportów intensywnie pobudzających ciało. Odpowiedni jest spacer lub relaksujące ćwiczenia jogi.

12. Starajmy się kłaść codziennie o tej samej porze, co wyreguluje nasz rytm dobowy.

13. Nie odsypiajmy w ciągu dnia, szczególnie po godzinie 16. W ciągu dnia możemy jedynie skorzystać z 15–20-minutowej drzemki (o ile czujemy taką potrzebę i mamy ku temu sposobność). Dłuższe spanie lub zasypianie po godzinie 16.00

zakłóci głęboki sen nocą oraz naturalny rytm naszego funkcjonowania.

14. Wykorzystajmy na zaśnięcie najlepszy moment. Jeśli go przegapimy, to następny może się pojawić dopiero 1,5–2 godziny później. Takie są fazy pracy naszego mózgu nocą i według naukowców na początku każdej z nich pojawia się najlepszy moment na zaśnięcie. Zresztą pewnie niejednokrotnie tego doświadczyliście. Czujemy senność, ziewamy, czujemy, że w kilka chwil możemy zasnąć, ale zamiast się położyć, zaczynamy jeszcze coś robić i potem się okazuje, że albo senność minęła, albo kładąc się pół godziny później, nie możemy zasnąć. Jeśli sen nie nadchodzi, nie warto leżeć w łóżku dłużej niż pół godziny, bo istnieje duże prawdopodobieństwo, że w ciągu najbliższej godziny, dwóch nie zaśniemy. A czasem możemy się wiercić przez pół nocy, bo dochodzą złość i frustracja związane z tym, że nie udaje nam się zasnąć. Zwłaszcza gdy następnego dnia musimy wcześniej wstać, a jeszcze bardziej, gdy mamy tego dnia coś ważnego do zrobienia. Lepiej wówczas wstać, poczytać książkę, zrobić coś, co nas relaksuje, a do łóżka wrócić, kiedy znów poczujemy się senni.

15. Nie przejmujmy się tym, że mamy kłopoty z zasypianiem. Zamiast się martwić, zweryfikujmy nasz styl życia, nawyki, przyjrzyjmy się temu, co możemy zmienić, by odzyskać dobry sen.

16. Nie pijmy przed snem alkoholu. Pomocne działanie alkoholu jest pozorne, mimo że alkohol usypia, to wpływa też na pogorszenie jakości snu w drugiej części nocy. Sen nie jest głęboki i budzimy się nie wypoczęci, lecz zmęczeni.

WODA

Nawadnianie organizmu to jeden z najważniejszych warunków zachowania zdrowia, urody, młodości, szczupłej sylwetki i energii. Gdybyśmy pokusili się o eksperyment i przez kilka dni pili wystarczającą ilość dobrej jakości wody, odczulibyśmy zdecydowaną poprawę samopoczucia. Zobaczylibyśmy ją także w lustrze. Warto spróbować. Wydajemy wiele pieniędzy na poprawianie urody i samopoczucia. Tymczasem bardzo prosty i niezwykle skuteczny środek jest dostępny od zaraz i dla każdego. WODA. Bezcenna.

Wiem, że nawet osoby, które dbają o siebie, nie zawsze piją dostatecznie dużo. Jest jeden sposób, by pić więcej wody. Sprawdziłam go na sobie, a jego skuteczność potwierdziło wiele innych osób. Wodę trzeba mieć pod ręką. Nosić w torebce, wozić w samochodzie, trzymać butelkę/termos na biurku, przy którym pracujemy. Pomaga również nawyk picia wody z rana i przed każdym posiłkiem. W normalnych warunkach potrzebujemy około 1,5–2 litrów wody dziennie. Jeśli jemy więcej pokarmów stałych danego dnia, zapotrzebowanie na wodę wzrasta. Jest ono uzależnione także od pocenia się, wydalania moczu, tego, jakie płyny pijemy i jak na nie reaguje nasze ciało, jak aktywni fizycznie jesteśmy, jaka jest pogoda, czyli od indywidualnych warunków i okoliczności, mogących się zmieniać każdego dnia. Pijmy więc wtedy, kiedy odczuwamy pragnienie.

Jak stwierdzić, czy pijemy wystarczająco dużo?

Jeśli jesteśmy przeciętnie zdrowi, to prostą oznaką tego, czy pijemy wystarczająco dużo, jest wygląd moczu. Powinien mieć jasny, słomkowy kolor i być bezzapachowy. Im bardziej intensywna barwa moczu i wyrazistszy zapach, tym bardziej nasz organizm potrzebuje płynów. Jednak gdy zbyt często odwiedzamy łazienkę, to albo przesadziliśmy z ilością picia, albo nawadnialiśmy się niewłaściwymi napojami. Niektóre płyny działają moczopędnie i częste odwiedzanie toalety może wynikać nie z nadmiaru płynów, ale z ich właściwości. Picie ich w nadmiarze może zbyt obciążać nerki zmuszone do ciągłej, dodatkowej pracy. Przy takich obserwacjach obie kwestie są zatem równie ważne – kolor moczu i częstość wizyt w łazience.

Inną miarą dobrego nawodnienia jest ślina. Nie powinno nam jej brakować. Nawet bardzo lekkie uczucie suchości w ustach i na języku świadczy o zbyt małym nawodnieniu organizmu.

Ma znaczenie to, co pijemy

Wody objętościowo pijemy znacznie więcej, niż zjadamy pożywienia w ciągu doby. Niebagatelne znaczenie ma zatem jakość tego, co pijemy. Jeśli do tego dołożymy, że woda jest budulcem każdej komórki naszego ciała, oczywista i fundamentalna staje się kwestia tego, co pijemy.

Kawa bądź herbata zamiast nawadniać organizm mają działanie przeciwne – odwadniające. Napoje te działają jak diuretyki. W żaden sposób ilość wody w szklance kawy lub herbaty (zwłaszcza czarnej) nie zrównoważy płynów wydalanych pod wpływem ich picia.

Istotna jest także jakość samej wody. Warto sprawdzić tę, z której korzystamy najczęściej. Na przykład w moim kranie odczyn pH wody jest mocno kwaśny. Nie pomaga jej przegotowanie. Dodaję zatem do wody sok z cytryny, krople alkalizujące. Są różne formy alkalizowania wody (specjalne filtry, wkładki do butelek lub krople czy proszki mineralne). Woda o alkalicznym pH jest dla nas najbardziej korzystna. Najlepiej nawadnia organizm i sprzyja usuwaniu toksyn, które m.in. biorą się z nadmiaru kwasów. Warto zatem zwiększyć zasadowość wody poprzez dodanie kropli pH, proszków alkalizujących lub zainstalowanie jonizatora.

Pijąc odpowiednią ilość dobrej jakości płynów, szybko odczujemy ich zbawienny wpływ na nasz organizm. Dopływ energii, znaczna poprawa samopoczucia, regulacja pracy przewodu pokarmowego odczuwalne są już po 1–2 dniach optymalnego dla nas nawadniania. Po nieco dłuższym czasie zauważymy też zdecydowaną poprawę wyglądu (poprawę cery, sprężystości skóry, zmniejszanie się skórki pomarańczowej). Jeśli utrzymamy odpowiedni stopień nawodnienia organizmu, pojawi się wiele pozytywnych efektów:

- wzrost poziomu energii i witalności
- zmniejszenie ryzyka wystąpienia chorób, w tym chorób serca, raka jelita i innych groźnych
- zmniejszenie wagi ciała (o ile mamy zbędne kilogramy)
- utrzymanie w dobrej kondycji tkanki łącznej, jej wzmocnienie (tkanka łączna spaja, pośredniczy w odżywianiu komórek, zawdzięczamy jej regenerację i odnowę tkanek naszego ciała, pełni funkcje ochronne i nadaje kształt narządom, jest niezwykle ważna dla zachowania młodości)
- poprawę pracy układu krążenia
- skuteczną eliminację toksyn i szkodliwych produktów przemiany materii
- spłycenie zmarszczek, zachowanie jędrności skóry, jej lepszego napięcia, nawilżenia, czystości i ładnego koloru
- odmłodzenie wewnętrzne i zewnętrzne (odpowiednie nawodnienie jest jak terapia anti-aging)
- utrzymanie pH we właściwej równowadze, alkalizację środowiska komórek.

Co możemy pić, by dobrze nawadniać organizm?

➲ Wspomnianą wodę o pH alkalicznym. Może to być woda kupiona lub woda z naszego kranu odpowiednio przefiltrowana i ewentualnie z dodatkiem preparatu, który podniesie jej pH (jeśli jest niewystarczające). Dodatkiem nieco podnoszącym pH wody jest sok z cytryny lub limonki (do 1 litra wody należy wcisnąć sok z $^1/_2$ owocu).

➲ Soki warzywne (z dodatkiem odrobiny owoców dla smaku).

Soki powinny być rozcieńczane ciepłą wodą. Nierozcieńczony sok jest jak pokarm, nie napój. Warto więc, kiedy chcemy zastąpić nimi wodę, rozcieńczać je w proporcji 1:1. Oczywiście mowa wyłącznie o sokach własnoręcznie zrobionych ze świeżych warzyw i owoców, a nie kupowanych gotowych w kartonach czy butelkach. Są też dostępne soki jednodniowe, bez jakichkolwiek dodatków, nie produkowane z soku zagęszczonego, ale świeżo wyciśnięte, o krótkim terminie przydatności do spożycia (najczęściej 1 dzień). Takie mogą być szybką alternatywą dla zrobionych samodzielnie.

➲ Domowe lemoniady.

Zalewamy wodą pokrojone:

- ogórek, miętę, świeży imbir, cytrynę
- truskawki z dodatkiem bazylii bądź melisy czy mięty
- arbuza z dodatkiem świeżej mięty.

Powinny postać godzinę, dwie, by naciągnęły smakiem. Proporcje zależą od indywidualnych upodobań. Do robienia lemoniady najlepiej używać owoców i warzyw o dużej zawartości wody i dodawać zioła. Ogórka i cytryny, jeśli są ekologiczne, nie trzeba obierać ze skórki. Tuż przed wypiciem dobrze jest dodać 1–2 łyżeczki sody oczyszczonej na 1 litr lemoniady.

➲ Ciepłe herbatki typu yerba mate, rooibos bądź owocowe z suszonych owoców (bez dodatku sztucznych aromatów).

➲ Uniwersalne herbatki ziołowe (jak melisa, rumianek, lipa czy inne, najlepiej na zmianę).

➲ Samodzielnie przygotowane herbatki ze świeżym imbirem, goździkami, korą cynamonu, anyżem, wzbogacone plasterkiem cytryny i odrobiną miodu czy sokiem malinowym albo z czarnego bzu (lub bez tych dodatków). Wywarem z imbiru można zalewać różne herbatki ziołowe bądź owocowe (zwiększa to ich moc rozgrzewającą).

➲ Wywary z warzyw (buliony warzywne).

Jak widać, możliwości jest wiele, choć podstawą powinna być woda. Ważne, by o piciu pamiętać i by nie pić napojów odwadniających, jak kawa czy herbata. Nic się nie stanie, jeśli wypijemy jedną kawę w ciągu dnia (niektórym trudno zacząć bez niej dzień). Ale jeśli staje się podstawowym napojem, to cały organizm na tym cierpi. Bardzo się odwadnia i mocno zakwasza. Niedopuszczalne jest też picie kawy z rana jako pierwszego płynu.

Niezależnie od pory roku polecam rozpoczęcie każdego dnia od jednej, dwóch szklanek ciepłej wody z dodatkiem soku z cytryny (z plasterka na szklankę). Taki początek dnia jest wart uczynienia go nawykiem na równi z myciem zębów. Po jakimś czasie zresztą nie będziemy sobie wyobrażali, aby można było dzień zacząć inaczej, bowiem przyniesie nam niebagatelne korzyści:

- dobrze wpłynie na metabolizm
- usprawni działanie układu trawiennego i jelit
- wspomoże oczyszczenie organizmu z toksyn i wydalenie produktów przemiany materii
- doda energii i poprawi samopoczucie

- poprawi koncentrację i jasność myślenia w ciągu dnia
- pomoże aktywować pracę organów wewnętrznych.

Ważne jest także, by:

– Pić napoje ciepłe, a latem co najmniej letnie. Zimna woda nie jest korzystna i niepotrzebnie zużywa naszą energię (organizm, nim zacznie korzystać z zimnego napoju, musi go najpierw ogrzać). Wbrew pozorom lepiej napijemy się ciepłym napojem aniżeli zimnym, o czym łatwo się przekonać podczas upalnego dnia.

– Pić nie później niż 10–30 minut przed jedzeniem i nie wcześniej niż godzinę po posiłku. Picie w trakcie lub po posiłku zakłóca trawienie, rozrzedza soki trawienne. Jest to wyjątkowo niekorzystne zwłaszcza po posiłku, w którym jest białko zwierzęce. Kiedy pijemy płyny przed posiłkiem, dostarczamy ciału wody ułatwiającej trawienie. Organizm ma z czego czerpać, by produkować soki trawienne.

Zimą doskonale sprawdza się termos. Można trzymać w nim gorącą wodę z cytryną, herbatkę imbirową lub zioła zaparzone w wywarze imbirowym czy inny dobry napój. Nie musimy wtedy odrywać się od pracy, by mieć ciągle ciepłe picie w zasięgu ręki. Sprawdzi się termos o pojemności 750 ml. Dwa, trzy termosy dziennie i mamy naprawdę przyzwoitą ilość płynów.

RUCH

Codzienny, umiarkowany ruch to zdrowie. Tak oczywiste, że aż banalne, ale ile osób przestrzega tego wskazania? Nie wystarczy poruszać się raz w tygodniu (a porządnie) w weekend, podobnie jak nie wystarczy zjeść w weekend siedem owoców, zamiast jeden codziennie. Znajdujemy wiele powodów, aby się nie ruszać: pieniądze, brak czasu, obowiązki… Nie mamy pieniędzy – tym bardziej powinniśmy zadbać o codzienną dawkę ruchu, bo braki finansowe rodzą stres, a umiarkowany ruch jest świetnym sposobem na stres. Ponadto, aby się ruszać, nie potrzeba nic oprócz wygodnego ubrania i butów. Nie mamy czasu, to wyjdźmy wieczorem przed dom na szybki marsz. Marsz, nie spacer, bo choć spacer jest przyjemny, to nie przynosi takich korzyści jak marsz. Poznałam kiedyś osobę, która chodziła wokół swojej działki. Proste i dostępne od zaraz. Można też poćwiczyć w domu i uczynić z tego zabawę czy rytuał czasu spędzanego z dziećmi. Wystarczy przewietrzyć pokój i ubrać się wygodnie. Za dużo pracy i stresu? Porządna dawka ruchu podniesie efektywność i wydajność i od razu rozładuje stres. Nie mamy humoru, jesteśmy smutni? Ruch to endorfiny. Przynosi ulgę i poprawia humor.

Sama również doświadczałam kłopotów z motywacją do poruszania się. Bardzo lubię basen. Wyjście na basen wymaga jednak sporo czasu i raczej nie da się na nim bywać codziennie. Dlatego z basenu korzystam okresowo (od czasu do czasu wykupując karnet na kilka tygodni). Gdybym chciała tylko pływać, bo sprawia mi to przyjemność, dobrze relaksuje, bo lubię wodę i tę formę ruchu, to z całą pewnością ruszałabym się nie za często. Na co dzień znalazłam więc niewymagające formy ruchu dostępne dla każdego – szybki marsz, ćwiczenia fizyczne z płytą DVD, jazda na rowerze. Dziś przyzwyczaiłam się do codziennej aktywności i rzadko się zdarza, by mi się nie chciało. Jeśli odpowiednio długo i systematycznie coś robimy, zaczyna nam tego brakować. Wtedy sprawa staje się prosta.

Jak mawiają Chińczycy,
aby żyć dobrze,
trzeba stosować w życiu regułę 3–2–1:
zjeść 3 dobre posiłki dziennie,
2 razy się poruszać
i raz się pomodlić
lub pomedytować.

Oczywiście im wcześniej zaczniemy regularnie ćwiczyć, tym lepiej. Ciało będzie młodsze, a cały organizm będzie się wolniej starzał. Umiarkowany ruch jest dla każdego. Nie niesie ze sobą ryzyka zakwaszania (wzrost produkcji kwasów przy przeciążeniu mięśni) ani ryzyka kontuzji.

Nie jest ważne, jaką formę sportu, ćwiczeń preferujemy czy uprawiamy. Ważne jest tylko to, by on był w naszym życiu. Jeśli to możliwe, to najlepiej codziennie. Może to być 40 minut, również 30. A kiedy naprawdę nie ma czasu, to nawet 15 minut wysiłku pobudzającego krążenie krwi, przyspieszającego tętno i oddech jest lepsze niż nic.

RÓWNOWAGA PSYCHICZNA

Psychika i stres to temat szeroki, na tyle szeroki, że trudno nawet wybrać najważniejsze aspekty. Rozdział ten piszę więc z ogromną pokorą i szacunkiem dla wszystkiego, co uważacie za ważne, a czego tutaj nie poruszę.

To w głowie zaczyna się nasze doświadczanie i przeżywanie życia. Tam początek mają emocje i uczucia, jakich doświadczamy.

Bywa jednak, że doświadczamy przykrych stanów, które są destrukcyjne i w efekcie nie tylko niszczą nasze zdrowie, lecz także obniżają jakość codziennego życia, codzienne zadowolenie i radość oraz chęć działania. Niszczą nasze związki, relacje prywatne i zawodowe. Niweczą szansę na dobre samopoczucie psychiczne i wynikający z niego apetyt na życie. Zwiększają ilość produkowanych w ciele toksyn. Dość uświadomić sobie, że wpływają bardzo negatywnie na cały nasz organizm – od poziomu komórek do poziomu narządów, sprawnego działania układów i naszego funkcjonowania w życiu. To, co pod wpływem przedłużającego się stresu dzieje się wewnątrz naszego ciała, często ujawnia się dopiero wtedy, gdy przeradza się w chorobę. Jednak umiejętność kontrolowania myśli, emocji i stresu przynosi efekty od razu. Najważniejsze i odczuwalne natychmiast to dobry nastrój i zadowolenie z życia, z siebie, z tego, co mamy.

Żyjąc w równowadze psychicznej, możemy cieszyć się:

- poczuciem własnej wartości i tego, że jesteśmy potrzebni
- poczuciem, że możemy, że potrafimy (wiara we własne możliwości, spełnianie się, satysfakcja)
- wewnętrznym spokojem, niezależnym od wszystkiego, co dzieje się na zewnątrz, i poczuciem, że mamy grunt pod nogami (poczucie bezpieczeństwa)
- jasnością umysłu i myślenia
- akceptacją rzeczywistości (nie mylmy z biernością i poddaniem się; akceptacja daje nam moc, pozwala zachować spokój umysłu i jest punktem wyjścia do działania; bierność nas osłabia)
- nadzieją i wiarą w dobre jutro
- cierpliwością
- zadowoleniem

- uczuciami miłości (niekoniecznie chodzi o miłość w związku), wdzięczności, akceptacji dla siebie i innych
- pogodą ducha.

To nie same problemy, ale sposób, w jaki o nich myślimy, jest najważniejszy. Nie sama sytuacja problemowa, lecz to, jak ją postrzegamy, jak o niej myślimy, a w konsekwencji, co w związku z nią czujemy i co zrobimy. Podobnie jak decydujemy o tym, co jadamy, również w tym wypadku mamy wybór, czym karmimy swój mózg i serce (myśli i uczucia).

Dlatego najważniejsze w dbałości o psychikę i komfort odczuwania dobrostanu jest zadbanie o nasze myśli. Z nich powstają przekonania, rodzą się określone uczucia i stany emocjonalne. One leżą u podstaw tego, co robimy, i decyzji, jakie podejmujemy. A jeśli coś robimy często – staje się to nawykiem. Bo nawykiem może być także sposób myślenia i reagowania. Jeśli umiemy dostrzec tylko ciemne, złe strony otaczającego nas świata, to kształtuje to nasze negatywne nastawienie. W ślad za tym pojawiają się negatywne emocje, marazm i narzekanie.

Chcąc przerodzić stres w naszego sprzymierzeńca, musimy zmienić sposób myślenia o nim i o sytuacji stresującej. Dostrzec szansę, nie porażkę. Aby zdrowieć, nasze myśli muszą się skupiać na zdrowiu, na działaniach, które mu służą, a nie na samej chorobie. Zmiana myślenia wpływa na reakcje biochemiczne w naszym ciele, które mogą nam służyć, ale mogą też nas niszczyć.

Moc myśli sięga jeszcze dalej, bo kształtuje nasz charakter. Tworzymy siebie poprzez myśli. Dobrą wiadomością jest to, że możemy zmienić to w pożądanym kierunku. A zmiany takiej jesteśmy w stanie dokonać zawsze.

Kiedy wspominam siebie z przeszłości, to aż trudno mi chwilami uwierzyć, że to ta sama osoba. Kiedyś niecierpliwa, nerwowa, niespokojna, z niskim poczuciem własnej wartości, szukająca przyczyn wokół siebie, zamiast w sobie. Zwykłe, codzienne niepowodzenia doprowadzały mnie do łez. To już nie była wrażliwość – to był brak równowagi emocjonalnej. Życie wydawało mi się ciężkie, trudne i takie też często bywało. Do tego dochodziła „maska", a więc i poczucie osamotnienia. Mówiłam o problemach, śmiejąc się, a potem wypłakiwałam się w poduszkę. Dzisiaj współczuję ludziom, którzy mówią o trudnych sprawach ze śmiechem, bo sama doświadczyłam, jak daleko wtedy jesteśmy od autentycznego kontaktu z drugą osobą, a nawet ze sobą samym. Pozorna siła, która tak naprawdę przecież jest słabością, bo siła objawiłaby się w odwadze przyznania się do słabości, a nie udawaniu kogoś innego, a potem zapadaniu się w siebie i myśleniu, jakie życie jest niesprawiedliwe, beznadziejne i ciężkie. Tak właśnie kiedyś często myślałam.

Z własnego doświadczenia wiem, że zmiana i wyjście z tego zaklętego kręgu zaczyna się od zmiany sposobu myślenia na temat siebie i swojego życia. Nie wystarczą afirmacje wypowiedziane na głos. Potrzeba głębokiego wglądu w siebie i przyjrzenia się przekonaniom, jakie stoją u podstaw naszych wyborów, decyzji i sposobu funkcjonowania. W moim życiu zmiany na dobre zaczęły się z chwilą, kiedy przyznałam się sama przed sobą, że to we mnie jest przyczyna wszystkiego, co jest na zewnątrz mnie. To był pierwszy poważny krok do zmian. Potem nie było łatwo, bo często zamęczałam się, drążąc i szukając w sobie przekonań, schematów myślowych oraz wynikających z nich nawykowych działań, zachowań, reakcji. Była to praca, która ukształtowała mnie i całe moje życie na nowo.

Najgłębszym sekretem jest to,
że życie nie polega na odkrywaniu,
ale na tworzeniu.
Nie odkrywasz siebie, tylko tworzysz siebie.
W związku z tym nie staraj się dowiedzieć,
kim jesteś, staraj się dowiedzieć,
kim chcesz być.
Neale Donald Walsch

Prawdziwej zmiany możemy dokonać wyłącznie sami. Poznając prawa, zależności wpływające na nas i nasze życie, jesteśmy zdolni zacząć je świadomie kształtować. Kiedy przyswajamy sobie jedną lekcję, pojawia się następna. Jeśli jej nie przyswoimy, ta sama będzie się pojawiała wciąż na nowo. Gdybyśmy zaczęli z uwagą i wnikliwie obserwować swoje życie, odkrylibyśmy wiele takich lekcji i wiele wynikających z nich i powtarzających się sytuacji. Nie można oczekiwać zmian bez zmiany dotychczasowego myślenia i działania. Zmiana zajdzie adekwatnie do zmiany naszego sposobu myślenia. Mamy wpływ na jakość naszego życia i na to, czego i w jaki sposób doświadczamy.

Jesteśmy różni, mamy różne potrzeby i różne rzeczy działają na nas lepiej bądź gorzej. Niektórzy z nas mogą potrzebować pomocy terapeuty, mentora, coacha, innym wystarczą książki, jeszcze innym dobrze robią warsztaty rozwojowe bądź systemy ćwiczeń ułatwiające wgląd w siebie, np. praktyki oddechowe, joga, tai chi, sztuki walki itp., uczące panowania nie tylko nad ciałem, lecz także nad umysłem.

Grunt to mieć odwagę spojrzeć samemu sobie prosto w oczy i przyjąć do wiadomości, że to od nas samych zależy, jak się czujemy i co ze swoim życiem robimy. Jeśli utkniemy w punkcie obwiniania świata bądź innych, jeśli oddamy władzę nad sobą, swoim samopoczuciem i naszym życiem okolicznościom i innym ludziom – to będziemy musieli zapomnieć o życiu w pełnej równowadze i poczuciu dobrostanu psychicznego. Będą one wprost zależne od wszystkiego na zewnątrz, a nie od nas samych. Znam osoby, które mogłabym nazwać szczęściarzami. Ale mimo to są sfrustrowane, nieszczęśliwe i pełne różnorodnych pretensji, na czym zresztą cierpią wszyscy, którzy się z nimi stykają. Znam też osoby, które doświadczyły wielu trudnych i bolesnych zdarzeń. Ale w ich towarzystwie czuję spokój i radość z samego bycia. Okoliczności? Nie, sposób myślenia. To nie okoliczności nas tworzą, to my tworzymy siebie.

Ktoś może zmarnować dziesięć pojawiających się fantastycznych szans z obawy przed zmianą. A ktoś inny wykorzysta tę jedną jedyną, a potem ci, co mieli takich szans dziesięć, mówią: „Ten to miał szczęście". To nie szczęście, ale sposób myślenia, który przełożył się na odważne działania i odważne decyzje.

Słyszeliście o przypadkach ozdrowienia, gdy nikt nie dawał już żadnej szansy? Albo o sportowcach, którzy wskutek wypadku na zawsze już mieli pożegnać się z karierą, tymczasem doszli do szczytu formy i odnieśli kolejne zwycięstwo? To nie była tylko praca z ciałem. Ta nie byłaby wystarczająca. To była także – albo przede wszystkim – praca z umysłem. To nie był przypadek.

Poświęciłam na pracę ze sobą samą i swoim umysłem setki godzin. Wciąż traktuję to jako drogę, a nie cel sam w sobie. Oznacza to, że dalej chcę się rozwijać i ani mi w głowie poprzestać na tym, co osiągnęłam dotychczas. Motywację dawały mi zmiany, jakie obserwowałam w sobie, a wraz z nimi poprawa jakości życia. Jedną z pierwszych zmian było dostrzeżenie, jak ogromną przewagę daje mi uczucie cierpliwości nad zniecierpliwieniem. Kiedy to zauważyłam, trudno było nie wykonywać świadomej pracy, by tę cierpliwość pogłębiać. Wzmacniała się moja pewność siebie, a w jej efekcie przyszło poczucie sprawczości. Wzrosło moje poczucie własnej wartości, które potem już tylko się umacniało. Bardzo zainteresowałam się psychiką człowieka, duchowością, rozwojem osobowości. Pogłębiłam świadomość. Odczuwałam coraz większy spokój i dystans do siebie, życia oraz problemów. Znikały różnorodne ograniczenia mające swe źródło w przekonaniach. Wszystkie korzystne, pozytywne zmiany w moim życiu widzę jako efekt zmiany sposobu myślenia i przekonań, a w ślad za tym uczuć, jakich doświadczam, zachowań, które wybieram, i decyzji, jakie podejmuję. Dlatego nie tylko z książek, lecz także z własnego doświadczenia wiem, że postawy, będące skutkiem myśli, determinują wszystko inne.

Jeśli jeszcze nie doświadczyliście wpływu myśli na własne życie, to nie dlatego, że go nie ma, ale dlatego, że nie zwracaliście uwagi na ten ścisły związek. Co zatem powinniśmy zrobić? Jak pisałam, jesteśmy różni i możemy potrzebować zupełnie innych rzeczy, są jednak takie, które dotyczą wszystkich. Należą do nich: życie tu i teraz, świadome wzbudzanie pozytywnych uczuć o dużym ładunku mocy (na przykład wdzięczności) oraz akceptacja tego, czego zmienić nie możemy i co od nas nie zależy. Wszystkie trzy aspekty budują siebie nawzajem. Okiełznanie myśli sprzyja akceptacji, wdzięczność sprzyja skupieniu umysłu na myślach, które nas relaksują, akceptacja daje nam kontrolę nad emocjami i stresującymi myślami o fatalnych scenariuszach. Wszystko razem uwalnia nas od stresu albo pomaga z nim sobie radzić.

Życie tu i teraz

Myśli, które wywołują w nas stres, obniżają jakość życia i efektywność naszego działania, są bowiem najczęściej związane nie z teraźniejszością, ale z przyszłością bądź przeszłością. Dodatkowo umyka nam każda chwila i żyjemy na pół gwizdka, nawet jeśli naszym hasłem przewodnim jest, by z życia korzystać. Nim pojawi się jakiekolwiek zagrożenie, my już z wyprzedzeniem zaczynamy myśleć o tym, co złego może się zdarzyć. Stresujące wydarzenia, nawet te drobne, potrafią nam zepsuć kolejne dni, a sprawy ważne, idące nie po naszej myśli, są w stanie dręczyć nas miesiące czy lata. Wracamy nieustannie do przeszłości, zastanawiając się, czy można było zrobić inaczej. Nasz mózg pracuje, choć jest to bieg jałowy i nieprzynoszący żadnych korzyści.

Życie chwilą bieżącą to wykorzystywanie mózgu do rozwiązywania konkretnego problemu, wykonania konkretnego zadania, skupienia na czynności, którą wykonujemy tu i teraz. Jak się nauczyć żyć tu i teraz? Zapewne wiemy, że są specjalne techniki, które praktykowane przez długi czas dają pożądane efekty (na przykład medytacja, ćwiczenia oddechowe lub takie, w których mocno skupiamy się na każdym ruchu ciała). Jest to jednak proces, na którego efekty trzeba czekać, i często wcześniej, nim efektów doświadczymy, zdążymy się zniechęcić. Jeśli ktoś ma czas i taka praktyka staje się częścią jego sposobu na życie, wpisana zostaje w styl życia – niech szuka dla siebie takiej drogi, która będzie mu odpowiadała i niech praktykuje ją na co dzień.

Ja jednak jestem zwolenniczką prostych, dostępnych i skutecznych rozwiązań. Taką dostępną non stop praktyką jest zwrócenie uwagi na tu i teraz. Naturalne jest, że zapominamy o skupieniu się na chwili obecnej, choćby poprzez silny nawyk umysłu do rozpamiętywania przeszłości lub myślenia o potencjalnych zagrożeniach w przyszłości. Dlatego bardzo sprawdza się coś, co będzie nam o tym przypominało, a z czym często mamy kontakt wzrokowy. To może być np. naklejka z napisem „tu i teraz" przyklejona do telefonu komórkowego, kalendarza lub innego przedmiotu, który nosimy przy sobie, bądź miejsca, na które często spoglądamy.

Takie proste działanie skupiające naszą uwagę na chwili bieżącej bardzo wspomoże proces przejmowania kontroli nad myślami. Dodatkowo da wiele innych korzyści. Szybciej uporamy się z zadaniami, będziemy bardziej kreatywni, zacznie się pojawiać przyjemność z wykonywania prostych czynności, problemy będziemy rozwiązywać z większą łatwością, nabierzemy dystansu, zmniejszy się poziom odczuwanego stresu, a wraz z tym pojawi się dobry sen. Zniknie napięcie w ciele, nerwowość, rozdrażnienie, niecierpliwość, a w życiu pojawi się więcej ładu i harmonii. Będziemy spokojniejsi, zwiększy się poziom akceptacji i samoakceptacji, pojawi się cicha przestrzeń wewnątrz nas, nieprzytłoczona chaosem myśli, co wpłynie na doświadczanie i przeżywanie życia. Będziemy też lepiej zorganizowani i łatwiej przyjdzie nam ustalanie priorytetów. Uważność, czyli umiejętność skupienia 100 procent swojej uwagi i myśli na chwili bieżącej, podnosi więc komfort naszego codziennego życia. Uważność jest jak medytacja. Możemy ją doskonalić, zwłaszcza gdy wykonujemy proste czynności, niewymagające zaangażowania naszych szarych komórek. Spowoduje to wyciszenie umysłu, zrelaksowanie mięśni. W trakcie robienia czegoś (np. zmywania naczyń, spaceru, sprzątania) wystarczy całkowicie skupić się na tu i teraz, na tej jednej czynności, na odczuciach naszych zmysłów. Jak spacer to spacer, jak posiłek to posiłek, jak sprzątanie to sprzątanie i nic poza tym. Oznacza to, że kiedy spacerujemy po parku, snując plany, co zrobimy po powrocie do domu lub przypominając sobie, co wydarzyło się wczoraj w pracy, nie jesteśmy uważni i nie jesteśmy w pełni tu i teraz. Nasze błądzące w przyszłości bądź w przeszłości myśli powodują, że chwila bieżąca nam umyka. Nie dostrzegamy tego, obok czego przechodzimy, nie czujemy zapachu drzew itp. Chcąc doskonalić uważność, możemy podczas wykonywania takich prostych czynności skupić uwagę na odczuciach związanych ze zmysłami. Na przykład spacerując - na dotyku stopą podłoża, słyszanych wokół odgłosach itp. Myjąc naczynia - na szumie wody albo jej cieple na dłoniach. Choć pozornie może się to wydawać nudne, to jednak w efekcie przynosi wspomniane wyżej korzyści i zdecydowanie zwiększa radość życia. Stopniowo wzrasta także świadoma kontrola nad myślami. W ten sposób wzmacniamy umiejętność bycia uważnym w ogóle.

Ogromną zaletą takiej praktyki uważności jest to, że kręci się ona wokół naszego codziennego życia. Nie musimy jechać do specjalnego ośrodka, by ją budować i doskonalić. Codzienne życie przynosi wiele bodźców jednocześnie. Dlatego trening uważności wymaga czasu i wprawy. Za to bardzo się opłaca, jest bowiem idealnym antidotum na stres, na trudne sytuacje i napięcia związane z codziennym życiem, problemami, wyzwaniami.

Przenieśmy się z głowy do serca

Wiele osób szuka szczęścia, zapominając o tym, co już ma, i że jeśli szczęścia nie znajdzie w sobie, to nie znajdzie go także poza sobą. Stan doświadczany przez nas jako szczęście uzależniony od okoliczności zewnętrznych jest krótkotrwały. Życie jest przecież zmienne.

Ćwiczenie wdzięczności

W trakcie wirtualnych programów odnowy, jakie organizowałam dotychczas, jednym z zalecanych punktów, a także wprowadzonym zwyczajem (dla chętnych) były wieczorne wirtualne spotkania w celu praktykowania wdzięczności. Nie bez powodu. Sama praktykuję wdzięczność, a im dłużej to robię, tym więcej mocy z niej płynącej doświadczam w życiu.

To potężne uczucie pozytywnie wpływa na postrzeganie rzeczywistości wokół nas. Wdzięczność warto praktykować nie w chwilach stresu czy przy specjalnych okazjach, ale codziennie. Potrzebujemy tylko 5 minut.

Wystarczy wziąć głęboki oddech i przywołać w myślach różne rzeczy, za które jesteśmy wdzięczni, próbując jednocześnie doświadczać samego uczucia wdzięczności (z czasem dzieje się to na zawołanie). Mogą to być zupełnie proste rzeczy, jak obiad zjedzony w miłym towarzystwie, smaczna zupa, którą właśnie ugotowaliśmy, ładna pogoda, dobra noc, po której obudziliśmy się wypoczęci, miła rozmowa z kimś bliskim... Jeśli nasz umysł jest rozbiegany, czujemy się zestresowani i trudno nam się skupić nawet na te kilka minut, weźmy kartkę (lub jeszcze lepiej specjalnie do tego przeznaczony notatnik) i wypiszmy kilka takich rzeczy z minionego dnia. Najlepiej robić to codziennie wieczorem. Dodatkowym plusem będzie lepszy nastrój, który pozytywnie wpłynie na sen. Nie chodzi o fajerwerki jak awanse, zakochanie, nagroda w pracy itp. One przecież zdarzają się rzadko (no, chyba że akurat się zdarzyły, czego wszystkim życzę). Mam na myśli codzienne miłe rzeczy, o których zwykle szybko zapominamy, jak to, że mimo korka nie spóźniliśmy się do pracy, że ktoś nam właśnie z ładnym uśmiechem podziękował, że zadzwoniła do nas koleżanka z pytaniem „jak się czujesz?". To są wszystko dobre powody do wdzięczności.

Ludzie mają wystarczająco dużo rzeczy,
dla których żyją, ale nie mają po co żyć;
mają poczucie znaczenia,
ale nie mają poczucia sensu.
Victor Frankl

Czasem słyszałam od innych: „Nie mam za co być wdzięcznym". Tak nie jest. Zawsze są powody do wdzięczności. W dni, kiedy naprawdę nic dobrego się nie wydarzyło i nawet obiad mi się nie udał, skupiam się na tym, co mam: na cieple w domu, na mieszkaniu blisko natury, na tym, że mam co jeść, i na tym, że w kranie mam ciepłą wodę. Stałe praktykowanie wdzięczności powoduje wzrost zadowolenia, sprawia, że w naszym życiu zaczynają dominować myśli dobre, a nie katastroficzne. Przechodzimy trening dostrzegania rzeczy dobrych. Wpływa to na wzrost świadomości i pozytywne przeżywanie życia. Buduje optymizm. Daje więcej energii. Przynosi nadzieję i wiarę w dobre jutro. Poprawia sen i relacje z ludźmi. Nabieramy dystansu do problemów. Wszystko to ma duże znaczenie dla ochrony przed stresem i ułatwia radzenie sobie z problemami i kłopotami dnia codziennego.

Odpuść sobie

Ambicje, niekończąca się pogoń za proponowanymi przez speców od marketingu coraz to nowymi produktami, współczesne standardy życia, a może jeszcze wiele innych rzeczy powodują, że nawet nie przyjdzie nam do głowy, że moglibyśmy odpuścić. Gdzieś kiedyś przeczytałam: „Chcesz być szczęśliwy

– kupuj wrażenia i przeżycia, nie gadżety". Wrażenia, czyli coś, co karmi emocje, uczucia, doznania zmysłowe, ducha. To może być książka, płyta z ulubioną muzyką, wyjazd w nowe miejsce itp. Kiedyś sprzedałam mieszkanie, którego wartość rok później wzrosła dwukrotnie. Nigdy jednak nie żałowałam tej decyzji, bo w nowym miejscu (znacznie tańszym) kupiłam sobie codzienne wrażenia i spokój. Spokój – bo pozbyłam się kredytu, a w pobliżu była kameralna szkoła dla dziecka, która bardzo mi się podobała, wrażenia – bo widok z okna, okolica, cisza zachwycają mnie od tamtej pory każdego dnia. Nowe miejsce sprzyjało też nauce odpuszczania sobie. Zwracania się coraz bardziej w kierunku „slow life" i rezygnacji z udowadniania czegoś sobie samej czy komukolwiek innemu.

Dążenie, by mieć wszystko najlepsze i być najlepszym, dotyczy nie tylko sfery zawodowej. Są osoby, które nie potrafią się zrelaksować, gdy w zlewie stoją jakieś naczynia. Są też takie, które uczą się, zasypiając umordowani nad książką, ale nie odpuszczają. Niektórzy chcą perfekcyjnie wyglądać i wciąż inwestują w swój wygląd. Bycie cool, bycie fit, bycie supermatką lub superojcem, bycie na topie… A gdzie w tym wszystkim jest miejsce na bycie sobą? Nie chcę powiedzieć, że nie trzeba mieć celów. Warto się jednak przyjrzeć, czy czasem to, co robimy, nie kosztuje nas zbyt dużo. Reinhold Niebuhr powiedział: „Boże, daj mi siłę, abym pogodził się z tym, czego zmienić nie mogę; odwagę, abym zmienił to, co zmienić mogę, i mądrość, abym potrafił odróżnić jedno od drugiego".

Pewna moja koleżanka pracowała, udzielając korepetycji. Sporo zarabiała, ale na nic nie miała czasu. Rekompensowała to sobie zakupami bądź przyjemnościami, za które trzeba było płacić. Pewnego dnia uznała, że nie chce tak żyć, i z dwudziestu uczniów zostawiła sobie tylko jednego. Okazało się, że mogła odłożyć dużo więcej pieniędzy niż w latach, gdy świetnie zarabiała. Jej refleksja była prosta i oczywista. Mając więcej czasu dla siebie, na odpoczynek i na proste przyjemności, nie potrzebowała żadnej dodatkowej nagrody czy rekompensaty, aby dobrze się czuć. W znacznie mniej napiętym terminarzu znalazły się rower i spacery. Czuła się wypoczęta i stwierdziła, że jej jakość życia znacznie wzrosła. To dobry przykład na to, jak mniej znaczy więcej. Więcej pieniędzy, więcej czasu dla siebie, więcej zadowolenia, więcej przyjemności.

Czasem warto więc powiedzieć sobie po prostu „mam tego dość". Odpocząć, gdy czujemy się zmęczeni. Zadać sobie pytanie, czy realizujemy swoją wizję, czy też wizję narzuconą przez obowiązujące standardy? Może dziecko będzie bardziej szczęśliwe, kiedy dostanie w domu wystarczająco dużo uwagi i uczuć, a nie wtedy, kiedy pójdzie do najlepszej szkoły w okolicy? Warto też sprawdzić, czy nasze „muszę" faktycznie wynika z odpowiedzialności za ważne zadanie w pracy lub za nasz związek. A może to tylko ustawienie sobie samemu poprzeczki możliwie wysoko, by przypadkiem nikt nas nie wyprzedził? Oto kilka rad, które mogą nam pomóc w decyzji o zmianie podejścia do życia:

- pogodzić się z tym, co nie zależy ode mnie
- zaakceptować swoje wady, braki itp. i dać sobie do nich prawo
- zaakceptować nieprzewidywalność życia oraz możliwość pojawiania się zdarzeń i okoliczności, na które zupełnie nie mam wpływu
- zweryfikować, czy na pewno muszę akurat to wiedzieć i umieć, gdzieś być, coś mieć…
- przestać walczyć o wszystko
- mieć świadomość, że związek to nie jest posiadanie kogoś na własność, a każdy z nas ma inne potrzeby

- zaakceptować uczucia, które się we mnie pojawiają, bez kurczowego przywiązywania się do nich – niech swobodnie płyną i zmieniają się tak, jak zmienia się życie
- odpuścić kontrolę nad wszystkim – życia nie można dopiąć na ostatni guzik
- pracować tyle, by mieć czas również na inne ważne rzeczy w życiu
- dać prawo zarówno sobie, jak i innym do odmiennego zdania, zamiast do upadłego przekonywać do swoich racji
- zdać sobie sprawę, że większość rzeczy, których się boję, nigdy się mi nie przydarzy
- mieć świadomość, że wiele rzeczy, o które tak walczę, nie miałyby większego znaczenia dla setek innych osób
- uwolnić się od tego, co mnie przytłacza, męczy, stresuje
- przyjrzeć się, czy czasem nie przypisuję innym zachowań, które w ogóle nie były ich intencją
- mieć świadomość, że dobra materialne, których pożądam (większe mieszkanie, lepszy samochód), to nie tylko wygoda, ale też więcej pracy, mniej czasu dla siebie i bliskich, szybsze tempo życia (które i tak jest szybkie), większy stres, więcej zobowiązań itp.

✓ RADY PRAKTYCZNE

- Żyjmy tu i teraz, pamiętając, że życie nie toczy się w przeszłości ani w przyszłości. Tracąc teraz czas, tracimy życie. Praktykujmy codzienną uważność (na to nie potrzeba specjalnego czasu, ale trzeba o tym pamiętać).
- Praktykujmy wdzięczność. Pięć minut skupienia na wdzięczności dziennie może zdziałać cuda.

- Uwolnijmy się od tego, co nas męczy, irytuje, co nam przeszkadza, nie szukając winnych wokół, tylko przyczyn w sobie. Zdobądźmy się na to, by niektóre rzeczy sobie odpuścić, i sprawdźmy, co przyniesie nam ta zmiana.

WASZE HISTORIE

Małgorzata Szaja, 37 lat

Odkąd urodziłam drugie dziecko w październiku 2009 roku, walczyłam z nadwagą i złym stanem zdrowia. Obie ciąże dały mi sporą nadwyżkę kilogramów, jednakże po pierwszej zgubiłam je w ciągu 3 miesięcy, po drugiej stałam w miejscu. Nigdy specjalnie o siebie nie dbałam. Przy wzroście 156 centymetrów zawsze ważyłam 49 kilogramów i nosiłam rozmiar 8/10.

Pamiętam, że od szkoły średniej miałam problemy ze stawami kolanowymi. Od wczesnych lat młodości każdy czas wolny od zajęć szkolnych spędzałam w górach. Pewnego dnia po prostu nie mogłam zejść. Każdy krok w dół graniczył z bólem nie do zniesienia. Płakałam i zjeżdżałam na tyłku. Ktoś mnie poratował tabletką, nawet nie wiem jaką. Wzięłabym wtedy wszystko, byle tylko przestało boleć... Lekarz powiedział mi, że to normalne i nic nie da się z tym zrobić. Więc przestałam jeździć w góry. Po drugiej ciąży ból się nasilił. Występował nawet podczas chodzenia po schodach. Do tego doszedł ból kręgosłupa, czasami tak silny, że leżałam sparaliżowana na podłodze i błagałam, żeby ktoś mi go (dosłownie) złamał, może wtedy skurcz puści i przestanie boleć. Po jakimś czasie przyszedł okropny ból głowy, takie 2–3-dniowe migreny. Ból był tak okropny, że czasami nawet wymiotowałam.

W życiu bym nie pomyślała, że to wina diety, a raczej jej brak. Po prostu jadłam, czasami dużo, czasami mało, czasami nic, jak to przy małych dzieciach, ale jadłam wszystko, bez zwracania uwagi, czy coś jest przetworzone, co zawiera.

W życiu nie przeczytałam żadnej etykiety. Konserwanty, spulchniacze? E… Skoro można sprzedawać, to znaczy, że można jeść…

Nawet nie wiem kiedy, ale pewnego dnia wstałam rano i postanowiłam się wziąć za siebie. Ćwiczyłam. Dużo i często. Trochę schudłam, trochę znowu przytyłam. Przestałam ćwiczyć, bo kolana! Mój mąż często mi dokuczał, że zachowuję się jak kobieta w podeszłym wieku i że chyba nie ma części ciała, która jeszcze mnie nie boli. Dosłownie tak było, codziennie coś mnie bolało… Nadal nie przyszło mi do głowy, żeby zadbać o swoje posiłki…

I tak dwa lata temu pojechaliśmy na wakacje do Polski (mieszkam w Wielkiej Brytanii). W Bydgoszczy mam koleżankę, która prowadzi profesjonalne studio masażu oraz jest dietetykiem ajurwedyjskim. Wybrałam się do Moniki z moim bólem kręgosłupa. Po masażu Monika spojrzała na mnie i powiedziała: „Małgoniu, masz tak zgrabną i proporcjonalną sylwetkę, że wystarczy zgubić parę kilo i możesz nago biegać po plaży". Opowiedziałam jej o sobie, kazała poczytać o ajurwedzie. Więc czytałam, zagłębiałam się. Z artykułu na artykuł, z książki na książkę byłam coraz mądrzejsza. Ale co z tego? Ja potrzebowałam konkretu: co jeść, a czego nie, co na śniadanie, co na obiad, a co na kolację. Nie mam czasu na wczytywanie się i kombinowanie, na dzielenie posiłków na jakieś dosze, kto by miał do tego głowę, na pewno nie ja! Nie umiem i nie lubię gotować…

Jakoś na wiosnę trafiłam na Twój profil na FB, potem na blog. Właśnie zbliżaliście się do drugiej odnowy. Przeczytałam Twój blog chyba ze sto razy, zwłaszcza o Twoich chorobach… Jezu!!! W końcu może coś mi wyleczy kolana. Pomyślałam, że przecież nie masz korzyści z nabijania ludzi w butelkę. Nikt chyba Ci nie płaci za opowiadanie o sobie i zmyślanie chorób po to, żeby przekonać ludzi do jedzenia zgodnie z pH krwi????? I że może w końcu pojadę w moje góry…

Wzięłam się w garść, przemówiłam sobie do rozumu, że dam radę, że też mogę wziąć udział we wspólnej odnowie, skoro tylu Wam się udało… I wzięłam…

Nie wiem, na ile to była prawda, a na ile moje złudzenie (tak wtedy myślałam), ale kolana przestały boleć, kręgosłup też. Ale to nie koniec. Pilnowałam się dobre pół roku, jadłam alkalicznie i czułam się dobrze, chudłam, stałam się szczęśliwsza. Ludzie w pracy mówili, że promienieję, że moja twarz jest wyraźniejsza, ładniejsza. Nikt nie wiedział, o co konkretnie chodzi, ale coś się zmieniło…

W październiku 2014 spotkałam koleżankę i szczęka mi opadła, bo z rozmiaru 14 zjechała na 6/8. Zaczęła mi opowiadać o swoim dietetyku. Pomyślałam, że ja też chcę, że mam w nosie zdrowe odżywianie. Chciałam szybkich efektów, na rok dam sobie luz, później, jak już schudnę, zacznę o siebie dbać… Kupiłam dietę i tak przez następne dwa miesiące.

W życiu bym nie uwierzyła, gdybym tego nie doświadczyła! Po dwóch miesiącach miałam dość wszystkiego! Dosłownie. Wystarczyły dwa miesiące na diecie węglowodanowo-białkowej, żebym poczuła się jak wrak. Dostałam pryszczy, miałam worki pod oczami, byłam ciągle śpiąca. Spałam po osiem godzin i nie mogłam się obudzić. Czułam ciągłe zmęczenie, ziewałam non stop, zjadłam śniadanie i zasypiałam przy kawie. Wrócił uporczywy ból głowy, niemal codziennie byłam na środkach przeciwbólowych. W pracy zaczęłam używać windy, chociaż pracuję na pierwszym piętrze, wróciły problemy z kolanami! Miałam dość złego samopoczucia. Wyglądałam, jakbym pracowała 12 godzin w kamieniołomach, a nie osiem w ciepłym biurze. Nie mogłam skorzystać z toalety, żeby się wypróżnić, robiłam sobie lewatywę, inaczej graniczyło to z cudem.

Poszłam po rozum do głowy. Zrobiłam sobie detoks, siedem dni soków warzywno-owocowych. Możesz mi wierzyć lub nie, ale moje życie zaczęło się właśnie po tych siedmiu dniach. Zaczęłam jeść alkalicznie. Dzień zaczynam od wody z imbirem, cytryną i ogórkiem plus miętą. Na śniadanie piję sok z *green powder*. Jem dużo warzyw, owoce alkaliczne. Czuję się rewelacyjnie. Nie wiem, że mam kolana, kręgosłup czy nawet głowę :) Śpię po cztery godziny, może to niezdrowo, ale moje ciało samo się budzi, wyspane, wypoczęte. Wypróżniam się nawet trzy razy dziennie, mam czystą cerę, bez pryszczy. Z rozmiaru 14 w sumie mam już 8/10. Mam energię, chce mi się chcieć.

Rozpisałam się, przepraszam, ale to nie koniec.

We wrześniu 2014 przyjechała do mnie mama z Polski. Moja mama wiecznie była chora. Leczyła się na nadciśnienie, przeszła zawał serca, w żyłach ma stenty. Odkąd pamiętam, była na rencie... Wzięłam się i za nią. Dwa razy dziennie pije mój „magiczny eliksir", je to, co ja, dużo warzyw, buraki przede wszystkim na ciśnienie, robię jej zakwas buraczany do picia i każę pić... Nie lubi, ale pije. Ograniczyła mięso, zwłaszcza smażone na głębokim tłuszczu. W grudniu dostała wezwanie z przychodni na badania profilaktyczne. Zbadali jej ciśnienie, krew i kał. Zadzwonili po czterech tygodniach, żeby wszystkie badania powtórzyć, bo coś jest nie tak. Ciśnienie w normie, wyniki rewelacyjne, nie wierzą, że mama przez 30 lat leczy się na nadciśnienie. Mama wygląda kwitnąco i, jak sama mówi, w życiu nie czuła się lepiej. Przestała mieć problemy z zasypianiem, śpi jak zabita i budzi się nad ranem. Sama przyznaje, że kiedyś chodziła do toalety raz w tygodniu, teraz musi codziennie. Przestała marznąć. Wiecznie było jej zimno. W domu była temperatura 25°C, a mojej mamie było zimno i siedziała pod kocem.

Beato! Nie wiem, co ja bym bez Ciebie zrobiła! Życie nam uratowałaś... Wszystkim koleżankom opowiadam o alkalicznym trybie życia, polecam Twój blog i fanpage na FB. Nigdy nie przestanę jeść alkalicznie. Słuchałam ostatnio wykładu J.Z. (pewnie znasz). Strasznie krytykuje dietę dr Dąbrowskiej i w ogóle warzywa, zaleca jedzenie smalcu, mięsa etc. I może ma rację, nie znam się na chemii, biochemii, ale wiem z własnego doświadczenia, co mi służy, a co szkodzi. I nie zamierzam więcej wracać do tej chorej Gosi, z której śmiał się mąż. Zamierzam być zdrową czterdziestolatką, która na wakacje jedzie w góry!

Zmieniłam wszystko w moim życiu. Może trochę zwariowałam, ale to taka pozytywna obsesja. Czytam etykiety, kosmetyki tylko naturalne, ciało smaruję olejem tłoczonym na zimno, kąpiele w soli. Jedyna chemia w moim życiu to perfumy, których nie potrafię sobie odmówić. A – i pasemka na włosach. Szampon też mam naturalny, zero chemii, zero mydła. Warzywa kupuję z małego straganu od rolnika, piję herbatki ziołowe. I nie muszę wyciskać z siebie siódmych potów siedem dni w tygodniu, żeby schudnąć kilogram! Wystarczy spacer z dziećmi do parku, zdrowa dieta, a waga to tzw. skutek uboczny...

Stałam się też dużo spokojniejszym człowiekiem, mniej się denerwuję, już prawie nie wybucham jak furiatka :)

Pozdrawiam Cię serdecznie, dziękuję za to, że poświęcasz swój czas m.in. dla mnie. Mam nadzieję, że kiedyś Cię spotkam i podziękuję osobiście. Wniosłaś dużo dobrego do mojego życia, dużo zdrowia przede wszystkim... I tego również Tobie życzę... dużo zdrowia, Beatko.

Anita Iwaniak, 33 lata

Hej Beato,

bardzo chętnie się podzielę moimi spostrzeżeniami i jeszcze większą przyjemnością będzie dla mnie, jak puścisz to dalej w świat, podpisując moim imieniem i nazwiskiem. Na co dzień uwielbiam się dzielić swoją wiedzą i doświadczeniem i to jest piękne, bo widzę, że się da zmieniać świat.

Otóż tak: podczytuję sobie Twoją stronę i wpisy na FB, wszystkie, jakie zamieszczasz, i bardzo są mi bliskie, bo konkretne i proste.

Uwielbiam Cię czytać, bo piszesz o takich metodach od samego źródła, które są prawdziwe i dlatego dobre dla naszego zdrowia.

Zdrowym stylem życia zaczęłam się interesować, od kiedy moja mama zachorowała na raka piersi. Totalnie przewartościowałam swoje podejście do mojego kochanego ciała, zdrowia, mega je doceniłam.

Ogólnie uważam, że nie da się ot tak, wszystkiego po kolei zmienić i ja nie będę ściemniać, że do wszystkich Twoich rad się stosuję.

Dbanie o siebie to jest proces, kroczek po kroczku, i u mnie to zadziałało. Jak sobie przypomnę, jakie ja świństwa jadłam, gdzie i jak – to myślę sobie: matko kochana, to się moje ciało musiało napracować. Jestem teraz świadoma swojego ciała i wzięłam odpowiedzialność za swoje zdrowie. Wiem, że zdrowie to nie jest stan, który nam się należy, że zawsze tak będzie.

A co mi się udało? Uważam, że bardzo wiele rzeczy. Ogólnie to nie jem mięsa, a tym samym goszczą dumnie w mojej kuchni warzywka. Odkąd czytam etykiety, robię całkowicie inne zakupy. Również rzadko kiedy jadam na mieście. Odkryłam, że naprawdę proste gotowanie może być smaczne. Czuję, co mi to robi w brzuszku, gdy zjem coś na mieście, a jak jest, kiedy ugotuję sobie oczyszczającą zupkę jaglaną albo zjem kapustę kiszoną. Poza tym mega pilnuję, aby oczyszczać ciało z toksyn.

Jak sobie przypomnę, jak się kiedyś czułam ociężała, ospała, to aż sobie współczuję, jak ja tak mogłam funkcjonować. Poza tym miałam bardzo częste wzdęcia i inne problemy jelitowe. Teraz nawet nie wiem, co to znaczy, no, chyba że się zapomnę i zjem takie „różne", to potem szybko odpokutuję.

Co jeszcze? Na pewno pokochałam ziółka. Zaczęłam je sadzić w swoim ogródku – cuuudowne doświadczenie. W zimie ziółka sprawdzają się rewelacyjnie. Gdy zobaczyłam na sobie, jak można się nimi ogrzać, było to dla mnie duże odkrycie, bo wcześniej cały czas marzłam i miałam zimne stopy i dłonie.

Odkryłam także suplementację. Kiedyś nawet nie wiedziałam, co to jest witamina D i po co mi do szczęścia potrzebna.

Przecudownym odkryciem była dla mnie dieta oczyszczająca, którą mogłam przeprowadzić dzięki Tobie, Beatko, i dzięki Twojej stronie.

Nie powiem, że się nie bałam. Warto było, bo pierwszy raz poczułam, że mogę, że naprawdę da się żyć bez chleba, bez innych zapychaczy. Liczyłam skrycie, że jak tak zdrowo jem, to co tam, pewnie nie będę czuła oczyszczania. Niestety, przeliczyłam się. Bardzo intensywnie czułam i to było trudne, ale jednocześnie piękne, bo zobaczyłam, co to pięknego robi mi dla zdrowia. Nie wspomnę już, że od tego czasu zmieniło to bardzo moje podejście. Przede wszystkim co do prostoty posiłków i jak się potem czuję. Po diecie oczyszczającej to ja wymiatałam swoją energią, a ciałko miałam takie, że sama nie mogłam przestać go dotykać :)

Śmieję się, bo na Twoich poradach zyskuje cała nasza rodzinka, łącznie z naszym czworonogiem. Kiedy miał zatrucie, to go szybciutko wyleczyłam kleikiem ryżowym. Nie wspomnę, jak siebie też sama nim ratowałam, i postawił mnie na nogi.

Wielką radością jest dla mnie to, że zaczęłam zarażać tym stylem innych i to jest cudowne. Mój mąż od ponad roku razem ze mną rano rytualnie pije wodę z cytryną. Mój tato – tak samo, dzwoni do mnie i się chwali, i mówi, jak dobrze się czuje.

A tak poza tym, to nie pamiętam, kiedy byłam chora, a tym bardziej, kiedy byłam u lekarza. Powiem Wam tak: nigdy tam nie lubiłam chodzić, a teraz po prostu nie mam czego tam szukać. Wybór był dla mnie prosty: sama inwestuję w swoje zdrowie, kocham swoje ciało i zarażam tym innych.

Mogłabym dużo pisać :), ale prosiłaś, aby to było półtorej strony, więc już chyba i tak przesadziłam :) Aaaj, bo ja bym tak mogła dużo na ten temat, tak jest mi megabliski.

A na Twoją stronę uwielbiam zaglądać i szczerze Ci powiem, że mam większe zaufanie niż do tego, co by mi powiedział lekarz, zresztą oni rzadko kiedy mówią o profilaktyce. A po tylu latach dbania o siebie i swój rozwój to samo ciało wysyła mi jasne komunikaty i wiem, co jest dla mnie dobre, a co robi kuku.

Buziaki, Beatko, i mocno trzymam kciuki za książkę!

PS Ale i tak wiem, że będzie super, bo czuję, jak to wszystko robisz prawdziwie i z serca.

Monika Juchcińska, 40 lat

Witaj, Beatko :)

Moja historia choroby jest długa, bo trwa już ponad dziesięć lat. Zaczęło się od nadczynności tarczycy. Po około dwóch latach leczenia lekarzom udało się zatrzymać chorobę. Hormony się unormowały. Niestety, krótko po tym zaczęły się bóle stawów i okazało się, że jest to reumatoidalne zapalenie stawów. Leczona byłam różnymi lekami, ale poprawa była minimalna, a ból coraz większy. Należę do tych osób, które mają agresywne RZS. Przez wiele lat kontynuowałam leczenie, wierząc, że leki w jakimś stopniu mi pomagają. W 2009 roku trafiłam do programu, w którym leczono mnie lekiem biologicznym (abataceptem). Wtedy znowu poczułam, jak wygląda życie bez bólu. Myślałam, że choroba się zatrzymała. Wróciłam nawet do pracy, a życie znowu wydawało się piękne. Niestety, lek bardzo osłabił mój system immunologiczny. Pojawiły się częste przeziębienia, alergie, pokrzywki i strasznie bolące i swędzące zmiany na całej skórze. Stwierdzono u mnie również astmę oskrzelową. Teraz już wiem, że mój organizm nie mógł sobie poradzić z przerażającą ilością toksyn. We wrześniu 2013 roku odstawili mi lek. Męczyły mnie te wszystkie choroby i byłam załamana. Przy tych chorobach mogłam jakoś funkcjonować, natomiast ból stawów bardzo mnie ograniczał. Nawet to, że trzy tygodnie spędziłam w szpitalu z nawracającą pokrzywką, nie przerażało mnie tak, jak ból stawów. Bardzo bałam się wrócić do starych leków. Pomyślałam, że znów ten methotrexate i metypred, które i tak mizernie pomagają. Do tego leki przeciwbólowe, których nie mogę brać, bo po nich mam pokrzywkę. Ból się jednak nie pojawił, więc nie szłam do lekarza. Dopiero w listopadzie coś się zaczęło. Bóle bardzo szybko narastały. Dokuczały mi również moje pozostałe dolegliwości: astma, alergia, zmiany skórne. Na dodatek w grudniu zachorowałam na obturacyjne zapalenie płuc.

Zanim dostałam się do reumatologa, choroba położyła mnie do łóżka na dobre. Strasznie zdeformowało mi łokieć. Do tego jeszcze czekała mnie w lutym 2014 roku artroskopia kolana. W końcu doczekałam się wizyty, na którą ledwo doszłam. A moja psychika była zupełnie do niczego. Dostałam skierowanie na badania. Wyniki badań to RF – 365, a OB – 8. To już tak jest z OB, kiedy organizm nie walczy. Podczas kolejnej wizyty oczywiście dowiedziałam się, że wracamy do methotrexate'u i metypredu. Na szczęście, gdy szłam po leki, spotkałam na swojej drodze anioła. Tak teraz mogę powiedzieć, że ten człowiek był moim dobrym aniołem. Osoba ta powiedziała mi, żebym spróbowała jeszcze postu Daniela według dr Ewy Dąbrowskiej. Nie zastanawiałam się długo. Jeszcze tego samego dnia kupiłam książkę. Przeczytałam od deski do deski i od razu rozpoczęłam post. Od tego momentu zaczęło się dla mnie nowe życie. Było to 4 lutego 2014 roku.

Już po kilku dniach postu moja psychika bardzo się poprawiła. Bóle stawów złagodniały. Po tygodniu odstawiłam leki przeciwbólowe. Methotrexate'u i metypredu nie wykupiłam do dzisiaj. Dostałam takiej energii, że myślałam, że mogłabym góry przenosić. Już wtedy wiedziałam, jaką drogą muszę iść dalej. Po 40 dniach postu czułam się wspaniale. Zrobiłam ponownie badania RF – 214, a OB – 22. Hura!!! Mój organizm zaczął walczyć. Kolana już nie puchną i nie bolą. Obyło się bez operacji. Byłam na wizycie kontrolnej u pulmonologa, który stwierdził, że astmy nie ma i że pewnie pomogły mi leki, które biorę na stawy (oczywiście ich nie biorę). Schudłam 15 kilogramów i pozbyłam się z organizmu wielu niepotrzebnych złogów i toksyn. Czułam się czysta. Wtedy właśnie stwierdziłam, że nie wrócę do wcześniejszego odżywiania. Szkoda mi było zabrudzić organizm, który oczyszczałam przez 40 dni. Zaczęłam czytać książki i przeszukiwałam internet. Natrafiłam na wiele ciekawych blogów. Jednym z nich był „Alkaliczny Styl Życia". Przeczytałam wiele postów i stwierdziłam, że mój styl życia wygląda bardzo podobnie. Tak, styl życia, nie dieta. Od tego momentu bardzo często zaglądam do Ciebie, Beatko, i czerpię inspirację całymi garściami. Uczestniczyłam we wspólnym oczyszczaniu i już czekam na następne. Każdy mój dzień rozpoczynam od wdzięczności. Rano piję szklankę wody z cytryną, czasami dwie. Jem dużo warzyw, owoców, kiełków. Piję codziennie soki z warzyw lub owoców. Często piję zielone koktajle według Twoich przepisów. Uwielbiam Twój gulasz z soczewicy. Jem dużo kiszonek. Czasami kasze, pestki, orzechy. Rzadziej, bo raz albo dwa razy w tygodniu, jajka, nabiał, ryby, mięso. Potrawy doprawiam dużą ilością ziół. Odstawiłam czarną herbatę i kawę, a także gluten. Piję natomiast dużo herbatek ziołowych, lipę, rumianek, pokrzywę, miętę, skrzyp, czystek itd. Piję również dużo wody. Obecnie czuję się wspaniale. Nie biorę żadnych leków. Jedynymi moimi lekami są witamina D_3, K_2 i C. Najbardziej cieszy mnie to, że poprawa zdrowia u mnie wpływa na bliskie mi osoby. Widząc poprawę u mnie, też starają się zmienić coś w swoim życiu. I to mnie chyba cieszy najbardziej, a zarazem motywuje do dalszego działania. Każdy mały kroczek prowadzi do wielkiej zmiany. Do zmiany stylu życia. Moim postanowieniem noworocznym w tym roku jest jeszcze większe pogłębianie swojej wiedzy na temat zdrowego odżywiania, bo wiem, że to jest ratunek dla mnie i otaczających mnie osób. Gdybym tego nie zaczęła, nigdy bym nie pomyślała, że w tak łatwy sposób można sobie pomóc.

Nie jest tak, że w ciągu tego roku cudownie ozdrowiałam. Moja choroba trwała ponad 10 lat. Stawy są wciąż bardzo słabe. Myślę, że teraz jest czas na ich odbudowę. Moja odporność też nie jest jeszcze idealna, chociaż widzę dużą poprawę. Zauważyłam, że bardzo pomocne są w tym herbatki rozgrzewające i witamina D_3. Bardzo uwierzyłam w to, że jak się tylko chce, to można sobie bardzo pomóc. Czuję, że chwyciłam byka za rogi i teraz już ze wszystkim sobie poradzę.

Jestem zupełnie innym człowiekiem i nie chodzi tu tylko o zdrowie. Przez moją przygodę ze zdrowym odżywianiem uwierzyłam w siebie, w możliwości, jakie daje mi życie :)

Pozdrawiam, Beatko

Żaneta Geltz, 40 lat

Beatko, oto moja krótka relacja:

Swoją przygodę związaną z powrotem do zdrowia rozpoczęłam, nie planując tego wcześniej. Gdy tworzyłam magazyn „Hipoalergiczni" i ruszyłam w Polskę, by robić wywiady z najbardziej inspirującymi osobami, zajmującymi się terapiami dla alergików, nie wiedziałam, że temat znacznie wykroczy poza obszar alergii. Najpierw myślałam o czytelnikach i chciałam dostarczyć im wiedzę niedostępną dla szerokiej publiczności, zwłaszcza z zagranicy. Pod wpływem przeprowadzonych rozmów zaczęłam jednak odstawiać potrawy zawierające pszenicę, potem mleko, poddałam się głodówce, żeby wiedzieć, czy da się to przeżyć. Eksperymentowałam też z generatorami wody alkalicznej. Zaczęłam dostrzegać zmiany nie tylko w ciele, które widać gołym okiem, gdy tracisz kilkanaście kilogramów w 2–3 miesiące, lecz także w głowie. Mój mózg pracuje jak kryształ, nie mam złych humorów, nie jestem zmęczona, wstaję jak skowronek i codziennie mam energię na gimnastykę poranną. Zredukowałam ilość spożywanego mięsa o 90 procent, cukru nie jem wcale. Niebywałe samopoczucie jest nagrodą za każdą zmianę, jaką wprowadzimy na talerzu, ale musi ona być przemyślana.

Justyna Rybaczek, 33 lata

Witam Pani Beato,

postanowiłam napisać kilka słów o tym, jak u mnie nastąpiła przemiana. Jak zmieniłam nawyki żywieniowe moje i mojej rodziny. Początkiem i głównym motywatorem tych zmian jest mój synek – Marcelek. Jako młoda, nieświadoma matka uważałam, że tzw. słoiczkowe jedzenie jest OK. Bo skoro tak szumnie reklamowane, a sam pediatra podczas wizyt wręcza broszurkę ze zdjęciami słoiczków, kiedy jaki wprowadzać, to musi to być zdrowe. Dopiero gdy zaczęłam zgłębiać wiedzę na temat żywienia, zupełnie przemeblowałam swoją kuchnię i nie mówię tu o szafkach kuchennych ;)

W ten oto sposób w koszu wylądowały wszystkie sosy w torebkach, zupy, oleje, biały cukier, mąka pszenna, białe makarony… Przestaliśmy z mężem stołować się w fast foodach. Dużo by tu wymieniać. Od tamtej pory, a minęło półtora roku od rewolucji, w kuchni królują kasze, mąki razowe, gryczane, orzechy, chleb żytni na zakwasie, który wypiekam sama. Odkryłam nowe smaki, nowe przyprawy, o jakich istnieniu i właściwościach nie miałam pojęcia. Jarmuż to podstawa naszych smoothie. Każdy dzień rozpoczynamy od szklanki wody z cytryną. Jemy zdrowo, sezonowo i nie chodzimy głodni! Nie podjadamy. Ze słodyczy jedynie pieczone przeze mnie kruche ciastka z mąki gryczanej białej, serniki jaglane, domowa granola itp. Zarówno ja, jak i mąż czujemy się dobrze. Skończyła się ociężałość po obiedzie, ospałość. Syn pięknie się rozwija. Ma prawie trzy latka. I mimo że w życiu nie spróbował chipsów ani parówki, nie uważam, że ma gorsze dzieciństwo, jak to czasem słyszę, że i tak go nie upilnuję, kiedy pójdzie do szkoły. No cóż. Mam nadzieję, że wyrobiłam w nim zdrowe nawyki żywieniowe, skoro w sklepie, widząc słodycze na półce, mówi: „To jest bleee, niezdrowe!", „Cukierki fuj! Reklamowane". A na moje pytanie, co chce na śniadanie, odpowiada: „Kaszę jaglaną z jabłuszkiem!".

Dzięki Pani i innym osobom z blogosfery moje życie uległo zmianie. Czerpałam i czerpię wiedzę i inspirację. Nie wystarczy zaopatrzyć się w tabletki „odkwaszające organizm" (o zgrozo!), tylko należy zmienić swoje podejście do tego, czym napełniamy żołądek. Samochód na oszukanym paliwie też daleko nie zajedzie… Z przyjemnością śledzę Pani fanpage na FB. Polecam go swoim znajomym, więc przyczyniła się Pani do zmiany również ich stylu życia.

Życzę powodzenia.

Asia M., 31 lat

Kiedy oglądam swoje zdjęcia z 2010 i 2011 roku, sama się nie poznaję. Roczny pobyt w USA i pozostałości po studenckich nawykach żywieniowych nieźle odbiły się na moim wyglądzie. Nigdy nie nazwałabym się „grubą", ale waga 65 kilogramów przy wzroście 168 centymetrów, brak ruchu i wszechobecne słodycze nie wpływały najlepiej na moje zdrowie.

Ciągle walczyłam z nawracającymi zapaleniami zatok. Coroczną anginą, alergią – już nie tylko na koty, ale także na pyłki, kurz, wełnę, pióra, soję, czekoladę. Coroczne wyniszczające antybiotykoterapie (3–5), po których ciężko się było pozbierać, zarówno układowi pokarmowemu, jak i mnie, psychicznie, bo wydawało mi się, że coś ze mną jest nie tak.

Mój organizm wybrał jednak zdrowie. Pewnego dnia natknęłam się na informację dotyczącą podziału produktów na alkaliczne i kwasowe.

Akurat był to temat na nudny wieczór przy komputerze. Nie skończyło się na jednym wieczorze. Przez dwa tygodnie codziennie do późnych godzin zagłębiałam się w teksty znalezione na blogach, stronach internetowych itp.

Temat był jeden: zdrowie, zdrowe, alkaliczne jedzenie.

Powoli docierało do mnie, że do tej pory byłam „nieuświadomiona", że tym, co jem, krzywdzę samą siebie. Bez większego przekonania, ale z ogromnym zaciekawieniem postanowiłam spróbować.

Rozpoczęłam ostrożnie: od szklanki wody z cytryną. Każdego dnia, a właściwie każdego ranka przed śniadaniem. Okazało się, że nie jestem głodna, nie „pożeram" na śniadanie byle czego, wcale nie potrzebowałam słodyczy, aby otrzymać poranną dawkę energii.

Następnym etapem było wprowadzanie do mojego codziennego menu więcej owoców i warzyw. Moją ulubioną kaszą stała się kasza jaglana. Przybywało mi energii. Zamieniłam wieprzowinę na mięso z kurczaka, poprosiłam rodziców, którzy hodują parę kur na własny użytek, o kilka piersi z kurczaka, o jajka, miód – aby zobaczyć, jak będą działać na mnie zdrowe, ekologiczne produkty.

Potem było już łatwo – odstawiłam białe pieczywo i mleko. O dziwo – wcale nie odczuwam ich braku. Zrezygnowałam z czarnej herbaty. W pracy kupiliśmy sobie porządną porcję czystka, który regularnie pijemy. A energetyzujące sałatki jako drugie śniadanie są na porządku dziennym. I co najważniejsze, problemy z jelitami, żołądkiem – szeroko rozumianym trawieniem – zaczęły ustępować. Z tygodnia na tydzień, z wprowadzaniem kolejnych alkalicznych rad do mojego życia, problemów zdrowotnych było mniej.

Pisząc to, zdałam sobie sprawę, że od prawie roku nie użyłam tabletki przeciwbólowej, bo nic mnie nie bolało tak, aby była to konieczność.

Moja kuchnia jest zaopatrzona w najlepszą oliwę z oliwek i oleje: sezamowy oraz z czarnuszki.

Myślałam, że alkaliczna dieta będzie uboga w smak. A jest wręcz przeciwnie. Odkrywam przyprawy i zioła, które nie tylko nadają potrawom smak, lecz także działają prozdrowotnie!

Przepisy osób biorących udział w oczyszczaniu (do którego staram się zachęcić współpracowników i rodzinę) goszczą w mojej kuchni na stałe.

Moje zmiany są powolne, nie spieszę się na tej drodze ku dobremu. Ale już dużo tego dobrego widać.

Serce bije bardziej miarowo, nie brak mu potasu – jak to bywało w przeszłości.

Skóra na twarzy przestała się niezdrowo świecić, nie mam już wyprysków, których nie mogłam zwalczyć żadnymi sposobami domowymi ani lekami od dermatologa.

Dzięki blogowi dowiedziałam się, że można zbadać poziom witaminy D. Wynik: 14,5 – tylko tyle. Być może to też była przyczyna mojej słabej odporności, skoro minimalny poziom to 30.

Schudłam – nie jakoś radykalnie, nie było to też moim celem, ale te 5 kilogramów (w kilka miesięcy) robi swoje, mam też wrażenie, jakby zeszła opuchlizna ciała. Teraz uwielbiam się na zdjęciach.

Myślałam, że wiele dolegliwości jest nie do przezwyciężenia. A jednak można.

Dziękuję Pani za energię, z jaką Pani prowadzi ten blog i stronę. Za cały poświęcony temu czas. Na pewno uratowało mi to zdrowie, uchroniło mnie od przykrych dolegliwości, tony antybiotyków i tabletek.

Wprowadzam zmiany w domu, w pracy. Chcę, żeby ludzie wokół, moi najbliżsi, też się zdrowo odżywiali. Cieszyli się zdrowiem. Bo to najważniejsze.

PS Z niecierpliwością czekam na kolejną odnowę, podobnie jak kilka osób z mojego otoczenia.

Gosia Herbich, 58 lat

Dobry wieczór, Beatko, postanowiłam opisać krótko moją historię z różnych powodów. Jednym z nich jest chęć pomocy Tobie i wsparcie Twoich poczynań. Wiele dobrego robisz, propagując alkaliczny sposób odżywiania. Jestem przekonana, że oprócz zdrowotnych efektów, jakie przynosi takie właśnie odżywianie, zmienia ono sposób myślenia o innych aspektach życia. Dziękuję Ci za to.

Dwa lata temu usłyszałam diagnozę, że mam złośliwego raka piersi. Był to dla mnie szok, trudno mi było się się z tym pogodzić, zwłaszcza że miałam wrażenie, że robię dużo dla zdrowia. O niszczycielskim wpływie zakwaszenia organizmu wiedziałam od dawna. Wydawało mi się, że postępuję zgodnie z założeniami diety dr Dąbrowskiej. Okazało się, że popełniam trochę błędów. Postanowiłam sięgnąć głębiej, do źródeł. Lektura różnych publikacji rozjaśniła moje widzenie zagadnienia. Jeszcze przed operacją postanowiłam oczyścić organizm, w czym pomogło mi picie roślinnych wywarów, kwasu buraczanego, jedzenie dużej ilości warzyw. Przypuszczałam, że w ten sposób najlepiej przygotuję się do czekających mnie zmian. Efektem tego była szybka rekonwalescencja, ogólny bardzo dobry stan organizmu już parę dni po operacji. Kiedy okazało się, że po miesiącu czeka mnie jeszcze jedna, nie odpuszczałam. Później chemia i radioterapia. Wszystko to trwało około roku. Przez cały czas starałam się trzymać zasad takiego stylu życia, by nie tylko odtruwać, lecz także równocześnie wzmacniać swój organizm. Do tej pory unikam białka i tłuszczu zwierzęcego. Nie jem produktów mających w swoim składzie pszenicę ani w ogóle żywności zawierającej gluten. To oczywiście nie jest łatwe, ale traktując życie jak dar, nie mam innego wyjścia. Rzecz jasna nie jestem ortodoksyjna, zdarzają się momenty „wyłomu". Ale nie przejmuję się tym za bardzo. Jestem nauczycielką wychowania fizycznego, co motywuje mnie do bardzo dużej aktywności fizycznej. Bieganie jest moją pasją od lat, podobnie jak ćwiczenie jogi. Uwielbiam jeździć rowerem bez względu na porę roku. To mój najważniejszy środek lokomocji.

W zeszłym tygodniu po raz pierwszy zbadano mi tzw. markery. Wyniki okazały się pomyślne. Czuję się bardzo dobrze, mam dużo sił witalnych, co nie wyklucza dni z „dołem". Czasami zdarzają się takie chwile, kiedy ogarnia mnie zwątpienie. Ale wtedy wkładam strój biegowy i ruszam w trasę albo na rower i do ludzi. Tak, przyjaciele, znajomi, wszyscy, z którymi się spotykam, dają mi to, czego bardzo potrzebuję. Ich wsparcie, troska, zrozumienie, cierpliwość, tolerancja, uśmiech, serdeczność i wiele jeszcze dobrych rzeczy są dla mnie bardzo ważne, potrafią dźwignąć z największego kryzysu.

Jest późno, więc może to, co chciałam opisać, nie zawsze odzwierciedla moje myśli. Może jest zbyt ogólne, a czasem jakieś za bardzo szczegółowe. Trochę też jestem przejęta tą sytuacją, więc bardzo Cię proszę o wyrozumiałość. Jeśli choć trochę mogłam być przydatna, to dla mnie satysfakcja.

Pozdrawiam Cię, Beatko, bardzo serdecznie i życzę powodzenia.

Dorota Maria, 60 lat

O leczeniu dietą pomyślałam w momencie, w którym dowiedziałam się, że w lewym oku na soczewce, która była już wielokrotnie „cerowana" laserem, stworzyła mi się błona będąca, najprawdopodobniej, wynikiem stanu zapalnego.

Powiedziano mi, że operacja zdjęcia tej błony jest bardzo ryzykowna i może skończyć się utratą wzroku, pozostawiając decyzję co do operacji w moich rękach.

Pomyślałam, że mam trochę czasu na podjęcie tej ryzykownej decyzji, a na razie zapoznam się z ewentualnymi alternatywnymi metodami leczenia.

Jestem żoną lekarza o wieloletniej praktyce i osobą niepodatną na tzw. wynalazki i niesprawdzone diety lub kuracje.

Ale informacja, że błona nasiatkówkowa jest wynikiem procesu zapalenia, który od dłuższego czasu nie ustępował z mojego organizmu, dając mi się we znaki w różny sposób, kazała mi się pochylić nad tym problemem i zastanowić nad jego, niekoniecznie farmakologicznym, rozwiązaniem.

Najbardziej dawały mi się we znaki stawy, od stawów w dłoniach i stopach począwszy, przez stawy barkowe i kolanowe, a skończywszy na stawach biodrowych. Jeden musiałam już zoperować kilka lat temu, wstawiając sobie endoprotezę. Ale wciąż zażywałam leki przeciwzapalne i przeciwbólowe, bez których nie mogłam spokojnie przespać nocy.

Postanowiłam odstawić mięso i przejść na dietę wegetariańską. Zaczęłam czytać wiele pozycji dotyczących zdrowego jedzenia i zdrowego trybu życia, coraz bardziej utwierdzając się w przekonaniu, że jestem na dobrej drodze. Zastosowanie diety dr Dąbrowskiej spowodowało, że oprócz utraty kilku kilogramów pierwszy raz od wielu lat mogłam pomyśleć o ominięciu codziennej dawki diklofenaku. W ciągu nocy przestał budzić mnie ból.

Pewnego dnia natknęłam się na Facebooku na wątek Beaty: Alkaliczny Styl Życia – zdrowie z wyboru. Był dla mnie odkryciem i źródłem wielu nowych informacji na temat zdrowego odżywiania. Zwrócenie uwagi na pH pożywienia było wtedy dla mnie bardzo odkrywcze i wzbudziło moje zainteresowanie. A wspólne przejście trzech już programów odnowy, polegających na jedzeniu samych warzyw i śladowych ilości owoców (jabłek *de facto*) w grupie kilkuset osób myślących podobnie jak ja i poszukujących dobrych wzorów żywieniowych, było niesłychanie wzniosłym doświadczeniem, które dawało mi za każdym razem wiele energii, dobrego samopoczucia oraz kilka kilogramów i kilka centymetrów mniej…

Praca Beaty, którą wkłada w drążenie tematu zdrowego odżywiania, jest godna najwyższej pochwały. Beata przerzuca w naszym imieniu tony literatury i najnowszych doniesień, nie dając się zwieść niesprawdzonym informacjom. Załatwia za nas wielką robotę, bo nie każdy ma czas, ochotę i cierpliwość na przerzucanie wieluset stron różnorakich publikacji dotyczących żywienia. Mam do niej zaufanie, bo nie daje się ponieść modom na różne diety, ich składniki czy preparaty bądź suplementy diety. Propaguje zdrowy styl życia i zdrowe odżywianie. Jest żywym przykładem ich stosowania. Zawsze uśmiechnięta, pełna energii i dobrych intencji.

Wiem to z autopsji, bo miałam okazję poznać Beatę osobiście. Jest cudownym, dobrym człowiekiem i piękną kobietą emanującą zdrowiem i szczęściem mimo różnych życiowych zawirowań.

Dzisiaj, po ponad dwóch latach od zmiany diety, mogę stwierdzić, że czuję się o niebo lepiej niż kiedyś. Jestem dużo zdrowsza, nie biorę leków przeciwzapalnych i przeciwbólowych, jestem szczuplejsza, pogodniejsza, wyspana i mam dużo lepsze samopoczucie. Przestałam brać leki przeciwdepresyjne, które byłam zmuszona przyjmować przez ponad trzy lata. Z leków zażywam jedynie beta-blokery. I wspomagam się zimą witaminą D_3 wraz z K_2, magnezem oraz preparatem z kwasem tłuszczowym omega-3.

Jadam dużo warzyw, przede wszystkim surowych i gotowanych na parze, w tym strączkowych, owoce w pierwszej połowie dnia ze względu na ich wysoki indeks glikemiczny, ryby, sery kozie, oliwę z oliwek... Piję dużo wody, w tym wodę z cytryną i imbirem każdego dnia rano. Nie unikam lampki wina do obiadu.

Więcej się ruszam, przede wszystkim spacerując. Do sportu mnie nie ciągnie, bo trenowałam w młodości lekkoatletykę i stwierdzam, że sport wyczynowy jest często przyczyną wielu dolegliwości, które w późniejszych latach mogą przerodzić się w poważniejsze problemy zdrowotne.

Mam wrażenie, że procesy zapalne w stawach zostały zahamowane. Błona nasiatkówkowa nie zniknęła, bo cudów nie ma, ale ma wciąż taką samą grubość, czyli pozostaje niezmieniona od kilku lat. Była powodem zmiany nawyków żywieniowych i to wystarczy.

Inne dolegliwości związane z wiekiem i złym odżywianiem ustąpiły lub zostały zminimalizowane. Mogę cieszyć się życiem i nie myśleć o chorobach. Liczę, że stan taki potrwa jak najdłużej, a wpływ na to miała zmiana trybu życia i sposobu odżywiania.

Katarzyna Hojan-Sitkowska, 44 lata

Trafiłam na Pani stronę z alkalicznym sposobem żywienia, szukając rozwiązania swoich kłopotów zdrowotnych. Jelita odmawiały mi posłuszeństwa i całe moje życie kręciło się blisko toalety. Nigdy nie lubiłam diet odchudzających, trudno mi z ograniczeniami. Tak i teraz spojrzałam na Pani opowieść ze sporym dystansem. Na swoim blogu ustaliła Pani termin oczyszczania. Miesiąc czekania, a właściwie miesiąc przygotowywania się. Sukcesywnie czytałam posty na blogu, myślałam, przygotowałam zakwas buraczany i... pracowałam nad swoją psychiką, bym czas oczyszczenia przyjęła ze spokojem. Czuję, że nie można do takiego procesu podejść ot tak, bez przygotowania. Zmiany, które mają się dokonać, są zbyt głębokie. I tak też było.

Pierwsze dwa dni minęły spokojnie, widać jeszcze żyłam na jedzeniu zmagazynowanym w ciele. Trzeci dzień okazał się horrorem. Ból głowy, biegunka, wymioty, wysypka na ciele... Pomyślałam, że to dobrze. Niech się dzieje, widać jest co usuwać. Następne dwa dni czułam się podobnie, dobrze, że była niedziela, więc miałam komfort i odpoczynek. Później już było dobrze. Ciało oczyszczało się swoim tempem. Przez cały czas oczyszczania nie miałam panicznego poczucia głodu. To dla mnie bardzo ważne. Co się zmieniło? Praca jelit się unormowała! Więc mój zamierzony efekt został osiągnięty. Dodatkowo zniknęła zgaga poranna i metaliczny posmak w ustach. Czułam się i byłam o cztery kilogramy lżejsza. Przestały mnie boleć stawy, co odczytałam jako oczyszczenie ze szczawianów. Od czasu oczyszczania odżywiam się tylko alkalicznie. Zniknęło 14 kilogramów. Zniknęło, bo nie wiem kiedy i jak. Nie skupiałam się na tym. W tej chwili najważniejszy dla mnie jest fakt, że mam wiele energii, siły i jestem zdrowsza.

Pani Beatko, dziękuję.

Marzena, 45 lat

Moja przygoda z oczyszczaniem zgodnie z alkalicznym stylem życia... rozpoczęła się dokładnie rok temu, podczas akcji FB, wspólnego, internetowego oczyszczania. Bardzo wzięłam sobie do serca wszystkie zakazy, nakazy i wskazówki, bo myślałam o potrzebie zrzucenia paru ładnych kilogramów... Wydrukowałam wiele tabel, opisów ze strony Alkaliczny Styl Życia i poprzyklejałam na szafki kuchenne, by mieć wszystko „na oku"... ha, ha... i rzeczywiście ciągle z tego korzystałam. Był to dla mnie czas ciągłego gotowania zup, barszczu i przygotowywania beztłuszczowych potraw. Gdzieś w głowie dokuczał mi brak kawy. Bardzo!!! I to właściwie mój jedyny „ból" tego oczyszczania. Pamiętam, że nastawiałam się na cudowny smak pierwszej kawy po czasie oczyszczania... I tu rozczarowanie, bo wcale nie była takim smakowym cudem. Nie odczułam spektakularnej różnicy w funkcjonowaniu mego organizmu przed i po oczyszczaniu, pewnie dlatego, że przed też czułam się świetnie... ale za ciężko. W ciągu czterech tygodni diety oczyszczającej straciłam siedem zbędnych kilogramów. I to przyniosło mi największą satysfakcję. A świadomość, że zrobiłam to w najlepszy możliwy sposób dla swojego organizmu, spowodowała, że poczułam się pozytywnie umocniona. Dobrze jest robić dla swojego organizmu tak pożyteczne rzeczy. To wewnętrznie buduje i daje siłę! A czytanie komentarzy innych uczestników oceniam jako bezcenne i wieeelce motywujące. To był dla mnie bardzo dobry czas!... I dlatego właśnie już nigdy nie posłużę się zakwaszającą dietą kopenhaską, jak to robiłam wcześniej. Teraz oczyszczam się i odchudzam zdrowo i przyjemnie. Aktualnie jestem na półmetku zaplanowanych sześć tygodni diety dr Dąbrowskiej, czuję się świetnie, chudnę (minus osiem kilogramów) i poznaję nowe, zdrowe sposoby przygotowywania posiłków oraz ideę zdrowego odżywiania. Po pierwszym oczyszczaniu pozostał mi codzienny rytuał picia ciepłej wody z cytryną zaraz po przebudzeniu. Niby nic, a od razu czuję się obudzona, rześka, pozytywna. Lubię też sprawdzać na etykietach, co kupuję. Omijam szerokim łukiem wszelkie regały z niezdrową żywnością, nie pijam kartonowych soków, znowu doceniam nasze polskie warzywa i lubię mieć świadomość, że przygotowuję swoje jedzenie ze zdrowych produktów. Fajnie się wtedy czuję... mam świadomość, że jestem dla siebie najważniejsza... tak, tak... taki banał, ale fakt – nikt nie zadba o mnie tak, jak ja sama, więc dbam. Coraz bardziej!

Beata Sipta-Pavese, 35 lat

Witam Pani Beatko,

otóż wszystko zaczęło się w 2009 po urodzeniu mojego pierwszego dziecka... Przytyłam 22 kilogramy... tak... nie do wiary!!! Ale nic nie robiłam, tylko siedziałam, a moje przekąski były „naładowane" kaloriami jak „dobra kasza skwarkami". Zawsze sobie mówiłam, że niczego nie będę sobie żałować.

I tak ze szczupłej, wysportowanej trzydziestolatki (ważyłam wtedy 55 kilogramów) przeobraziłam się w potwora. Zrozumiałam to dopiero potem, gdy po urodzeniu synka ciężko mi było nawet wstać z łóżka, nie mówiąc o tym, że aby wejść na drugie piętro, ...musiałam odpoczywać. Moje ciało nie podobało mi się wcale, a wręcz bym powiedziała, że go nienawidziłam. Nie jestem typem osoby, która stosuje drastyczne diety głodówkowe albo jakieś inne... Po prostu nie jestem typem na żadne diety. Więc postanowiłam przekształcić moje (a raczej całej mojej rodziny) życie w życie jak najbardziej naturalne. Zaczęłam „grzebać" w sieci, aby znaleźć jak najlepszy sposób, chcąc zgubić zbędne kilogramy i przy tym nie zwariować.

Udało się. Ale nie chodziło zbytnio o zgubienie kilogramów, lecz o to, aby żyć zdrowo i jak najbardziej naturalnie.

Minęło już sześć lat, w tym czasie urodziłam córeczkę.

Druga ciąża była dla mnie „testem"... czy uda mi się kontynuować naturalną przygodę? Pewnie, że się udało. Przytyłam co prawda 20 kilogramów, ale to był tylko „mały" brzuszek.

Co takiego zmieniłam i wprowadziłam w moje życie? A raczej w nasze?

Lista jest długa... Przede wszystkim nie objadamy się. Staramy się zawsze mieć na stole sezonowe owoce i warzywa. Przyprawiam ziołami. Nie używam białego cukru ani soli.

Ryba też często pojawia się w naszym menu. Mieszkam we Włoszech, a rybka tutaj jest pyszna.

Oczywiście dużo zaczerpnęłam z Pani strony na FB... rzeczy normalne, codzienne, ale jak ważne... np. kapusta kiszona. Nigdy jej zbytnio nie doceniałam. Teraz często gości na naszym stole. Albo na przykład czosnek. Jest naszym przyjacielem nie tylko w kuchni, lecz także w apteczce... Jest przecież naturalnym antybiotykiem.

W naszym domu zagościły już na stałe różnego rodzaju koktajle owocowe i warzywne…

Oczywiście do tego wszystkiego trzeba dołączyć dużo ruchu… inaczej nic nie zadziała. Nie zadziała dobre samopoczucie… nie zadziała tryskanie energią ani dobre zdrowie.

My kochamy wycieczki rowerowe, kochamy wyprawy pod namiot, kochamy bycie na świeżym powietrzu. Kochamy naturę i staramy się z niej czerpać tyle, ile możemy.

Co się zmieniło? Dużo. Ja osobiście lepiej się czuję i fizycznie, i psychicznie. Mogę powiedzieć, że to wszystko dodało mi nawet urody. Skóra mi się bardzo poprawiła. Nie mam wyrzutów sumienia. Dużo osób śmieje się ze mnie, że ja taka „naturalna". Moje dzieci nie wiedzą, co to jest przeziębienie, a lekarstw w naszej rodzinie prawie się nie używa. Ja osobiście nie zażywam lekarstw od 2 lat. Czuję się na siłach, żeby przetrwać wszystkie choroby. Jestem naturalna i jest mi z tym dobrze… Ale… szczerze, nie było łatwo.

Najtrudniej z dziećmi… Przekonać małego, żeby zjadł łyżkę szpinaku czy surówkę z kapusty kiszonej było prawdziwym wyzwaniem… Ale się udało. Nie odmawiam dzieciom czekolady czy lizaka, bo sama w dzieciństwie też jadłam. Częściej jednak pytają o jakieś warzywo (głównie marchewkę) albo owoc.

I jestem z tego dumna.

Oczywiście nie zatrzymuję się na tym, co już mam. Codziennie pogłębiam wiedzę i z Pani pomocą łatwiej mi idzie.

Dziękuję i pozdrawiam.

KILKA ZDROWYCH PRZEPISÓW

Wszystkie przedstawione przepisy sprawdziłam osobiście. Potrawy przyrządza się szybko i są one bardzo smaczne. Czas na przygotowanie każdej z nich nie powinien przekroczyć 30 minut, a w niektórych przypadkach jest to zaledwie kilka minut. Oczywiście jeśli mamy pod pod ręką składniki podstawowe i przyprawy Dodaję dużo przypraw i ziół i tak też polecam robić na stałe. Potrawy zyskują smak i dodatkowe walory zdrowotne. W kilku miejscach jako dodatek pojawia się kromka pieczywa razowego, najlepiej tost, ponieważ jest lżej strawny i nie obciąża układu pokarmowego. Można też opiec kromkę chleba w piekarniku bądź na suchej patelni. Przepisy traktujcie jako inspirację. Możliwości jest wiele.

Jeżeli posiłki główne nam nie wystarczają, możemy pomiędzy nimi zjeść przekąskę: koktajl warzywny, sok owocowy, sok warzywno-owocowy, porcję świeżych owoców, garść migdałów lub pestek słonecznika, dyni, ewentualnie kilka orzechów, jogurt (sam lub z dodatkiem granoli czy odrobiny świeżych owoców), surowe warzywa typu marchew, seler naciowy, rzodkiewki, kalarepa, pomidor, papryka, ogórek (same lub z dodatkiem jogurtu z czosnkiem, oliwą i koperkiem). Dowolna sałatka też jest dobrą przekąską.

Ważne, aby po zjedzeniu posiłku głównego odczekać przynajmniej 2–3 godziny. Jeśli ktoś potrzebuje przekąsek, by czuć się dobrze i nie być głodnym, warto ustalić stały rytm jedzenia: śniadanie, przerwa trzy godziny, potem przekąska, przerwa 2 godziny, potem obiad, przerwa 3 godziny, przekąska i po

2 godzinach kolacja. Wtedy organizm będzie miał dość czasu, aby strawić poprzednią porcję pożywienia.

Nawet jeśli nie musimy jadać przekąsek, bo wystarczają nam główne posiłki, zawsze warto mieć coś pod ręką na wszelki wypadek. Choćby garść migdałów lub owoc czy sok.

ZUPY

Zupa kokosowa z cukinią*

1 średnia cebula
2 ząbki czosnku
1 łyżka oleju kokosowego
1 czerwona papryka pokrojona w kostkę
1 łyżka bulionu vege bez glutaminianu sodu
2 łyżeczki pasty curry
1 łyżeczka trawy cytrynowej
szczypta chili
$^1/_3$ łyżeczki pieprzu
1 litr gorącej wody
2 ziemniaki pokrojone w małą kostkę
1 duża cukinia, pokrojona w półplasterki
$^2/_3$ puszki mleka kokosowego
sól do smaku
1 pęczek drobno posiekanej natki

Pokrojoną w kostkę cebulę i przęciśniety przez praskę czosnek poddusić w garnku na oleju kokosowym (ok. 3 minuty). Dodać paprykę i wymieszać. Dodać bulion, pastę curry, trawę cytrynową, chili, pieprz, zalać gorącą wodą, wymieszać i gotować ok. 15 minut. Dodać ziemniaki, cukinię, mleko kokosowe, doprawić solą (jeśli trzeba) i gotować 15 minut. Zupę posypać dużą ilością natki pietruszki.

* Zupa lekka i może być podawana jako część obiadu lub na kolację. Ewentualnie można dodać do jej gotowania małe kawałeczki piersi z ekokurczaka.

Zupa krem z buraków*

4 średnie buraki
1 kwaśne jabłko
2 cm startego imbiru
1 łyżeczka bulionu vege bez glutaminianu sodu
2 szklanki wody
listki z 3 gałązek rozmarynu
sól, pieprz do smaku
4 ząbki czosnku
1 łyżka jogurtu

Umyte buraki zawinąć w folię aluminiową i piec około 1 godziny w temperaturze 200°C. Gotowe obrać, pokroić i wrzucić do garnka. Jabłko obrać, pokroić na części, uprażyć na suchej patelni i dodać do buraków. Dodać imbir, bulion, 2 szklanki wody, rozmaryn. Gotować 15 minut. Zmiksować całość blenderem. Doprawić solą i pieprzem. Czosnek pokroić w plasterki i uprażyć na złoty kolor na suchej patelni. Zupę podawać z kleksem jogurtu, posypaną płatkami czosnku.

* Zupa lekka, może być podawana jako część obiadu lub na kolację.

Zupa krem z dyni*

5 suszonych pomidorów
1 cebula
3 cm startego imbiru
2 łyżki oliwy z oliwek
30 dag miąższu dyni
1 średniej wielkości ziemniak
1 mały pomidor
listki z 1 gałązki świeżego rozmarynu
1 łyżeczka bulionu vege bez glutaminianu sodu
$^1/_3$ łyżeczki kuminu
$^1/_3$ łyżeczki pieprzu czarnego
szczypta kurkumy
szczypta chili
2,5 szklanki wody
sól do smaku
pestki dyni
natka pietruszki

Suszone pomidory oraz cebulę posiekać i razem z imbirem dusić na oliwie w garnku (ok. 3 minut). Dodać pokrojone w kostkę dynię, ziemniak i pomidor, a następnie rozmaryn, bulion, kumin, pieprz, kurkumę, chili, wodę, sól (jeśli potrzeba). Gotować 25 minut, a potem całość zmiksować w blenderze. Pestki dyni uprażyć na suchej patelni na złoty kolor. Zupę podawać udekorowaną prażonymi pestkami i posiekaną natką. Zamiast dyni można użyć marchwi (krem z marchwi).

* Zupa lekka, może być podawana jako część obiadu lub na kolację.

Zupa z fasolą*

$^2/_3$ szklanki białej fasoli
$^1/_2$ łyżeczki ziaren kminku
1 duża cebula
2 marchewki
1 pietruszka
2 cm korzenia selera
1,5 l wody
2 liście laurowe
5 ziaren ziela angielskiego
szczypta kurkumy
szczypta tymianku
$^1/_2$ łyżeczki pieprzu czarnego
szczypta lubczyku lub gałązka świeżego
$^1/_2$ łyżeczki kozieradki
1 łyżka masła
3 ziemniaki
3 ząbki czosnku
1 łyżeczka majeranku
sól do smaku
natka pietruszki

Fasolę namoczyć na noc, a następnie ugotować z kminkiem. (Nie wylewać wody z gotowania). Cebulę, marchew, pietruszkę, seler pokroić i gotować w 1,5 litra wody, dodając: liście laurowe, ziele angielskie, kurkumę, tymianek, pieprz, lubczyk, kozieradkę, masło. Pod koniec gotowania dodać pokrojone w kostkę ziemniaki i roztarte wcześniej z majerankiem i solą ząbki czosnku oraz fasolę wraz z wodą, w której się gotowała. Zupę podawać posypaną natką pietruszki.

* Zupa bardzo pożywna. Może stanowić samodzielny posiłek.

Kapuśniak z ciecierzycą*

$^{1}/_{2}$ szklanki cieciorki
$^{1}/_{3}$ łyżeczki ziaren kminku
2 l wody
$^{1}/_{2}$ średniej kapusty włoskiej
2 marchewki
1 pietruszka
2 cm korzenia selera
kawałek pora
1 cebula
szczypta tymianku
szczypta kurkumy
szczypta imbiru w proszku
szczypta chili
szczypta bazylii
1 łyżeczka majeranku
$^{1}/_{2}$ łyżeczki kozieradki
$^{1}/_{3}$ łyżeczki mielonego pieprzu
2 liście laurowe
4 ziarna ziela angielskiego
$^{1}/_{2}$ łyżeczki lubczyku lub gałązka świeżego
2 ziemniaki
sól do smaku
3 łyżki pulpy pomidorowej
2 ząbki czosnku
natka pietruszki
koperek

Cieciorkę zalać wieczorem wodą, pozostawić na noc, a następnego dnia ugotować z kminkiem. Do 2 litrów wrzątku wrzucić poszatkowaną kapustę, pokrojoną w plasterki marchew i pietruszkę, por, seler i pokrojoną w kostkę cebulę. Dodać przyprawy (tymianek, kurkumę, imbir, chili, bazylię, majeranek, kozieradkę, pieprz, liście laurowe, ziele angielskie oraz lubczyk). Gotować 15 minut. Dodać pokrojone w kostkę ziemniaki, ugotowaną cieciorkę, sól i gotować, aż ziemniaki będą prawie miękkie. Na koniec dodać pulpę pomidorową i przeciśnięte przez praskę ząbki czosnku. Gotować jeszcze 2 minuty. Podawać z dużą ilością posiekanego koperku i natki.

* Zupa bardzo pożywna. Może stanowić samodzielny posiłek.

DANIA jednogarnkowe

Cieciorka w sosie pomidorowo-paprykowym*

$^{2}/_{3}$ szklanki cieciorki
$^{1}/_{3}$ łyżeczki ziaren kminku
1 łyżeczka bulionu vege bez glutaminianu sodu
6 łyżek pulpy pomidorowej
$^{1}/_{2}$ łyżeczki kozieradki
1 łyżeczka masła
1 łyżka oliwy z oliwek
1 cebula
1 czerwona papryka
2 ząbki czosnku
1 łyżka jogurtu naturalnego

Cieciorkę namoczyć na noc i ugotować z kminkiem. Do ugotowanej cieciorki dodać bulion, pulpę pomidorową, kozieradkę, masło. Podlać 3 łyżkami wody i dusić ok. 15 minut. Na patelni na oliwie poddusić cebulę i paprykę pokrojone w kostkę. Do fasoli dodać pokrojony w plasterki czosnek i cebulę z papryką. Dusić razem jeszcze kilka minut. Na koniec dodać łyżkę jogurtu i wymieszać. Podawać z komosą ryżową, kaszą jaglaną, ryżem basmati lub pełnoziarnistym chlebem.

* Potrawa bardzo pożywna. Może stanowić samodzielne danie obiadowe.

Ryba w sosie pomidorowym*

3 filety białej ryby
sól czosnkowo-cebulowa
oliwa z oliwek
2 duże pomidory
pieprz do smaku
$^{1}/_{2}$ łyżeczki tymianku
3 ząbki czosnku
1 nieduża cukinia
1 marchewka
natka pietruszki

Filety pokroić w dużą kostkę, oprószyć solą i chwilkę obsmażyć na oliwie z oliwek. Pomidory sparzyć wrzątkiem, zdjąć skórkę i pokroić w kostkę. Dodać do ryby, popieprzyć, dodać tymianek i dusić pod przykryciem 10–15 minut. Pod koniec duszenia dodać przeciśnięte przez praskę ząbki czosnku. Dosolić, jeśli trzeba. Marchew i cukinię pokroić obieraczką do warzyw na paski (jak makaron tagliatelle) i ugotować na parze (10 minut). Rybę z sosem podawać z tagliatelle warzywnym, oprószoną natką pietruszki.

* Można jeść na kolację lub na obiad jako uzupełnienie lekkiej zupy.

Ryba w warzywach*

4 średniej wielkości cebule
1 zielona papryka
1 czerwona papryka
4 średnie ziemniaki
400 g pulpy pomidorowej
2 łyżki oliwy z oliwek
sól do smaku
szczypta kurkumy
$^1/_3$ łyżeczki pieprzu
4 ząbki czosnku
4 filety białej ryby
$^1/_4$ szklanki białego wytrawnego wina
sok z połowy cytryny
natka pietruszki

Cebulę pokroić w kostkę i zeszklić na oliwie. Dodać pokrojoną w paski paprykę. Dodać ziemniaki pokrojone w cienkie plasterki, pulpę pomidorową, sól, kurkumę, pieprz, przeciśnięte przez praskę ząbki czosnku. Na wierzchu położyć rybę pokrojoną w dużą kostkę. Zalać białym winem i skropić sokiem z cytryny. Dusić około 30 minut. Na koniec dodać oliwę. Podawać oprószone natką pietruszki.

* Danie może stanowić samodzielny posiłek na obiad lub kolację.

Naleśniki gryczane z warzywami*

1 szklanka mąki gryczanej
$^{1}/_{2}$ szklanki mąki orkiszowej
bądź razowej
2 łyżki mąki kukurydzianej
sól do smaku
1 szklanka wody
mleko roślinne
(lub większa ilość wody)

Farsz

1 średni seler
1 duża pietruszka
5 średnich marchewek
1 cebula
łyżka masła klarowanego
lub 2 łyżki oliwy z oliwek
3 listki laurowe
3 ziarna ziela angielskiego
1 łyżeczka słodkiej papryki
szczypta chili
$^{1}/_{4}$ łyżeczki pieprzu
sól do smaku

Składniki na ciasto zmiksować, dodając tyle mleka roślinnego, by uzyskać konsystencję ciasta naleśnikowego. Usmażyć cienkie naleśniki.

Seler, pietruszkę i marchew utrzeć na tarce o grubych oczkach. Cebulę pokroić w kostkę i zeszklić na maśle lub oliwie. Dodać starte warzywa i przesmażyć, mieszając. Dodać przyprawy, odrobinę wody i dusić pod przykryciem przez około 20 minut. Wyrzucić listki laurowe i ziele angielskie. Farszem smarować naleśniki i składać w kopertkę.

* Naleśniki można zjeść jako danie obiadowe po lekkiej zupie lub na kolację. Jeśli zostaną, można je następnego dnia odgrzać na patelni na odrobinie masła sklarowanego i zjeść na śniadanie.

Ziemniaki w sosie pomidorowo-paprykowym*

1 cebula
oliwa z oliwek
2 papryki
2 łyżeczki czerwonej papryki słodkiej
400 g pulpy pomidorowej (lub krojonych pomidorów)
1 łyżeczka bulionu vege bez glutaminianu sodu
$^{1}/_{3}$ łyżeczki sproszkowanego kminku
$^{1}/_{3}$ łyżeczki kuminu (opcjonalnie)
4 ziemniaki

Cebulę pokroić w plasterki i zeszklić na oliwie. Dodać paprykę w paskach i chwilę razem przesmażyć. Przesunąć warzywa i z boku patelni zasmażyć paprykę w proszku, mieszając (kilkanaście sekund). Dodać pomidory, bulion, kminek, kumin i wymieszać wszystko razem. Na wierzchu położyć ziemniaki pokrojone w ósemki (lekko zanurzyć w sosie). Przykryć i dusić, aż ziemniaki będą miękkie.

* Potrawę można zjeść jako uzupełnienie lekkiej zupy na obiad lub jako samodzielne danie na kolację. Do potrawy dobrze podać np. sałatę z rukolą skropioną cytryną i oliwą.

Gołąbki z kaszy gryczanej i ryżu*

1 główka kapusty włoskiej
10 dag kaszy gryczanej
10 dag ryżu basmati
$^{1}/_{2}$ kg cebuli
1 łyżka oliwy z oliwek
3 jajka
1 łyżeczka pieprzu ziołowego
$^{1}/_{3}$ łyżeczki sproszkowanego imbiru
$^{1}/_{2}$ łyżeczki kozieradki
szczypta kurkumy
1 łyżka majeranku
$^{1}/_{2}$ łyżeczki kminku sproszkowanego
1 łyżeczka bazylii
sól, pieprz do smaku (sporo)
2 szklanki bulionu vege bez glutaminianu sodu
1 cebula do sosu
2 łyżeczki koncentratu pomidorowego

Liście kapusty obgotować. Kaszę gryczaną i ryż ugotować na sypko (można też wykorzystać woreczki, wtedy 1 woreczek kaszy i 1 ryżu). Cebulę pokroić w kostkę i zeszklić na oliwie z oliwek. Wymieszać z kaszą, ryżem, jajkami i przyprawami. Faszerować kapustę, zawijać jak gołąbki i ciasno układać w garnku. Zalać bulionem, dodać pokrojoną w drobną kostkę cebulę i gotować ok. 1 godziny. Na koniec dodać koncentrat pomidorowy, doprawić sos solą i pieprzem. Gotować jeszcze kilka minut. Gołąbki podawać z sosem pomidorowym i miksem sałat.

* Gołąbki można jeść jako danie na obiad lub na kolację.

Kurczak w sosie miętowym*

10 ząbków czosnku w łupinach
olej do smażenia
1 cebula
masło klarowane
1 pierś z kurczaka ekologicznego
sól, pieprz do smaku
$^2/_3$ szklanki gęstego, tłustego jogurtu naturalnego
2 łyżki suszonej mięty

Czosnek w łupinach usmażyć z obu stron na oleju na ciemny rumiany kolor. Zdjąć z patelni i odstawić do ostygnięcia. Cebulę pokroić w kostkę i zeszklić na maśle. Dodać do cebuli pokrojoną w drobną kostkę pierś, przemieszać (mięso powinno być ścięte z każdej strony). Dodać sól, pieprz. Ząbki czosnku wycisnąć (łatwo wychodzą z łupinek) i rozetrzeć. Wymieszać dobrze z jogurtem i miętą. Zalać tym sosem kurczaka i dusić ok. 10 minut. Podawać ze zblanszowanym tagliatelle z cukinii (cukinia pokrojona na paski obieraczką do warzyw) lub z odrobiną komosy ryżowej i dużą porcją zielonej sałatki (miks sałat, np. roszponka, rukola, sałata, ogórek, z awokado, sokiem z cytryny, oliwą, chili i solą).

* Danie bardzo sycące na obiad lub wczesną kolację.

Ryż z cukinią*

1 cebula
oliwa z oliwek
3 ząbki czosnku
1 średnia cukinia
$^{2}/_{3}$ szklanki ryżu
1 łyżeczka tymianku
$^{1}/_{4}$ łyżeczki imbiru w proszku
$^{1}/_{4}$ łyżeczki bazylii
$^{1}/_{4}$ łyżeczki kozieradki
$^{1}/_{4}$ łyżeczki pieprzu
$^{1}/_{2}$ łyżeczki czerwonej papryki
1 łyżeczka bulionu vege bez glutaminianu sodu
2 łyżeczki koncentratu pomidorowego
1 łyżeczka masła
natka pietruszki

Cebulę pokroić w kostkę i zeszklić na oliwie. Dodać przeciśnięte przez praskę ząbki czosnku i chwilę przesmażyć, aż zaczną wydzielać silny aromat. Dodać cukinię pokrojoną w kostkę. Przemieszać, wsypać ryż i ponownie wszystko wymieszać. Dodać tymianek, imbir, bazylię, kozieradkę, pieprz, paprykę. Zalać gorącą wodą, tak by sięgała kilka milimetrów nad poziom ryżu. Dodać bulion, koncentrat, masło i posiekaną natkę. Gotować na małym ogniu, aż ryż będzie miękki i woda całkowicie wsiąknie. Podawać z dużą porcją zielonej sałatki.

* Ryż można zjeść na obiad jako uzupełnienie zupy lub na kolację.

SAŁATKI

Sałatka z rukolą w ciepłym sosie*

sałata lub mix sałat
rukola
1 cebula
1 łyżeczka masła
1 łyżka oliwy z oliwek
2 pomidory
1 łyżka sera pleśniowego (niebieskiego)
sól, pieprz do smaku

Porwać na kawałki umytą sałatę i rukolę, wymieszać. Cebulę pokroić w kostkę i poddusić kilka minut na oliwie z masłem. Pomidory zanurzyć na chwilę we wrzątku (skórka lekko wtedy schodzi), obrać ze skórki, pokroić w drobną kostkę, dodać do cebuli i przesmażyć razem kilka minut. Na koniec wkruszyć ser pleśniowy, dodać sól i pieprz. Sałatę polać gorącym sosem tuż przed podaniem.

* Sałatka może być dodatkiem do delikatnej ryby ugotowanej na parze lub przekąską. Można wtedy jako dodatek przygotować tost z kromki chleba pełnoziarnistego posmarowanego oliwą z czosnkiem.

Sałatka z kapusty pekińskiej z pastą sezamową (tahiną)*

$^1/_3$ szklanki rodzynek
$^1/_2$ kapusty pekińskiej
1 cebula
1 jabłko
sól, pieprz do smaku
4 łyżki oleju z dowolnych orzechów
1 pełna łyżka pasty tahina
sok z $^1/_2$ cytryny
2 łyżki uprażonych orzechów włoskich

Rodzynki zalać gorącą wodą i odstawić na 10 minut, a potem odsączyć. Kapustę pokroić w cienkie paski. Cebulę posiekać w drobną kostkę. Jabłko zetrzeć na tarce. Wymieszać z kapustą rodzynki, cebulę i jabłko. Dodać pieprz i sól do smaku. Olej, tahinę i sok z cytryny dobrze wymieszać i połączyć z kapustą. Posypać uprażonymi orzechami. Sałatka jest bardzo sycąca.

* Tę pożywną sałatkę można zjeść na śniadanie, kolację lub uzupełnienie zupy do obiadu.

Ciepła sałatka z zapiekanej cukinii*

2 małe cukinie
czubryca zielona do oprószenia
oliwa z oliwek
koperek
1 cebula

sos

5 łyżek gęstego naturalnego jogurtu
$^{1}/_{2}$ łyżeczki kurkumy
1 łyżeczka pieprzu ziołowego
$^{1}/_{2}$ łyżeczki czubrycy zielonej

Cukinię pokroić w plastry, obsypać czubrycą i skropić oliwą. Ułożyć w naczyniu do zapiekania, obsypać posiekanym koperkiem, a na wierzch położyć cebulę w cienkich plasterkach. Zapiekać w temperaturze 180°C na półtwardo ok. 25 minut.

Jogurt wymieszać z kurkumą, pieprzem i czubrycą. Zalać cukinię i zapiekać razem jeszcze przez 5 minut.

* Sałatkę można zjeść jako przekąskę, lekką kolację lub jako dodatek do grillowanej ryby.

Sałatka z cykorii i mandarynek*

3 cykorie
4 mandarynki
pieprz
1 łyżka jogurtu naturalnego

Cykorie pokroić w paski. Dodać cząstki z jednej mandarynki. Doprawić pieprzem, dodać jogurt i sok z pozostałych mandarynek, wymieszać.

* Sałatkę można potraktować jako przekąskę lub dodatek do grillowanej bądź gotowanej na parze ryby.

Sałatka z bobu w sosie sezamowym

2 łyżki tahiny
$^{2}/_{3}$ szklanki jogurtu naturalnego
2 ząbki czosnku
sok z 1 cytryny
sól, pieprz do smaku
puszka bobu w zalewie
oliwa z oliwek
1 duży pomidor
$^{1}/_{2}$ pęczka zielonej pietruszki

Tahinę, jogurt, przeciśnięty czosnek wymieszać i dodać do smaku sok z cytryny, pieprz oraz sól. Bób pogotować chwilę w zalewie z puszki. Odcedzić i gorący wyłożyć do salaterki. Zalać sosem z jogurtu, polać odrobiną oliwy, na wierzchu ułożyć pokrojonego w kostkę pomidora i oprószyć dużą ilością drobno posiekanej natki. Sałatka jest bardzo sycąca.

* Sałatkę można zjeść jako samodzielny posiłek na kolację lub uzupełnienie lekkiej zupy na obiad. Można dołączyć kromkę tostowego pieczywa razowego.

Mix sałat z pomarańczowym dressingiem*

sałata (ta najzwyklejsza nazywa się siewna, ale może być też każda inna)
roszponka
rukola
sok z 1 pomarańczy
$^1/_3$ łyżeczki curry
$^1/_2$ łyżka octu jabłkowego
$^1/_3$ łyżeczki musztardy
otarta skórka (ok. 2 cm) z pomarańczy
szczypta pieprzu
szczypta soli
$^1/_3$ szklanki oleju z orzechów (włoskich, arachidowych lub laskowych)

Umytą sałatę porwać i włożyć do salaterki wraz z roszponką i rukolą. Wszystkie składniki sosu, oprócz oleju, dobrze wymieszać. Następnie dodawać po łyżeczce oleju, mieszając do uzyskania jednolitej kremowej konsystencji. Zalać sałaty sosem.

* Sałatę można podawać do ryby, drobiu lub innego dania.

Sałatka z brokułów*

½ brokułu
4 ząbki czosnku
oliwa z oliwek
6 gałązek natki pietruszki
sól, pieprz do smaku
sok z cytryny do smaku
łyżka pestek słonecznika lub sezamu

Brokuł podzielić na różyczki i blanszować maksymalnie 4 minuty. Ostudzić. Przeciśnięte przez praskę ząbki czosnku przesmażyć na oliwie, aż zaczną wydzielać silny aromat. Dodać drobno posiekaną natkę pietruszki, wymieszać i zdjąć z ognia. Przestudzić, a następnie wymieszać z brokułami. Dodać do smaku sól i pieprz, skropić sokiem z cytryny. Posypać uprażonymi na suchej patelni pestkami słonecznika lub ziarnem sezamu.

* Sałatkę możemy zjeść na śniadanie (z dodatkiem kromki tostowego razowego pieczywa), na kolację oraz jako przekąskę. Może być także dodatkiem do ryby gotowanej na parze.

Różne (dobre na śniadanie)

Granola*

$^1/_4$ szklanki oleju kokosowego
4 szklanki płatków owsianych
3 łyżki naturalnego miodu
szczypta soli
$^1/_2$ szklanki sezamu nieoczyszczonego
1 szklanka wiórków kokosowych
1 szklanka dowolnych orzechów
1 szklanka płatków migdałowych
$^1/_2$ szklanki rodzynek
10 moreli niesiarkowanych
10 daktyli

Olej kokosowy, płatki owsiane, miód i sól dobrze wymieszać (można ręką). Dodać sezam, wiórki kokosowe, rozdrobnione orzechy i migdały. Wymieszać i rozłożyć równomiernie na blasze wyłożonej papierem do pieczenia. Suszyć w piekarniku, w temperaturze 100°C przez około 50 minut (w trakcie suszenia można przemieszać). Dodać rodzynki, pokrojone morele i daktyle. Suszyć razem jeszcze 10 minut. Kiedy robimy granolę po raz pierwszy, warto zajrzeć w trakcie suszenia i sprawdzić, czy się nie przypala. Gdyby tak było, zmniejszyć temperaturę i wydłużyć o kilka minut czas suszenia. Granola ma być lekko chrupiąca. Trzymamy ją później w szczelnie zamkniętym pojemniku, zabezpieczającym przed wilgocią.

* Granolę można jeść samą jako przekąskę lub zamiast słodyczy. Można też zalać ją ciepłym mlekiem roślinnym lub dodać do jogurtu i zjeść na śniadanie.

Pasztet z warzyw*

2 nieduże cukinie
1 cebula
masło klarowane
1 duża marchew
1 pietruszka
2 cm korzenia selera
2 ząbki czosnku
10 dag mozzarelli
$^{1}/_{2}$ szklanki bułki tartej (grahamki lub chleba razowego)
$^{1}/_{2}$ szklanki mąki kukurydzianej
$^{1}/_{4}$ szklanki oliwy
1 łyżka majeranku
3 jajka
sól do smaku
pieprz ziołowy

Cukinię zetrzeć na tarce, delikatnie osolić, odstawić na 15 minut, a potem odcisnąć sok. Cebulę pokrojoną w kostkę zeszklić na maśle. Dodać marchew, pietruszkę i seler starte na tarce. Przesmażyć razem i odstawić do przestygnięcia. Połączyć cukinię z warzywami, dodać przeciśnięty przez praskę czosnek, startą na tarce mozzarellę, bułkę, mąkę, oliwę, majeranek, 3 żółtka, sól i pieprz. Wymieszać. Z białek ubić pianę i wymieszać z pozostałymi składnikami. Formę do pieczenia (keksówkę) wyłożyć papierem, posmarować papier tłuszczem i wysypać bułką tartą. Piec około 1 godziny w temperaturze 180°C.

* Pasztet można jeść jako przekąskę z sałatą lub na śniadanie do kromki tostowego pieczywa razowego i porcji świeżych warzyw.

Pasta z awokado*

1 jajko
$^{1}/_{2}$ dojrzałego awokado
1 szalotka
sól cebulowo-czosnkowa
sok z cytryny do smaku
pieprz do smaku
1 pomidor

Jajko ugotować na twardo. Zgnieść widelcem awokado i jajko. Dodać drobno posiekaną szalotkę, sól, sok z cytryny i pieprz. Dobrze wymieszać. Pomidor pokroić w drobną kostkę i delikatnie wmieszać do pasty. Podawać z kromką tostowego pieczywa razowego.

* Pożywna pasta dobra na śniadanie.

Pasta z serka ziarnistego*

1 jajko
ogórek gruntowy
koperek
natka pietruszki
kilka listków bazylii
serek ziarnisty
sól do smaku
pieprz ziołowy
sok z cytryny do smaku

Jajko ugotować na twardo, przestudzić i posiekać. Ogórek pokroić na drobniutką kostkę. Zioła posiekać. Wszystkie składniki wymieszać, połączyć z serkiem ziarnistym, doprawić solą, pieprzem i sokiem z cytryny. Podawać z dużą ilością świeżych warzyw (rzodkiewka, sałata, papryka, pomidor) i kromką tostowego pieczywa razowego.

* Pożywna pasta na śniadanie.

Sałatka z awokado i sera koziego (lub owczego)*

kilka liści sałaty
garść rukoli
1 awokado
półtwardy kozi ser twarogowy (lub owczy)
5 pomidorków koktajlowych
sól cebulowo-czosnkowa
oliwa z oliwek
sok z cytryny do smaku
kilka listków bazylii
1 łyżka pestek słonecznika

Sałatę porwać i wymieszać z rukolą. Awokado przekroić na pół, obrać i pokroić na paski. Ser pokroić w kostkę. Pomidorki przekroić na połówki. Wymieszać z sałatą. Posolić, skropić oliwą i sokiem z cytryny, wymieszać. Oprószyć posiekanymi listkami bazylii i uprażonymi na suchej patelni pestkami słonecznika. Podawać z kromką tostowego pieczywa razowego lub samą.

* Sałatka nadaje się na śniadanie, na kolację lub jako przekąska.

Najprostsze musli*

2 łyżki płatków owsianych
1 łyżka zmielonego siemienia lnianego
$^{1}/_{2}$ łyżki rodzynek
$^{1}/_{2}$ łyżki pestek słonecznika
szczypta cynamonu
szczypta imbiru
szczypta kurkumy
1 jabłko (opcjonalnie może być inny owoc)
mleko roślinne
płatki migdałowe

Płatki, siemię lniane, rodzynki i słonecznik zalać wrzątkiem, tak aby woda zakryła ich powierzchnię, i pozostawić na noc pod przykryciem. Rano dodać cynamon, imbir, kurkumę, pokrojone jabłko i tyle gorącego mleka roślinnego, by uzyskać odpowiednią konsystencję. Całość posypać płatkami migdałów.

* Musli jest bardzo pożywne na śniadanie i na dłużej zaspokaja głód.

KOKTAJLE

Wszystkie koktajle z zielonych i miękkich warzyw oraz owoców przygotowuje się podobnie. Składniki należy miksować w blenderze na najwyższych obrotach przez około 50 sekund (potrzebny blender o dużej mocy i ostrych nożach). Gdyby była potrzeba, można dodać (uzupełnić, gdyby ilość wody z przepisu okazała się niewystarczająca) wodę i ponownie miksować przez 4 sekundy na niższych obrotach.

Koktajl można wypić zamiast śniadania, zwłaszcza latem, lub przed śniadaniem. Jest szybko trawiony i dostarcza wielu składników mineralnych, witamin i błonnika.

Przygotowując koktajle z twardych warzyw, jak burak czy marchew, należy najpierw miksować przez 15 sekund na najwyższych obrotach warzywa z owocami, a następnie dodać wodę, pozostałe składniki i miksować jeszcze przez 1 minutę (również na najwyższych obrotach).

Koktajl ze szpinaku

duża garść szpinaku
1 zielone jabłko
$^{1}/_{2}$ miąższu awokado
1 łyżeczka pestek słonecznika
szczypta kurkumy
szczypta pieprzu
1 łyżeczka miodu
3 plasterki obranej ze skórki cytryny
1 szklanka wody

Koktajl z jarmużu

duża garść jarmużu
$^1/_2$ miąższu awokado
$^1/_2$ banana
1 obrana pomarańcza
2 łyżki mleka kokosowego
1 szklanka wody

Koktajl z roszponki

duża garść roszponki
$^1/_2$ miąższu awokado
$^1/_4$ owocu mango
$^1/_2$ banana
1 łyżka płatków migdałowych
2 łyżki mleka kokosowego
1 łyżeczka miodu
1 szklanka wody

Koktajl z marchwi i granatu

1 marchewka
1 jabłko
ziarna z 1 owocu granatu
1 łyżeczka zmielonego siemienia lnianego
1 szklanka wody

Koktajl z buraka i marchwi

1 marchewka
1 burak
1 słodkie jabłko
3 plasterki imbiru
2 plasterki obranej cytryny
1 łyżeczka oliwy

POLECANA LITERATURA

Cabot Sandra, *Zdrowa wątroba, zdrowe jelita*, przeł. Ewa K. Suskiewicz, Mada, Warszawa 2007.

Campbell T. Collin, Campbell Thomas M., *Nowoczesne zasady odżywiania*, przeł. Marta Paciorkowska, Galaktyka, Łódź 2011.

Dąbrowska Ewa, *Ciało i ducha ratować żywieniem*, Michalineum – CMM, Marki 2003.

Hever Julieanna, *Dieta roślinna na co dzień*, przeł. Martyna Kozłowska, Galaktyka, Łódź 2013.

Lützner Hellmut, *Głodówka zdrowotna*, przeł. Krystyna Mazur, Cedrus Publishing House, Warszawa 1997.

Pitchoford Paul, *Odżywianie dla zdrowia*, przeł. Iwona Zagroba, Galaktyka, Łódź 2008.

Robbins John, *Zdrowi stulatkowie*, przeł. Iwona Szuwalska, Purana, Wrocław 2006.

Young Robert O., Young Shelley Redford, *Próbowałam już tylu diet… przełomowy program uzdrawiający*, przeł. Wanda Grajkowska, Medium, Czarnów 2009.

Young Robert O., Young Shelley Redford, *Próbowałam już wszystkiego, żeby schudnąć… przełomowy program uzdrawiający – cud równowagi pH*, przeł. Urszula Krawczyk, Medium, Czarnów 2009.

Zięba Jerzy, *Ukryte terapie. Czego lekarz ci nie powie*, Sowa, Rzeszów 2014.

Książkę wydrukowano na papierze
Amber Volume 80 g/m^2

www.arcticpaper.com

MUZA SA
00-590 Warszawa
ul. Marszałkowska 8
tel. 22 6211775
e-mail: info@muza.com.pl

Dział zamówień: 22 6286360
Księgarnia internetowa: www.muza.com.pl

Warszawa 2016
Wydanie I

Skład i łamanie: MAGRAF s.c., Bydgoszcz
Druk i oprawa: Opolgraf SA, Opole